쉬운 이야기로 풀어 쓴

회계의 이해

김형건

도서출판
청람

| 머리말 |

요즘은 회계 공부가 더 힘든 것 같다. 그렇다고 이전에 쉬웠다는 이야기는 더더욱 아니다. 몇십 년 동안 회계 공부를 해 왔지만 할수록 어렵다는 생각이 든다. 회계가 불변의 진리가 아니라 환경의 산물로서 살아있는 생물이라고 한 말이 절로 실감이 나는 시기이다. 그만큼 속도도 빨라졌고 회계를 둘러싼 주변 환경도 급변하고 있다는 의미이다. 특히 최근의 '국제회계기준(IFRS)'이다 '일반기업회계기준'이다 하여 회계기준이 급격하게 변화하고 있는 현실은 이를 여실히 반증하고 있는 것 같다.

이러다 보니 현재 회계분야를 공부하고 있는 학생들이나 현장의 실무자 모두 매우 힘들어하고 있다. 최근 현장에서 회계실무자들과의 상담이나 컨설팅을 하면서 새롭게 변화하는 회계환경의 어려움에 대한 이야기를 많이 듣고 있다. 하물며 회계분야를 처음 공부하는 학생들의 입장에서는 오죽하겠느냐는 생각이 절로 든다. 지난 40여 년간 이 분야를 공부하고 강의해 오면서 어떻게 하면 좀 더 쉽게 학생들에게 내용전달을 할 수 있을까 늘 고민해 왔으나 뾰족한 해답은 없었다. 하지만 마음 한구석에는 늘 이 고민에 대한 해법을 찾기 위해 노력해 왔다.

일차적인 목표는 학생들이 좀 더 쉽고 재미있게 회계분야에 접근하도록 해 주고 싶었다. 우선 학생들이 회계가 무작정 어렵다는 선입견을 가지지 않도록 하는데 주안점을 두었다. 그래서 책 제목도 "쉬운 이야기로 풀어 쓴 회계의 이해"로 잡아 보았다. 내용도 지금까지 살아오면서 경험하였던 일들과 이 분야 내용과의 연계성을 찾아 매우 쉽게 써 보려고 많은 노력을 기울였다. 무엇보다 사건이나 사례 중심으로 서술하여 나름대로는 학생들이 이해하는데 어렵지 않도록 꾸며 보았다.

그렇다고 무작정 쉽게 쓸 수는 없는 노릇이다. 한 학기의 수업목표를 충실히 달성하기 위해 기초적인 ≪연습문제≫와 ≪기출문제≫를 각 강(講)의 마지막에 붙여 학생들이 철저히 복습할 수 있도록 하였다. 특히 기출문제는 지금까지 출제된 각종 국가자격증 시험문제를 수정 보완하여 활용하였다. 이러한 과정을 통해 아무쪼록 학생들이 회계의 기초를 확실히 잡았으면 하는 바람이다. 이야기 중심으로 쓰다 보니 아직도 부족한 부분이 많다. 이러한 부분들은 앞으로 차근차근 메워 나갈 생각이다. 마지막으로 본서의 출간을 흔쾌히 허락해 주신 도서출판 청람 이수영 대표님, 평생의 동반자로서 항상 옆에서 든든한 힘이 되어주며 본문의 삽화를 열성적으로 그려준 사랑하는 아내 박필녀 작가님께도 깊은 감사의 말씀을 드린다.

2023년 2월

저자 김형건

| 차례 |

04강 빛바랜 공책과 회계기록

05강 다람쥐 쳇바퀴 일생, 회계순환과정

06강 우아! 당장 쓸 수 있는 현금이 최고지!

07강 채권 회수해 드릴게요!

08강 우리 동네 재고자산, 노총각 · 노처녀

09강 이런 금리로 어찌 먹고 사나?

10강 그래도 사무실은 있어야 하나?

11강 내 돈으로 장사하면 바보? 두 얼굴의 부채

14강 일 년의 마무리 결산하기

■ 기출문제

■ 부록

1강

회계란 무엇인가?

쉬운 이야기로 풀어 쓴
회계의 이해

하나, 열 개의 손가락

우리 인간이 살아오면서 무언가를 셈(account)하려고 할 때 가장 많이 사용해온 도구는 뭐니 뭐니 해도 아마 열 개의 손가락일 것이다. 물론 지금은 스마트폰, 전자계산기 등 매우 신속하고도 편리한 도구가 만들어져 셈을 할 때 손가락을 사용하는 사람이 별로 없지만 그래도 급하면 대부분 손가락을 사용하고 있다. 그 예로 경매시장의 경매사들을 보면 금방 알 수 있다. 현재 사용되고 있는 십진법(十進法)도 어쩌면 우리의 열 손가락과 결코 무관하지 않을 것이다.

회계라는 분야도 셈하고 관련성이 매우 많다. 나는 한때 모임의 총무라는 직책을 무려 다섯 개 이상을 맡은 적이 있었다. 친구들이 "너는 비즈니스 분야(회계와 무역실무)를 공부하였으니 총무를 해야 하지 않겠느냐!"는 것이 그 이유였다. 총무라는 직책의 중요한 임무 중 하나가 어떤 모임의 돈을 셈(더하고 빼고 관리하는 것)하는 일이라고 할 수 있다. 우리가 회계(會計 : accounting)라는 글자를 자세히 보면 '모아서(會 : ad) 셈하다(計 : count)'라는 의미를 바로 알 수 있다. 따라서 사람들이 회계 전공자를 보고 총무를 맡으라고 하는 것도 크게 무리한 요구는 아닐 것이다. 물론 완벽하게 맞는 말은 아니지만.

이러한 점을 보면 회계라는 분야가 셈하고 관련성이 크다는 것은 분명한 것 같고 또한 우리 생활과 밀접하게 관련되어 있는 분야라는 사실을 금방 알 수 있을 것이다. 좀 더 노골적으로 말하면 회계는 사람이 있고 그 사람이 셈을 할 수 있는 도구만 있으면 관련되는 분야이다. 그것이 열 개의 손가락이든 스마트폰이든 전자계산기든…

둘, 인류의 역사와 함께

공식적으로 회계의 역사가 시작된 시점은 15세기 말(정확하게 말하면 1492년 이탈리아 수학자이자 수도사인 '루카 파치올리(Luca Pacioli)'에 의해 시작됨)이라고 한다. 그러나 회계는 인류의 출현부터 시작되었다고 말할 수 있을 것이다. 왜냐하면 인간은 지구상에 나타날 때부터 셈이라는 행위를 하고 있었으며 아마 그때나 지금이나 여전히 열 개의 손가락이 유용한 셈의 도구라는 사실은 누구도 부인할 수 없기 때문이다.

우리는 살아가면서 알게 모르게 회계와 관련된 많은 일들을 하고 살아간다. 예를 몇 가지만 들어보자! 수천 년 전 원시인들이 자신들의 양떼를 우리에 가두면서 바를 정(正)자로 표시하며 숫자를 세는 일, 우리의 용돈을 은행에 예금하는 일, 식당에서 밥을 먹고 외상을 긋는 것, 백화점에서 쇼핑을 하고 신용카드를 사용하는 것 등 쉽게 그 예를 찾을 수 있다. 알고 보면 사실 우리가 현재 하고 있는 대부분의 일들이 회계와 밀접한 관련성을 가지고 있다. 좀 더 과장해서 말하면 회계는 인류의 역사와 함께 시작되었고 지금도 우리 생활의 가장 가까운 곳에 있다.

현재 전 세계적으로 비즈니스 실무에서 '회계(會計 : accounting)'는 가장 중요한 위치를 차지하고 있는 분야 중의 하나이다. 그럼에도 불구하고 이에 대한 명쾌한 정의가 내려져 있지는 못한 실정이다. 이런 측면에서 본다면 좀 갑갑하기는 하다. 왜냐하면 회계라는 것이 인류의 출현과 동시에 시작되었으며, 저 유명한 독일의 대문호 괴테(Goethe, J. W.)가 회계를 가리켜 "인류가 발명한 가장 위대한 작품 중의 하나"라고 극찬까지 하였는데도 말이다.

2.1 회계의 정의

여기서 우리는 회계에 대한 명확한 정의를 내리기 전 앞서 설명한 내용들을 가지고 회계라는 이 골칫덩어리가 어떤 것들과 밀접하게 관련되어 있는가? 먼저 살펴보기로 한다. 이는 회계라는 분야를 좀 더 친근하게 이해하고(정의하고) 아울러 앞으로의 학습에 있어서도 많은 도움이 될 수 있기 때문이다.

하나, 회계라는 분야는 절대적이지는 않지만 '셈하는 것(account)' 하고 관련성이 크다. 이렇게 셈한 내용들(우리는 2강에서 이를 '껌딱지 성적표'라는 말로 표현하였다)은 관련자들에게 제공된다.

둘, 어떤 특정한 대상, 즉 기업(회사), 은행, 백화점, 동문회 등과 같은 '조직'과 밀접한 관련성이 있다. 나중에 설명하겠지만 이 중에서도 특히 자본주의 경제주체 중 핵심이라 할 수 있는 기업이라는 조직과의 관련성이 크다.

셋, 기업은 주변에 관련되는 사람들이 많은데 이를 이해관계자(2강에서 자세히 설명할 것이다)라고 한다. 이해관계자들은 기업이 제공하는 다양한 정보를 이용한다는 점에서 정보이용자라고도 한다. 따라서 회계는 당연히 이러한 '정보이용자'와도 밀접한 관련성을 가지며 이들의 정보 이용목적은 다음과 같다.

표 1-1 | 회계정보이용자

정보이용자	정보 이용목적
주주	올해 얼마의 배당금을 받을 수 있을까?
경영자	올해 우리 회사의 성과는 얼마나 될까?
은행	빌려준 원리금을 안전하게 받을 수 있을까?
종업원	올해 어느 정도의 성과급을 받을 수 있을까?
거래처	저 회사와 거래를 계속해도 될까?
세무서	저 회사에서 올해 얼마의 세금을 걷어야 하는가?

우리는 매일매일 다양한 활동들을 하면서 살아가고 있다. 이러한 활동 중 대부분은 위에서 언급한 조직의 경제활동과 밀접하게 관련되어 있다. 여기서 경제활동이란 자원을 생산하고 소비하는 활동이라고 할 수 있다. 예를 들어 기업이 제품을 생산하고 판매한다거나, 우리가 학교를 다니고, 사람들이 현금이나 신용카드를 사용하는 것들

모두가 경제활동이다. 회계는 이러한 경제활동들을 체계적으로 정리하여 보고(정보를 제공)하는 중요한 역할을 수행하는 분야이다.

이쯤에서 1강의 결말을 내려 보자! 위에서 설명한 내용들을 정리해 보면 회계는 다음과 같이 정의해 볼 수 있을 것이다.

회계의 정의

회계(accounting)는 경제활동의 주체인 정보이용자가 합리적인 의사결정(선택)을 할 수 있도록 필요한 정보를 기록·처리하여 전달해 주는 하나의 시스템(system)이다.

2.2 회계의 분류

먼저 기업의 외부에 있는 정보이용자들에 대한 정보제공을 목적으로 하는 회계분야를 '재무회계(Financial Accounting)'라고 한다. 좀 더 쉽게 설명하면 재무회계는 기업이 외부의 다양한 정보이용자들에게 자신의 경제활동 정보(이를 '재무적 정보'라고 한다)를 보고하는데 목적을 둔 회계분야를 말한다. 이 책의 이후 내용은 재무회계에 초점을 두고 전개될 것이다. 한편 기업 내부 정보이용자의 의사결정에 필요한 정보산출을 목적으로 하는 관리회계, 과세소득과 세액산출을 목적으로 하는 세무회계 등도 또 다른 회계의 분야들이다.

표 1-2 회계의 분류

구분	재무회계	관리회계	세무회계
목적	외부이용자 의사결정	내부이용자 의사결정	과세소득과 세액산출
이용자	투자자, 채권자 등	경영자 등	국세청(세무서)
성격	타율적 · 소극적	자율적 · 적극적	타율적 · 소극적
작성기준	일반적으로 인정된 원칙	일정기준 없음	세법 등
보고시점	정기보고	수시	규정된 시기
정보내용	대부분 화폐정보	화폐 · 비화폐정보	화폐정보

2.3 회계의 기능

재무회계는 외부 정보이용자들의 의사결정에 필요한 정보를 제공하기 위하여 다음의 기능을 수행하고 있다.

① 인식 및 측정기능

기업과 관련된 활동(이를 '거래'라고 한다)을 식별한 후, 금액을 결정(측정)하고 이를 장부에 기록(인식)한다.

② 처리기능

금액으로 기록된 내용을 일정한 규칙으로 분석해 낸다.

③ 전달기능

분석되고 처리된 정보를 외부의 정보이용자들에게 제공(전달)한다. 이를 보고기능이라고도 한다.

그림 1-1 **회계시스템과 기능**

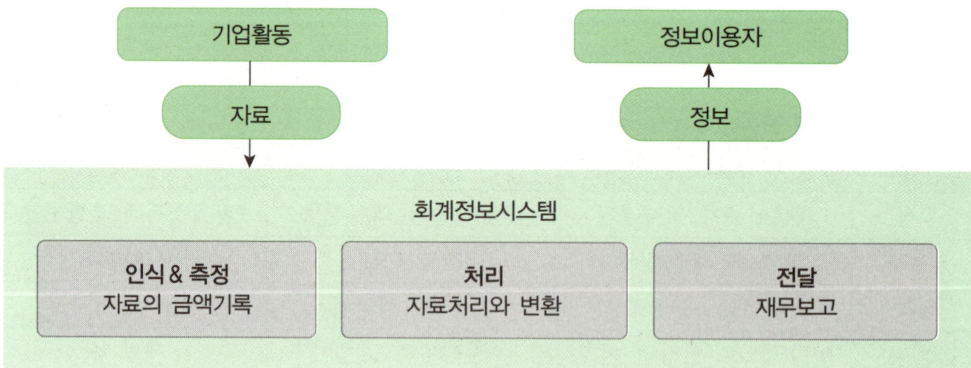

한편 이러한 회계의 기능을 통해 유용한 정보를 만들어내고 이에 대한 최종 책임을 지는 사람(재무정보의 산출 및 공급자)은 기업의 최고경영자(CEO)이다. 이렇게 산출된 정보를 이용하는 사람들은 두말할 필요도 없이 정보이용자들이다.

1강 복습

1. 회계정보이용자

주주(투자자), 경영자, 은행(채권자), 종업원, 거래처, 세무서 등

2. 회계의 정의

정보이용자의 의사결정에 유용한 재무정보를 전달하는 시스템

3. 회계의 분류

재무회계, 관리회계, 세무회계 등

4. 회계의 기능

인식 및 측정기능, 처리기능, 전달기능

5. 회계정보의 산출 책임자

최고경영자(CEO)

연습문제

01 회계의 정의를 간단히 설명하시오.

02 회계는 어떻게 분류할 수 있는가?

03 회계의 기능에는 어떤 것들이 있는가?

04 외부 정보이용자들에게 유용한 정보를 산출하여 제공하는 회계분야는?

① 관리회계 ② 원가회계
③ 세무회계 ④ 재무회계

05 회계의 주요 기능과 가장 거리가 먼 것은?

① 인식 및 측정기능 ② 전달기능
③ 자료 처리기능 ④ 경영자 감시기능

06 재무회계의 목적달성을 위해 정보를 산출하고 제공하는 책임자는?

① 주주 ② 최고경영자(CEO)
③ 세무서 ④ 환경단체

기출문제

01 다음 밑줄친 ㉮와 ㉯를 바르게 연결한 것은?

> 회계란 ㉮ 경제실체의 경제활동에 관한 정보를 측정하여 ㉯ 그 실체의 이해관계자가 합리적인 의사결정을 할 수 있도록 정보를 제공하는 과정이라 할 수 있다.

	(가)	(나)		(가)	(나)
①	기 업	채권자	②	채권자	경영자
③	출자자	기 업	④	경영자	출자자

02 재무회계의 목적을 가장 잘 설명한 것은?

① 기업의 경영성과와 재무상태를 파악하는 과정이다.
② 내부경영자들의 경영관리 및 경영분석 자료를 제공하는 과정이다.
③ 정부당국의 과세결정을 위한 자료를 제공하는 과정이다.
④ 기업 이해관계자들의 의사결정에 유용한 정보를 제공하는 것이다.

03 관리회계의 목적과 관련이 가장 적은 것은?

① 재무제표의 작성에 유용한 원가정보를 제공한다.
② 원가통제에 대한 유용한 원가정보를 제공한다.
③ 경영자에게 경영의사결정에 유용한 원가정보를 제공한다.
④ 투자자들의 합리적인 의사결정에 관한 정보제공을 목적으로 한다.

04 세무회계의 목적을 가장 잘 설명한 것은?

① 투자자들의 합리적인 의사결정에 관한 정보제공을 목적으로 한다.
② 원가계산을 위한 유용한 정보제공을 목적으로 한다.
③ 경영자에게 경영의사결정에 유용한 원가정보를 제공한다.
④ 과세소득의 계산과 세액산출을 목적으로 한다.

05 회계의 기능 중 회계대상을 식별하고 장부에 기록하는 기능은?

① 측정　　② 인식
③ 전달　　④ 보고

2강

껌딱지 성적표, 재무제표!

쉬운 이야기로 풀어 쓴
회계의 이해

하나, 우리들 인생과 성적표

내가 어릴 적 힘들어했던 기억 중의 하나가 고등학교 1년 선배 때문이었다고 하면 좀 우스운 일인가? 부끄럽게도 지금 생각하면 어처구니가 없지만 당시는 많이 힘들어 했던 것 같다. 내가 졸업한 학교는 공부를 그리 잘하지 못하는 학교였는데 오(吳) 아무개라는 선배가 대학입시에서 전국 수석(首席)을 차지하였다. 조금 과장하여 표현하면 우리 학교로서는 하늘이 두 쪽 나거나 해가 서쪽에서 떠도 일어나기 어려운 일이 일어난 것이다. 신문이나 TV를 포함하여 모든 사람들이 축하해 줄 때 나는 매일매일을 괴롭게 지내야 했다. 이유는 간단하였다.

당시 나의 학교까지 통학거리는 버스를 몇 번 갈아타고 두 시간 정도 걸리는 동네에 살았는데 하필이면 그 선배가 우리 동네 우리 집과 가까운 거리에 살고 있었던 것이었다. 부모님으로부터 매일같이 "저 선배를 본받아 너도 1년 후에 좋은 성적을 내기 바란다!"라는 노골적인 압력을 받기 시작한 것이었다. 정말 축하해 주어야 할 일이 거꾸로 나에게는 엄친아(엄마 친구의 아들) 스트레스로 커다란 마음의 고통을 받았으니 지금 생각하면 우습기도 하다. 사실 돌이켜 보면 우리들 인생에 이 성적표가 안 따라다녔던 적이 있던가! 태어날 때부터 우량아 선발대회다 유치원 장기자랑이다 초등학교 입학 후에는 본격적으로 성적표가 물귀신처럼 우리를 따라다닌다.

그래서 나는 이를 '껌딱지 성적표'라고 부른다. 마치 바지 엉덩이에 찰싹 달라붙어 절대 떨어지지 않는 애물단지 같은 것, 별로 유쾌하지 않다는 의미에서이다. 당장 이번 학기 수업이 끝나면 우리들의 손에도 또 여지없이 성적표가 주어지니까…

둘, 황혼 이혼과 껌딱지

지금 내가 살고 있는 동네 입구에 조그마한 꽃집이 하나 있다. 언제부터인가 종종 붕어빵이나 맛있는 것을 사 들고 이 꽃집에 들러 동네 아주머니들과 수다를 떠는 일이 재미있는 내 일상 중의 하나가 되었다. 수다의 주제는 매우 다양한데 어느 때인가 황혼 이혼이 주제로 등장한 적이 있었다.

어느 대학 교수를 남편으로 둔 아주머니(꽃집 주인의 손위 동서)가 "남편이 젊었을 때는 일찍 들어오라고 매일같이 소리쳐도 죽으라고 늦게 들어오더니만, 이제 나이가 드니까 황혼 이혼 안 당하려고 지금은 자기 뒤에 껌딱지처럼 찰싹 달라붙어 자기를 괴롭힌다"고 열변을 토한 적이 있었다. 가만 듣고 있으려니 나하고 처지가 비슷한 남자의 이야기 같아 약간 씁쓸하기도 하였다. 어쩌다 우리 사회에 황혼 이혼이라는 말이 자주 등장하는 이야깃거리가 되었는지…

셋, 기업의 껌딱지 성적표, 재무제표

현재 자본주의의 핵심적 경제주체가 기업(企業)이라는 사실을 부인하는 사람은 아마 없을 것이다. 이 기업이라는 개별 경제주체가 모여 하나의 국민경제를 이루고 세계 속에서 경쟁하며 살아가고 있다. 따라서 기업은 한 나라의 국민들을 먹여 살리고 또한 지구촌 곳곳에 있는 인간들을 위해 공헌하고 있는 훌륭한 조직이라고 할 수 있다. 이 조직의 목표(目標)는 뚜렷하다. 다른 생명체들처럼 돈을 벌어 자신(종업원)을 먹여 살리고 그래도 남으면 더 성장하기 위해 영양분(이익)을 저장해 두기도 한다. 이러한 목표는 우리 학교 앞의 조그마한 분식집이나 세계에서 제일 잘 나가는 S전자나 말할 필요도 없이 똑같을 것이다.

3.1 기업의 이해관계자

언젠가 온 나라를 떠들썩하게 하였던 N유업 사태를 보면 기업이라는 이 생명체 역시 살아가기가 정말 만만치 않다는 사실을 여실히 알 수 있다. 주변에 엄청나게 많은 어려움들이 존재하기 때문이다. 왜 힘없는 하청업체를 괴롭히냐고 다그치는 정부, 당장 불매운동에 들어가는 소비자들, 연일 떠들어 대는 TV나 신문, 당장 빌려준 돈 내어놓으라고 옥죄는 은행(채권자), 왜 그런 짓을 했냐고 사장(최고경영자)에게 소리 지르는 회사의 주인들(주주) 등등…

우리는 이들을 기업의 '이해관계자(利害關係者 : interested parties)'라고 부른다. 즉, 정부, 소비자, 사회단체, 채권자, 주주 및 거래처 등을 말한다. 조금 지난 이야기지만 라면을 만들면서 나쁜 기름을 넣어 곤욕을 치른 회사, 강물에 똥물을 뿌려 벌금을 문 회사, 과자에서 쥐꼬리가 나와 판매(매출)가 급감한 회사, 멜라민을 넣은 과자의 불매운동 등이 이들 이해관계자들과 결코 무관하지 않다.

이처럼 이해관계자란 기업과 관련되어 있는 사람이나 조직(기관이나 단체 등)을 말한다. 즉, 처

음 회사에 돈을 출자해 기업을 설립한 사람 또는 중간에 주인이라는 증표(주식)를 사 주인이 된 사람(우리는 이들을 '주주 및 투자자'라고 부른다), 회사에 돈을 빌려준 은행(이들을 '채권자'라고 한다), 회사의 주인인 주주를 대신하여 회사를 경영하는 사람(이들을 '최고경영자(CEO)'라고 한다)과 회사를 위해 일하는 '종업원', 회사와 거래 중인 '거래처' 그리고 회사와 직·간접적으로 관련된 '정부' 및 '사회단체' 등을 말한다.

3.2 재무제표의 종류

우리들이 매 학기마다 성적표를 받은 후 우리의 이해관계자라고 할 수 있는 부모님에게 내미는 것처럼, 기업 역시 이들 살벌한(?) 이해관계자들에게 자신의 성적표를 만들어 제공해야 함은 물론이다. 이해관계자들은 기업이 제공하는 정보를 이용한다는 측면에서 달리 회계정보의 이용자(수요자)라고도 불린다. 여기서 최고경영자는 회계정보의 공급자(만들어서 제공해야 할 사람)이면서 동시에 이용자이기도 하다.

회계정보이용자

- **내부정보이용자** : 최고경영자, 종업원
- **외부정보이용자** : 주주 및 투자자, 채권자, 거래처, 정부, 사회단체 등

그렇다면 기업이 이들 이해관계자들에게 제공해야 할 껌딱지 성적표에는 어떤 것들이 있는가? 그리고 언제 제공되는가? 또한 어떤 내용들이 제공되는가?에 대해 간단히 살펴보기로 하자. 기업이 이해관계자들에게 제공해야 할 성적표의 종류로는 다음과 같은 것들이 있다.

재무제표 종류

① 재무상태표(Balance Sheet : B/S)
② 손익계산서(Income Statement : I/S)
③ 현금흐름표(Statememt of Cash Flows)
④ 자본변동표(Statememt of Changes in Owner's Equity)
⑤ 주석(Footnote)

우리는 이들 성적표를 '재무제표(Financial Statements : F/S)'라고 부른다. 우리의 성적표가 매 학기별로 나오듯 이들 재무제표도 일정기간, 대부분의 경우 1년 단위(이를 회계기간 또는 회계연도라고 한다)'로 만들어지며 그 내용은 다음과 같다.

① 재무상태표

회사가 일정시점에서 가지고 있는 재무상태(재산상태)는 어떠한가? 이러한 내용을 보여주는 성적표를 '재무상태표(Balance Sheet : B/S)'라고 한다. 재무상태표는 스마트폰으로 일정시점(특정시점)에서 순간적으로 '스냅사진'을 찍은 것이라고 할 수 있다. 사람에 비유해 보면 일정시점의 체격을 찍은 것이라고 할 수 있다.

재무상태표는 특정한 양식을 가지고 있다. 표의 왼쪽에는 현재 회사가 보유하고 있는 경제적 자원(이를 '자산'이라고 한다)이 표시되고, 오른쪽에는 출자한 자금의 원천(자금의 출처로서 이를 '부채 및 자본'이라고 한다)이 표시된다.

재무상태표

할머니구멍가게 20×1년 1월 1일 현재 (단위 : 원)

차변		대변	
자산	5,000	부채	0
		자본	5,000
자산 총계	5,000	**부채 및 자본 총계**	5,000

재무상태표는 다음의 원칙을 가지고 작성된다.

㉠ **구분표시** : 자산, 부채 및 자본 등으로 구분표시해야 한다.

㉡ **총액주의** : 각 항목들은 서로 상계한 순액이 아닌 총액으로 표시해야 한다.

㉢ 1년 기준 : 각 항목들은 결산일 현재 1년 기준(또는 영업주기)에 따라 구분한다.

㉣ 유동성배열법 : 자산과 부채는 유동성(현금화)이 큰(높은) 항목부터 배열한다.

㉤ **잉여금 구분** : 자본잉여금(자본거래)과 이익잉여금(손익거래)으로 구분표시한다.

㉥ **미결산항목 등의 표시금지** : 미결산항목들은 결산시 적절한 계정으로 대체한다.

② 손익계산서

회사가 일정기간 동안 얼마의 돈을 벌었고(수익 및 차익), 이를 위해 얼마를 지출하였으며(비용 및 차손), 최종적으로 얼마나 벌어들였는가(이익)? 이처럼 일정기간 동안 기업의 경영성과를 보여주는 성적표를 '손익계산서(Income Statement : I/S)'라고 한다. 손익계산서는 일정기간의 '동영상'을 찍은 것이라고 할 수 있다. 즉, 일정기간 동안 얼마만큼의 체력이 비축되어 체격(재무상태)에 어떤 영향을 미쳤는가를 보여주는 성적표라 할 수 있다.

손익계산서

할머니구멍가게	20×1년 1월 1일부터 12월 31일까지	(단위 : 원)
1. 수익		
매출액	5,000	
2. 비용		
매출원가	(3,000)	
급여	(1,500)	
3. 당기순이익	500	

손익계산서는 다음의 원칙을 가지고 작성된다.

㉠ 발생주의 : 수익과 비용은 발생한 기간에 인식하고 배분한다.

㉡ **실현주의** : 수익은 실현시점(통상, 판매시점)에서 인식한다.

㉢ 수익·비용대응의 원칙 : 비용은 수익과 대응하여 인식한다.

㉣ **총액주의** : 각 항목들은 서로 상계한 순액이 아닌 총액으로 표시해야 한다.

㉤ **구분계산(표시)** : 매출총손익 등의 손익은 구분(정거장처럼)계산(표시)한다.

그림 2-1 재무상태표와 손익계산서의 관계

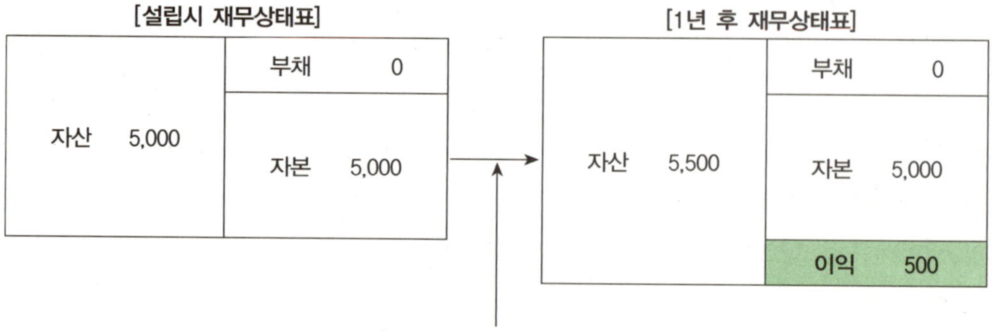

[1년 동안의 손익계산서]

수익	5,000
비용	(4,500)
이익	**500**

③ 현금흐름표

회사의 이익이 아무리 많이 발생하였다 하더라도 이를 현금으로 가지고 있지 않으면(예를 들어, 외상 판매가 많아) 당장 종업원의 월급이나 은행이자도 감당하지 못할 것이다. 이에서 알 수 있듯 기업을 경영하거나 우리가 살아가는데 있어 가장 중요한 것 중의 하나는 당장 쓸 수 있는 '손안의 현금(cash in hand)'이라는 것을 알 수 있다. 이처럼 일정기간 동안 기업의 현금흐름(영업활동, 투자활동 및 재무활동으로 인한 현금흐름)에 관한 내용을 세부적으로 보여주는 성적표를 '현금흐름표(Statememt of Cash Flows)'라고 한다.

④ 자본변동표

회사가 얼마의 돈(자본금)을 출자하여 지금까지 얼마만큼 자기자본이 증가하고 감소하였는가? 또한 어느 정도의 이익이 내부에 쌓여 있는가? 이렇게 일정기간 동안 변동된 자기자본(이를 '순자산'이라고도 한다)의 변동내용을 보여주는 성적표를 '자본변동표(Statememt of Changes in Owner's Equity)'라고 한다.

⑤ 주석

앞서 설명한 재무제표들 본문 내의 특정한 부분(해당과목 또는 금액)에 숫자를 붙여 〈별지〉에 동일한 숫자로 표시한 후, 그 내용을 보충적으로 설명해 주는 재무제표를 '주석(footnote)'이라고 한다. 따라서 주석은 주로 숫자(금액)의 형태로 표시되는 재무제표의 본문을 보완하여 비계량적 정보까지 제공해 주는 역할을 한다.[1] 예를 들어 ㉠ 회사가 채택하고 있는 회계처리방침, ㉡ 진행 중인 소송, ㉢ 중단된 사업부문, ㉣ 회계기준 준수 등의 사항들이 주석에 기재된다.

정리해 보면 우리들 인생 내내 껌딱지 성적표가 따라다니듯 기업 역시 이러한 성적표(재무제표)가 따라다니는데, 이러한 성적표를 잘 정리해서 기업을 둘러싸고 있는 이해관계자들에 보기 좋게 제공해 주는 것이 우리가 배우게 될 재무회계의 핵심이라고 할 수 있다. 아울러 우리의 성적표에 대한 책임이 우리에게 있듯이 최고경영자(CEO)는 자기가 책임진 회사의 성적표에 대한 책임(진실되고 공정하게 작성할 책임)을 져야 한다.

---

1) 주석과 비슷하게 재무제표의 일부를 구성하는 것으로 '주기(parenthetical disclosure)'라는 것이 있다. 주기는 재무제표상의 해당과목 다음에 간단한 자구 또는 숫자로 괄호 안에 표시하는 방법을 말한다. 재무상태표의 이익잉여금에 표시되는 '당기순이익'이 대표적인 예라고 할 수 있다.

2강 복습

1. 회계정보의 이용자

내부이용자 : 최고경영자(CEO), 종업원

외부이용자 : 주주 및 투자자, 채권자, 거래처, 정부, 사회단체 등

2. 재무제표의 종류

재무상태표, 손익계산서, 현금흐름표, 자본변동표, 주석

3. 회계기간(회계연도)

재무제표를 만들어내는 기간(통상 1년)

4. 재무상태표 작성기준

구분표시, 총액표시, 1년 기준, 유동성배열법, 잉여금 구분, 미결산항목 표시 금지

5. 손익계산서 작성기준

발생주의, 실현주의, 수익 · 비용대응의 원칙, 총액표시, 구분계산(표시)

6. 기업의 활동유형

영업활동, 투자활동, 재무활동

연습문제

01 기업과 관련되어 있는 이해관계자의 예를 들어보시오.

02 회계기간은 무엇을 의미하는가?

03 이해관계자들에게 제공해야 할 성적표는 어떤 것들이 있는가?

04 재무상태표에 표시되는 항목에 대해 설명하시오.

05 손익계산서에 표시되는 항목에 대해 설명하시오.

06 현금흐름표에 표시되는 기업의 활동에는 어떤 것들이 있는가?

07 자본변동표를 간단히 설명하시오.

08 주석(footnote)에 기재되는 사항의 예를 들어보시오.

09 주기(parenthetical disclosure)란 재무제표에 어떻게 표시하는가?

10 회계정보의 내부이용자에 속하는 이해관계자로 옳은 것은?

① 고객 ② 정부
③ 최고경영자 ④ 채권자

11 재무제표의 이용자이면서 동시에 제공자인 사람은?

① 주주 ② 채권자
③ 최고경영자 ④ 거래처

12 채권자에 해당하는 이해관계자는?

① 최고경영자 ② 은행
③ 거래처 ④ 사회단체

13 기업의 일정시점 재무상태를 보여주는 재무제표는?

① 손익계산서 ② 주석
③ 재무상태표 ④ 현금흐름표

14 기업의 일정기간 경영성과를 보여주는 재무제표는?

① 자본변동표 ② 재무상태표
③ 손익계산서 ④ 현금흐름표

15 재무제표를 작성하는 회계연도로 가장 일반적인 기간은?

① 3개월 ② 12개월
③ 24개월 ④ 6개월

16 재무제표 본문의 특정항목에 숫자를 붙인 후 별지에 동일한 숫자로 표시하여 그 항목의 내용을 보충 설명해 주는 재무제표는?

① 손익계산서 ② 재무상태표
③ 주석 ④ 현금흐름표

17 현금흐름표 작성시 표시되는 기업의 활동유형이 아닌 것은?

① 영업활동 ② 생산활동
③ 재무활동 ④ 투자활동

기출문제

01 일반기업회계기준에 따른 재무제표에 속하지 않는 것은?

① 자본변동표　　② 주석
③ 현금흐름표　　④ 합계잔액시산표

02 (A), (B), (C) 및 (D)에 들어갈 용어를 올바르게 짝지은 것은?

재무상태표는 (A)의 (B)를 나타내는 재무제표이고, 손익계산서는 (C)의 (D)를 나타내는 재무제표이다.

① A : 일정기간　B : 재무상태　C : 일정시점　D : 경영성과
② A : 일정기간　B : 경영성과　C : 일정시점　D : 재무상태
③ A : 일정시점　B : 재무상태　C : 일정기간　D : 경영성과
④ A : 일정시점　B : 경영성과　C : 일정기간　D : 재무상태

03 "기업의 일정기간 동안의 경영성적을 명확하게 계산하기 위하여 6개월 또는 1년 단위로 구분하여 설정하는 기간을 (　　)이라 한다"에서 (　　) 안에 들어갈 용어로 옳은 것은?

① 회계기말　　② 회계연도
③ 회계공준　　④ 계정과목

04 재무제표 정보의 특성과 한계를 설명한 것으로 적합하지 않은 것은?

① 재무제표는 주로 화폐단위로 측정된 정보를 제공한다.
② 재무제표는 대부분 과거에 발생한 거래 및 사건에 대한 정보를 나타낸다.
③ 재무제표는 추정에 의한 측정치를 포함하지 않는다.
④ 재무제표는 정보이용자의 정보요구를 충족시키기 위한 수단이다.

05 재무제표의 주석으로 공시할 필요가 없는 사항은?

① 회사가 채택하고 있는 회계처리방침
② 진행 중인 소송에 관한 내용과 전망
③ 현금등가물에 관한 자세한 항목과 내용
④ 사업부문별 정보와 중단된 사업부문의 정보

06 다음의 설명된 내용과 재무제표의 연결이 바르지 않은 것은?

① 기업의 일정시점 재무상태를 나타내는 표 : 재무상태표
② 기업의 일정기간 경영성과를 나타내는 표 : 이익잉여금처분계산서
③ 기업의 일정기간 자본변동을 나타내는 표 : 자본변동표
④ 기업의 일정기간 수익과 비용을 나타내는 표 : 손익계산서

07 기업회계기준상 주기 표시해야 할 사항에 해당되는 것은?

① 미수수익　② 유가증권
③ 당기순이익　④ 미착상품

08 재무상태표에 대한 설명으로 틀린 것은?

① 일정시점 자산의 합은 부채와 자본의 합과 일치한다.
② 자산은 크게 유동자산과 비유동자산으로 구분한다.
③ 자본은 별도의 항목으로 구분하여 부채의 아랫부분에 표시한다.
④ 부채는 단기부채와 장기부채의 구분이 필요 없다.

09 손익계산서에 대한 설명으로 틀린 것은?

① 일정기간 동안의 경영성과에 대한 정보를 제공한다.
② 수익과 비용은 순액으로 보고하는 것을 원칙으로 한다.
③ 판매비와관리비는 당해 비용을 표시하는 적절한 항목으로 구분하여 표시하거나 일괄표시할 수 있다.
④ 영업손익은 매출총손익에서 판매비와관리비를 차감하여 산출한다.

10 재무제표의 작성책임과 공정한 표시에 관한 설명 중 틀린 것은?

① 재무제표는 재무상태, 경영성과, 현금흐름 및 자본변동을 공정하게 표시해야 한다.
② 기업회계기준에 따라 적정하게 작성된 재무제표는 공정하게 표시된 재무제표로 본다.
③ 재무제표가 기업회계기준에 따라 작성된 경우에는 그러한 사실을 주석으로 기재해야 한다.
④ 재무제표의 작성과 표시에 대한 책임은 대주주와 경영자에게 있다.

3강

동네마다 다른 고스톱 룰, 회계기준!

쉬운 이야기로 풀어 쓴
회계의 이해

하나, 싸움의 발단

내 어릴 적 기억으로 설날이나 추석 등 명절날 친척들이 모여 가장 많이 즐겼던 놀이 중의 하나는 아마도 '고스톱'이었던 것으로 기억하고 있다. 물론 윷놀이나 다른 놀이도 있었고 특히 요즘은 스마트폰 게임 등 놀이문화가 굉장히 다양화되었지만 옛날에는 거의 아이들은 윷놀이, 어른들은 고스톱이었던 것 같다. 그런데 한 가지 뚜렷한 기억은 이 고스톱이라는 놀이에 항상 싸움이 따라다녔다는 점이다. 나는 지금도 고스톱을 잘 못하지만 옆에서 지켜본 바로는 싸움의 발단은 의외로 단순하였다. 그 원인은 친인척들이 전국 각지에서 모였다는 것이다.

지금도 그 구체적인 내용은 잘 모르지만 아마도 각자의 주장이 달라 싸움이 발생하였던 것으로 보인다. 그들의 주장을 요약해 보면 대충 이렇다. "우리 동네에는 광박이 없다", "우리 동네는 향단이를 피 두 장으로 한다", "글쎄, 첫 설사는 3점이다 아니다 천 원이다", "우리 동네에서는 화투치면서 현찰만 오고가지 절대 말로 하지 않는다. 빨리 돈 끄집어내 놔라!" 등등… 아무튼 옆에서 지켜보고 있노라면 재미있기도 하고 '어른들은 왜 저렇게 재미있는 게임을 하면서 맨날 싸우나?' 하고 혼자 깔깔거리던 기억이 아직도 생생하다.

둘, 우리 동네의 룰과 성적표 조작사건

이제 우리 동네('회계'라는 동네)의 룰(규칙)로 돌아와 보자. 앞의 2강에서 말한 것처럼 회계라는 놈은 기업의 뒷꽁무니를 물귀신처럼 따라다니는 껌딱지 성적표, 즉 재무제표라는 성적표를 주변의 관계자들(이해관계자)에게 제공해 주는 것이 그 목적이라 하였다. 그런데 이 회계라는 동네 역시 룰이 각기 달라 한동안 말이 많았다. 다른 분야도 마찬가지지만 미국(美國)을 중심으로 한 나라들과 유럽(Europe)을 중심을 한 나라들이 각각 뭉쳐 서로 자기네 동네의 룰이 옳다고 주장해 온 것이다. 한마디로 회계라는 놈의 룰도 고스톱처럼 동네마다 각기 달랐던 것이다.

2001년 말 자본주의 최첨단을 달리는 미국이라는 나라에서 엄청난 부정사건이 일어나 충격에 휩싸였다. 가뜩이나 전년도에 일어났던 세계무역센터(WTC) 붕괴사건으로 힘들어하던 미국 국민들에게 이 사건은 그야말로 충격적이었다. 이 사태를 엔론사 회계부정 사건(또는 엔론사 '분식회계' 사건)이라고 한다. 그 이유는 엔론사(Enron)는 설립된 후 미국 내에서 가장 혁신적인 기업, 일하기 좋은 기업, 돈 잘 버는 기업 등 미국인들이 가장 자랑스러워하던 기업 중의 하나였기 때문이다. 그런데 알고 보니 엔론사의 장부(자산과 이익수치 등)가 가짜였던 것이다. 이 사건으로 인해 각국은 기업의 장부 조작(성적표 조작) 방지에 대한 목소리를 높임과 동시에 정확한 재무제표(성적표)를 작성하는데 필요한 통일된 새로운 룰을 만들어야 한다는 획기적인 계기를 마련해 주었다.

도덕적 해이와 분식회계

경영자들은 주주의 부탁을 받은 수탁자로서 자신의 책무를 성실히 수행해야 한다. 그러나 회사와 자신의 이익 간 서로 충돌이 발생할 때 자신의 이익을 먼저 챙겨 회사 경영을 소홀히 하는 경우 이를 '도덕적 해이(moral hazard)'라고 한다. 예로 자신의 이익이나 주가 조작 등의 이유로 회계장부를 조작하는 것을 '분식회계(window dressing)'라고 한다. 분식회계는 회계사기의 범죄행위로 이해관계자들에게 엄청난 손실을 입힐 수 있기 때문에 정확한 회계정보의 중요성은 아무리 강조해도 지나치지 않다.

언젠가 포털 사이트를 뜨겁게 달구었던 지방 유명대학 박 아무개 총장님 이야기로 화제를 돌려보자! 나는 이 총장님의 이야기를 꽤 감명 깊게 읽었던 기억이 난다. 이야기의 요지는 대충 이렇다. 이분의 고향은 경남 어느 시골마을이라고 하였다. 소작농으로 근근이 살아가면서 자식을 공부시키던 그의 부친은 아들이 중학생이 되자 대도시로 유학을 보냈다고 한다. 그런데 첫 학기 그가 받아든 성적표는 정확히 68/68이었다. 진짜로 전교 꼴찌였던 것이다. 고향에 계신 아버지를 볼 면목이 없었던 그는 성적표를 1/68로 고쳐 집으로 돌아왔다고 한다. 고향의 아버지는 동네사람들을 불러 재산목록 1호였던 돼지를 잡아 잔치를 열어 주었다.

이 사건 이후 그는 자신의 말대로 죽으라고 공부하여 오늘의 새 사람으로 다시 탄생하였다고 한다. 당연히 그의 아버지가 성적표 조작을 알고 있었음은 두말할 필요도 없다. 이처럼 성적표는 누구나 할 것 없이 우리 주변을 끈질기게 따라다니면서 우리들을 괴롭히기도 하고(엔론사 사건처럼), 우리의 인생을 완전히 뒤바꾸어(박 아무개 총장처럼) 놓기도 한다.

셋, 새롭게 통일된 룰, 회계기준의 등장

엔론사의 사태가 터지면서 세계 각국의 많은 나라들은 재무제표(회계분야의 성적표)를 만들어낼 때 공통적으로 통용될 수 있는 새로운 룰을 만들어야 한다며 목소리를 높였다. 이리하여 그동안 크게 힘이 없었던(왜냐하면 동네마다 자신들의 고스톱의 룰이 옳다고 제각각 주장해 왔기 때문에) 국제회계기준위원회(IASB)[1]라는 기구가 2003년부터 '국제회계기준(International Financial Reporting Standards : IFRS)'이라는 공통된 룰, 즉 회계기준을 새롭게 만들어내게 된 것이다.

3.1 우리나라 회계기준

우리나라도 세계적으로 통일된 회계기준의 제정과 도입이라는 추세에 발맞추어 국제회계기준을 전면 수용하기로 하여 적용해 오고 있다.

① 한국채택국제회계기준

우리나라가 채택한 국제회계기준이라 하여 '한국채택국제회계기준(K-IFRS)'이라고 한다. 이 기준은 외부감사의 대상이며 국제적으로 활동하는 상장기업(주식시장에 주식이 상장되어 거래되는 회사) 및 금융회사 등이 2011년부터 의무적으로 적용해야 한다.

② 일반기업회계기준

외부감사의 대상이며 비교적 규모가 큰 비상장기업이 2011년 1월 1일 이후 최초로 개시하는 회계연도부터 적용하고 있는 회계기준을 '일반기업회계기준'이라고 한다. 물론 이들 기업은 자발적으로 한국채택국제회계기준을 적용할 수 있다.

1) 국제적으로 통일된 재무회계기준을 제정할 목적으로 1973년에 결성된 국제 민간단체(최초 IASC)를 말한다. 이후 IASC는 새롭게 국제회계기준위원회(International Accounting Standards Board)로 개편되었으며, 영문 머리글자를 따서 IASB로 약칭한다. 2021년 현재 회원국은 우리나라를 포함하여 104개국(143개 단체)이다.

③ 중소기업회계기준

외부감사의 대상이 아니며 비교적 규모가 작은 비상장중소기업이 적용하고 있는 회계기준을 말한다. 상법에 따라 법무부 장관이 고시하는 회계기준으로 총 10개의 장으로 구성되어 있다(2013. 2. 1 제정, 2014. 1. 1 시행).

요약하자면 회계기준이라는 룰은 회계담당자가 회계처리를 하고 재무제표를 만들어 내는데 필요한 '실무지침'이라고 할 수 있다. 특히 이 룰은 만고불변의 진리가 아니라 상황에 따라 변해 왔으며(고스톱의 룰도 동네와 시대 상황에 따라 변해 온 것처럼), 전문가를 포함한 다수의 지지와 합의에 의해 만들어져 왔기 때문에 '일반적으로 인정된 회계원칙(Generally Accepted Accounting Principles : GAAP)'이라고 한다.

국제회계기준 도입 후 우리나라의 일반적으로 인정된 회계원칙(GAAP), 즉 회계기준은 사실상 이원화(二元化)되었다고 보면 된다. 왜냐하면 중소기업회계기준 및 특수분야회계기준은 적용하는 대상이 상대적으로 적기 때문이다.

| 표 3-1 | 우리나라 회계기준 구성내용

구분	한국채택 국제회계기준	일반기업 회계기준	중소기업 회계기준	특수분야 회계기준
적용근거	외감법[2]	외감법	상법	특수분야관계법령
적용대상	상장기업	비상장기업	비상장중소기업	특수분야기업
기준구성	기업회계기준서	일반기업회계기준	중소기업회계기준	특수분야회계기준
	기준해석서	해석		해석

2) 「주식회사 등의 외부감사에 관한 법률(이하, 외감법)」을 말하며 그 적용대상은 ① 직전연도 자산 120억원 이상, ② 부채 70억원 이상, ③ 매출액 100억원 이상, ④ 종업원 수 100명 이상 등의 네 가지 요건 중 두 가지 이상에 해당하는 주식회사는 외부감사인으로부터 재무제표 감사를 받아야 한다고 규정하고 있다.

3.2 일반기업회계기준의 구성과 내용

앞에서 본 것처럼 앞으로 우리나라 기업은 한국채택국제회계기준(K-IFRS), 일반기업회계기준, 중소기업회계기준 및 특수분야회계기준이라는 회계기준 중의 하나를 적용하여 재무제표를 작성해야 한다. 우리가 고스톱을 치든 어떤 게임을 하든 항상 룰이 필요하니까.[3] 여기서 중소기업회계기준이나 특수분야회계기준은 적용되는 대상이 상대적으로 적기 때문에 우리나라 대부분의 기업들은 한국채택국제회계기준(K-IFRS) 또는 일반기업회계기준을 적용하고 있다. 따라서 우리나라의 일반적으로 인정된 회계원칙(GAAP), 즉 회계기준은 사실상 이원화(二元化)되어 있다고 보면 된다. 외부감사의 대상이 되는 상장기업과 금융회사는 2011년부터 한국채택국제회계기준(K-IFRS)을 적용해 오고 있다.

한편 외감법의 적용대상이면서 비교적 규모가 큰 비상장기업의 경우에는 일반기업회계기준을 적용하고 있다. 다시 말해 이 기준(회계실무를 하는데 필요한 지침)으로 재무제표를 만들라는 의미이다. 물론 앞서 설명한 것처럼 이들 기업들도 자발적으로 한국채택국제회계기준(K-IFRS)을 적용할 수 있다. 2009년 11월 27일 제정(2009. 12. 30 공표)된 일반기업회계기준은 현재 총 33개의 장(章)으로 구성되어 있다. 이 기준은 2011년 1월 1일 이후 최초로 개시되는 회계연도부터 적용해 오고 있다. 이 책의 이후 내용은 일반기업회계기준의 회계처리에 초점을 두고 전개하고자 하며, 필요한 경우 한국채택국제회계기준(K-IFRS)에 관한 내용도 병행하여 살펴볼 것이다(일반기업회계기준은 국제회계기준의 적용대상에서 제외되는 대다수의 비상장기업들이 적용하고 있으며, 현재 시행되고 있는 기초회계 분야의 여러 국가자격증시험은 일반기업회계기준에 따른 출제를 하고 있음).

3) 우리나라는 1997년 말 IMF 금융위기 후 회계기준 제정의 신뢰성과 객관성을 확보하기 위해 1999년 설립된 한국회계기준원(Korea Accounting Institute : KAI)에서 이러한 룰, 즉 회계기준을 제정해 오고 있다. 각각의 회계기준은 한국회계기준원 홈페이지(www.kasb.or.kr)에서 다운로드받을 수 있다.

표 3-2 일반기업회계기준 구성

제01장 목적, 구성 및 적용
제02장 재무제표의 작성과 표시 I
제03장 재무제표의 작성과 표시 II(금융업)
제04장 연결재무제표
제05장 회계정책, 회계추정의 변경 및 오류
제06장 금융자산 · 금융부채
제07장 재고자산
제08장 지분법
제09장 조인트벤처 투자
제10장 유형자산
제11장 무형자산
제12장 사업결합
제13장 리스
제14장 충당부채, 우발부채 및 우발자산
제15장 자본
제16장 수익
제17장 정부보조금의 회계처리
제18장 차입원가자본화
제19장 주식기준보상
제20장 자산손상
제21장 종업원급여
제22장 법인세회계
제23장 환율변동효과
제24장 보고기간후사건
제25장 특수관계자 공시
제26장 기본주당이익
제27장 특수활동
제28장 중단사업
제29장 중간재무제표
제30장 일반기업회계기준의 최초채택
제31장 중소기업 회계처리 특례
제32장 동일지배거래
제33장 온실가스 배출권과 배출부채
일반기업회계기준 시행일 및 경과규정

3.3 외부감사인

아무리 좋은 룰(GAAP)이 있어도 그것이 지켜지지 않으면 아무런 소용이 없다. 따라서 앞의 엔론사 예처럼 회계정보가 일반적으로 인정된 회계원칙(GAAP)에 따라 적정하게 작성되었는가는 매우 중요한 일이라 할 수 있다. 그렇지 않으면 엔론사 사태에서 보듯 한 국가의 국제적 신용도에 치명상을 입힐 수 있으며, 한 사람의 일생을 바꾸기도 한다. 회계정보의 적정성과 관련하여 이를 감사(監査)하는 외부인을 공인회계사(Certified Public Accountant : CPA)라고 한다. 공인회계사는 재무제표가 일반적으로 인정된 회계원칙(GAAP)에 따라 적정하게 작성되었는가, 즉 분식회계를 방지하는 사회적 기능을 수행하는 사람을 말한다.

앞서 언급한 것처럼 분식회계는 회계사기(會計詐欺)이다. 다시 말해 명백한 범죄행위이다. 따라서 정확한 회계정보의 산출은 매우 중요한 사회적 기능이라고 할 수 있다. 이러한 사회적 기능이 제대로 작동되지 않으면 한 나라의 효율적 자원배분은 엉망진창이 되고 엄청난 사회적 혼란을 가져올 수 있기 때문이다. 비단 회계분야에서뿐만 아니라 어느 분야에서든 정확하게 룰을 지키고 정직한 자만이 성공하고 살아남는 사회적 분위기의 조성은 어느 조직이든 어느 사회든 어느 국가든 두말할 필요가 없다.

3강 복습

1. 분식회계

   회계사기 범죄행위로 회계장부를 조작하는 것

2. 일반적으로 인정된 회계원칙(GAAP)

   다수의 지지와 합의에 의해 만들어진 회계원칙 또는 회계기준

3. 한국채택국제회계기준(K-IFRS)

   「주식회사 등의 외부감사에 관한 법률」의 적용대상이 되는 상장기업 및 금융회사 등이 2011년부터 적용하고 있는 국제회계기준(IFRS)

4. 일반기업회계기준

   외감법의 적용대상이며 비교적 규모가 큰 비상장기업이 적용하고 있는 회계기준

5. 한국회계기준원

   우리나라 회계기준의 제정을 위해 1999년 설립된 민간기구

6. 외부감사인

   기업의 재무제표 감사(監査)를 위해 외부로부터 선임한 공인회계사(CPA)

연습문제

01 분식회계(window dressing)란 한마디로 무엇을 의미하는가?

02 GAAP란 무엇인지 간단히 설명하시오.

03 국제회계기준 도입 후 우리나라 GAAP 구성에 대해 설명하시오.

04 한국회계기준원(KAI)에 대해 간단히 설명하시오.

05 우리나라 회계기준의 구성에 포함되지 않는 것은?

① 일반기업회계기준　② 한국채택국제회계기준(K-IFRS)
③ 업종별회계기준　④ 중소기업회계기준

06 우리나라 상장기업 및 금융회사 등이 의무적으로 적용해야 하는 회계기준은?

① 업종별회계기준　② 특수분야회계기준
③ 일반기업회계기준　④ 한국채택국제회계기준(K-IFRS)

07 외감법 적용대상이며 비교적 규모가 큰 비상장기업이 적용하고 있는 회계기준은?

① 한국채택국제회계기준(K-IFRS)　② 일반기업회계기준
③ 특수분야회계기준　④ 업종별회계기준

08 외부감사 대상이 아닌 비상장중소기업이 적용하고 있는 회계기준은?

① 중소기업회계기준　② 일반기업회계기준
③ 특수분야회계기준　④ 업종별회계기준

09 우리나라 외부감사인을 무엇이라 부르는가?

① 세무사　② 주책회계사
③ 공인회계사　④ 고급회계사

기출문제

01 일반적으로 인정된 회계원칙에 대한 설명 중 옳지 않은 것은?

① 회계원칙 중 보편타당성과 일반적 수용성이 있어야 한다.[4)]

② 다수의 전문가들에 의해 지지되는 회계원칙이다.

③ 실용주의적 접근법에 따라 제정되어 실무에서 널리 사용될 수 있어야 한다.

④ 정치적 · 경제적 환경의 변화에도 불변하는 성격을 지니고 있다.

02 우리나라의 일반적으로 인정된 회계원칙(GAAP)의 제정기관은?

① 대한상공회의소 ② 한국공인회계사회

③ 대한무역진흥공사 ④ 한국회계기준원

4) 다양한 이해관계자가 존재하는 상황에서 어느 한쪽의 이해관계자만을 위한 회계정보가 작성되어 공시된다고 하면 회계정보의 유용성은 감소하게 될 것이다.

4강

빚바랜 공책과 회계기록

쉬운 이야기로 풀어 쓴
회계의 이해

하나, 우리 동네 구멍가게

내가 어릴 적에는 동네마다 사람들이 거래하는 조그마한 구멍가게가 있었다. 아마도 당시 우리나라 대부분의 시골마을에 있었던 소위 점방(店房)을 말한다. 주로 어린아이들이 좋아하는 과자부터 막걸리, 소주 등의 주류 및 각종 생필품까지 없는 것이 없는 그야말로 만물상과 같은 곳이라 할 수 있다. 나를 포함한 어린아이들은 어른들이 시키는 심부름을 핑계삼아 그곳에 들러 자기가 좋아하는 과자를 사들고 집으로 돌아오는 재미가 쏠쏠하였다. 지금도 가끔씩은 그 시절에 먹던 불량식품(?)들이 그리워지기도 하고 고향 친구들을 만나면 그때의 추억들을 이야깃꺼리로 삼기도 한다. 이제는 먼 옛날의 이야기가 되었지만…

동네사람들은 이 구멍가게 점방에서 생필품 등을 외상으로 사고 월말이나 일정한 기간이 지나면 외상값을 갚는 방식이었다. 구멍가게 주인은 비교적 연세가 든 분이 많은 편이었고 장부라는 것도 지금 기억으로는 빛이 바랜 누런색 공책이었던 것 같다. 한번은 우리 동네 할머니 구멍가게의 장부를 볼 기회가 있었는데 나름대로는 체계가 잘 갖춰진 장부였다는 생각이 든다. '누구네 집이 언제 얼마를 외상하고, 어제 얼마를 갚았으니, 현재 외상잔액이 얼마다' 하는 식이었다. 물론 구멍가게 할머니가 내가 놀러 갔을 때 삶아 준 옥수수(팔 목적이 아님)는 빛 바랜 장부에 기록되지 않았음은 물론이다.

둘, 빛바랜 공책과 회계장부

앞서 말한 것처럼 학교 앞의 분식집이나 세계 최고의 기업 S전자나 추구하는 목표는 같다. 장사를 잘해 돈 잘 벌고 많은 이익을 남기는 것이 일차적인 목표다. 그러려면 아무리 동네 구멍가게라 하더라도 얼마의 돈으로 가게를 열었는지, 언제 얼마의 물건을 사들여 왔는지, 누구에게 얼마의 물건을 팔았는지, 언제 얼마의 외상값을 갚았는지 등의 가게 장사와 관련된 내용(물건을 사 오고, 외상으로 가져간 물건값 등, 잠시 후 설명하겠지만 이를 회계에서는 '거래'라고 한다)들을 잘 기록해 두어야 한다. 당연히 구멍가게 할머니가 나에게 준 옥수수는 기록의 대상(처음부터 팔려는 목적이 아니라 삶아 먹으려는 것이었기 때문에 거래가 아님)이 아니다.[1)]

할머니가 처음 가게를 열 때 자신의 주머니에서 꺼낸 돈(출자한 돈)을 '자본 또는 자기자본'이라고 하고 이는 장부에 기록되어야 한다. 할머니의 주머니 사정이 좋지 못해 은행 또는 옆집 사람으로부터 돈을 빌렸다면 이것을 '부채'라고 한다. 즉, 빚을 회계에서는 부채라고 하는 것이다. 이렇게 출자한 자본과 부채는 물건을 사고팔고 하는 경제활동에 사용되었을 것이다. 당연히 이러한 경제활동은 외부의 이해관계자들(가족들이나 채권자 등)에게도 보고되어야 한다. 이제 본격적으로 할머니의 빛바랜 공책에서처럼 기업의 회계장부에 기록되어야 할 내용에 대해 구체적으로 살펴보자.

2.1 회계거래

회계장부에는 가장 먼저 거래의 내용이 기록된다. '회계거래(accounting transaction)'란 기업의 재산상태에 변동이 있고, 돈으로 환산할 수 있는 경제활동을 말한다. 즉, 다음의 두 가지 요건을 동시에 충족해야 한다.

---

1) 이를 재무제표의 기본가정 중 '기업실체의 가정'이라고 한다. 즉, 기업을 하나의 회계단위로 보고 이와 관련된 경제활동만 기록의 대상이 된다는 가정을 말한다.

회계거래 요건(① & ②)

① 기업의 재무상태(재산상태)에 변화가 있어야 한다.
② 화폐액으로 측정가능해야 한다.

회계상의 거래는 반드시 장부에 기록되어야 한다. 그런데 우리가 말하는 일상적인 거래와 회계상 거래는 커다란 차이가 있다. 만약 자신의 집에 불이 났는데 "어제 우리 집에 거래가 있었어요!"라고 말하는 사람은 없겠지만, 구멍가게 창고에 불이 나 재산상의 손해가 났다면 반드시 거래로 기록해야 함은 물론이다. 왜냐하면 구멍가게의 재산에 변동이 있었고, 이를 돈으로 환산할 수 있기 때문이다. 2011년 세계적 기업가인 스티브 잡스(Steve Jobs)가 사망했을 때 애플사(Apple Inc.)의 주가가 폭락하고 경영에 엄청난 영향을 미쳤음에도 이는 애플사의 회계장부에 기록되지 않는다. 왜냐하면 그의 죽음이 재산상의 변동이라고 보기 어렵고(물론 그럴 수도 있지만), 돈으로 환산하는 것도 어렵기 때문이다. 즉, 회계상의 거래가 아니라는 의미이다.

2.2 재무제표 기본요소

할머니 구멍가게든 대기업이든 회계상의 거래는 자산, 부채 및 자본, 수익과 비용 등으로 구분되어 회계장부에 기록된다. 이들을 재무제표 요소(elements of financial statements)라고 부른다.

① 재무상태표 기본요소

회계장부에 기록되는 내용은 처음 할머니 주머니에서 나온 돈(이를 '자본'이라고 한다), 장사를 하기 위해 외부로부터 사 온 상품(이를 '자산'이라고 한다) 등이다. 만약 할머니가 장사를 위해 다른 사람으로부터 돈을 빌렸다면 이를 '부채'라고 한다. 이들 자산, 부채 및 자본의 변동내역들은 최종적으로 재무상태표에 기록되므로 이들을 '재무상태표 기본요소'라고 한다.

재무상태표 기본요소

- 자산(assets)은 과거사건의 결과로 기업이 통제하고 있으며, 미래 경제적 효익이 기업에 유입될 것으로 기대되는 '경제적 자원'이다.
- 부채(liabilities)는 과거사건에 의하여 발생하였으며, 경제적 효익이 내재된 자원의 유출로써 이행될 것으로 기대되는 '현재의무(빚)'이다.
- 자본(equity)은 기업의 총자산에서 총부채를 차감한 잔여지분, 즉 '소유주의 청구권(최초 출자분과 증가분)'이다.

② 손익계산서 기본요소

할머니가 처음 사 왔던 상품에 일정한 크기의 마진(margin)을 붙여 팔았다면 '이익'이 발생했을 것이다. 이때 판매로 벌어들인 돈을 '수익'이라고 하며, 최초 상품을 구입하는데 든 원가의 희생을 '비용'이라고 한다. 따라서 이익은 수익에서 비용을 빼 구한다. 이러한 수익과 비용(차익과 차손 포함)을 '손익계산서 기본요소'라고 한다.

손익계산서 기본요소

- 수익(revenue)은 '자산의 증가 또는 부채의 감소'에 따른 자기자본의 증가분이다. 단, 지분 참여자의 출연과 관련된 것은 제외한다.
- 비용(expense)은 '자산의 감소 또는 부채의 증가'에 따른 자기자본의 감소분이다. 단, 지분 참여자에 대한 분배와 관련된 것은 제외한다.

이렇게 회계장부에 기록된 내용, 즉 재무제표의 요소들은 일정기간(보통은 1년 단위)이 지난 후 그 변동내역이 성적표에 반영되어 이해관계자(정보이용자)들에게 제공된다. 우리가 이미 2강의 껌딱지 성적표에서 살펴본 것처럼 이들 성적표를 재무제표(Financial Statements : F/S)라 하며, 이에는 재무상태표, 손익계산서, 자본변동표, 현금흐름표 및 주석 등이 있음은 이미 학습한 바 있다.

셋, 본격적인 회계기록의 출발!

본격적으로 회계기록의 룰(규칙)을 알기 위해 반드시 알아두어야 할 내용은 좀 과장되게 말하면 딱 한 가지밖에 없다. 이것은 룰이라기보다는 회계장부에 거래를 기록하기 위해 정해 둔 약속이다. 즉, 회계기록의 가장 기본이 되는 출발점이라고 할 수 있다. 영어의 abc, 즉 알파벳 정도라고 할 수 있다. 회계기록의 가장 기본이 되는 출발점은 다음의 약속된 등식이다.

재무상태표등식(회계등식)

자산 = 부채 + 자본(소유주지분)

위 등식은 재무상태표의 작성양식에 따라 약속되었기 때문에 '재무상태표등식'이라고 한다. 따라서 재무상태표의 왼쪽 변(차변)에는 자산이 표시되며, 오른쪽 변(대변)에는 부채와 자본의 합이 표시된다. 앞으로 계속 강조하겠지만 이 식은 항등식(恒等式)이므로 언제 어디서든 항상 왼쪽과 오른쪽의 합은 서로 일치해야 한다. 우리는 이를 달리 '회계등식(accounting equation)'이라고도 부른다.

이 등식의 약속과 원리는 의외로 간단하다. 앞의 할머니 구멍가게 예를 다시 들어보기로 하자. 구멍가게 할머니가 5,000원이라는 돈(자본)을 출자하여 가게를 오픈한 후, 판매할 상품(자산) 3,000원어치를 사고 나머지를 현금으로 가지고 있다면 회계등식이 어떻게 변화되는지 살펴보자.

최초 할머니가 현금 5,000원을 출자하여 구멍가게를 오픈하였을 때의 회계등식은 다음과 같다.

회계등식 ①

자산(현금 5,000) = 부채(0) + 자본(자본금 5,000)

할머니가 현금 3,000원을 주고 판매목적의 상품(자산)을 외부로부터 사왔을 때의 회계등식은 다음과 같이 변화된다.

회계등식 ②

자산(현금 2,000 + 상품 3,000) = 부채(0) + 자본(5,000)

우리는 이 회계등식을 반드시 기억해야 한다. 좀 더 심하게 말하면 회계 전공자라면 죽는 그 순간까지 기억해야 할 등식이다. 회계의 출발점이 이 등식으로부터 시작해 이 등식으로 끝나기 때문이다. 덧붙여 위 식은 항등식이기 때문에 항상 왼쪽의 값과 오른쪽의 값은 반드시 일치해야 한다는 것을 다시 한번 기억해 두기 바란다.

넷, 기록해 두지 않으면 분개할 일이…

앞서 예로 든 엔론사도 그렇고 이전 우리나라 기업들도 회계거래의 내용을 장부상에 기록하지 않거나 잘못 기록하여(앞서 이를 '분식회계'라고 하였다) 나중에 최고경영자가 처벌받거나 주가가 폭락하여 회사가 망하는 일이 빈번히 발생하였다. 따라서 회계라는 놈을 다시 한번 정의해 보면 '기업과 관련된 경제활동(거래)을 정확하게 빠짐없이 장부상에 기록하여 전달(성적표로서)하는 하나의 시스템'이라고 할 수 있다. 한마디로 기록하지 않거나 잘못 기록하는 경우 나중에 반드시 분개(憤慨)할 일이 발생하게 되는 것이다.

4.1 분개

기업에 거래가 발생할 경우 제일 처음 장부에 기록하는 룰은 앞에서 말한 회계등식을 기억하기만 하면 된다. 즉, 출자한 돈(자본)과 빚(부채)이 증가하면 오른쪽(회계에서는 이를 특별한 의미없이 '대변(Credit)'이라고 부른다)에 기록하고, 이들 돈을 가지고 앞으로 사용할 현금이나 판매할 상품 등(자산)이 증가하면 왼쪽(이를 '차변(Debtor)'이라고 부른다)에 기록하면 된다. 회계등식이 항상 성립하는 이유는 대변에서 나온 돈으로 차변의 자산을 구입(사용)하기 때문이다. 반대로 자산이 감소하거나 부채와 자본이 감소하는 경우에는 그 반대쪽에 기록하면 된다. 우리가 정한 약속이다.

이렇게 약속된 룰에 따라 거래의 내용을 차변과 대변으로 나누어 회계장부에 기록하는 일을 '분개(分介 : journalizing)'라고 한다. 즉, 거래를 쪼개라는(나누라는) 의미이다. 따라서 기업의 회계담당자(경리사원)가 거래가 발생할 때 가장 먼저 해야 하는 일이 분개이다. 아마 구멍가게 할머니의 빛바랜 공책에도 처음 가게를 오픈했을 때부터의 거래 내용이 분개되었을 것이다. 만약 분개(分介)하지 않으면 반드시 분개(憤慨)할 일이 생기게 된다고 경고한 바 있다.

그렇다면 분개는 구체적으로 어떻게 해야 하나? 앞서 공부한 회계등식, 즉 '자산=부채+자본'이라는 등식만 기억하면 된다. 일단 자산의 증가는 차변, 부채 및 자본의 증가는 대변으로 나누어 기록한다. 그 반대는 반대편에 기록한다. 즉, 자산의 감소는 대변, 부채 및 자본의 감소는 차변에 기록한다.

여기서 잠시 할머니 구멍가게의 거래 한 가지를 더 살펴보고 가자. 만약 할머니가 최초 3,000원에 사 왔던 상품의 50%(원가 1,500원)를 현금 2,500원을 받고 팔았을 경우 바로 앞의 [회계등식 ②]는 다음의 [회계등식 ③]으로 변화된다.

회계등식 ③

자산(현금 4,500 + 상품 1,500) = 부채(0) + 자본(5,000 + 1,000)

위 [회계등식 ③]을 잘 살펴보자. 가장 큰 변화는 무엇인가? 예! 바로 처음 출자한 자기자본이 1,000원만큼 증가했다는 것을 알 수 있다. 즉, 장사를 잘해 이익이 발생하고 그 결과 자기자본(처음 출자한 돈)이 6,000원으로 증가한 것이다. 이는 할머니가 원가 1,500원의 상품에 마진 1,000원을 붙여 판매함으로써 나타난 결과이다. 이때 마진을 붙여 판매로 벌어들인 돈 2,500원을 '수익'이라 하며, 판매한 상품의 원가 1,500원을 '비용'이라고 한다. 이렇게 하여 1,000원의 '이익(수익에서 비용을 뺀 자기자본의 증가분)'이 발생한 것이다.

여기서 한 가지 더 짚고 넘어가야 할 것은 수익과 비용의 발생에 따른 등식의 변화이다. 먼저 수익(2,500원)이 발생하면 동시에 현금이라는 자산이 증가하고 결국 자기자본이 2,500원 증가하였다. 반대로 비용(1,500원)이 발생하면 자산(상품)이 감소하고 결국 자기자본이 1,500원 감소하였다. 이리하여 할머니 구멍가게는 수익에서 비용을 차감하여 최종적으로 1,000원(=2,500−1,500)이라는 자기자본이 증가하게 된 것이다. 요컨대 수익과 비용이 발생하는 경우 이와 관련된 자산이 증가하거나 감소하여 최종적으로는 자기자본의 증감에 영향을 미치게 된다는 사실을 꼭 기억하자!

4.2 거래의 8요소

지금까지 살펴본 자산, 부채 및 자본, 수익과 비용이라는 재무제표 요소들은 다음의 [그림 4-1]과 같은 결합관계를 가지는데 이를 '거래 8요소의 결합관계'라고 부른다. 이러한 결합관계가 다양하게 조합되어(차변과 대변으로 나누어져) 회계거래는 장부에 기록된다. 물론 이들 결합관계의 출발은 회계등식으로부터 나왔음은 두말할 필요도 없다.

그림 4-1 거래 8요소의 결합관계

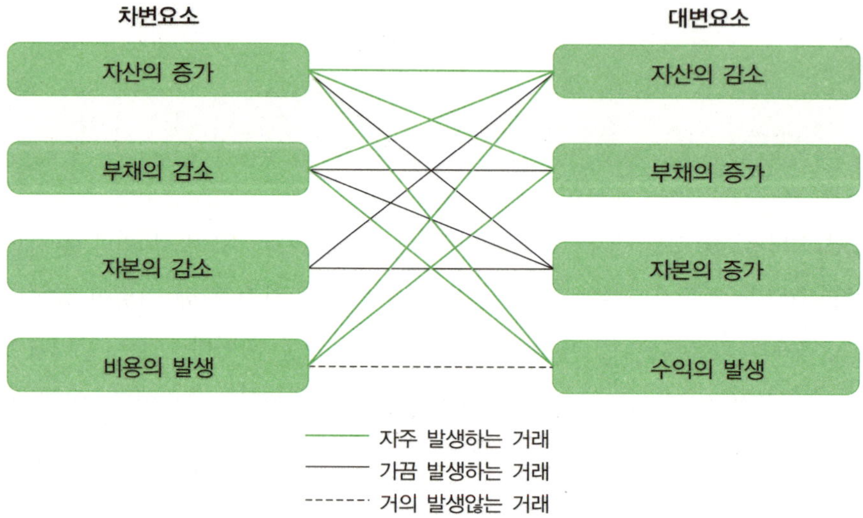

거래 8요소의 결합관계 논리는 의외로 간단하다. 약속된 회계등식만 확실하게 기억해 두기만 하면 된다.

하나, 자산이 증가하면 차변에 기록하고, 부채 및 자본이 증가하면 대변에 기록하면 된다. 그 반대의 경우가 발생하면 반대쪽 변에 기록한다. 즉, 자산의 감소는 대변에, 부채 및 자본의 감소는 차변에 기록하라는 것이다.[2)]

둘, 수익이 발생하면 자본(자기자본)이 증가하므로 대변에 기록하고, 이에 따라 발생하는 자산의 증가를 차변에 기록하면 된다. 결국 수익의 발생(대변)은 자산의 증가(차변)를 가져온다.

셋, 비용이 발생하면 자본(자기자본)이 감소하므로 차변에 기록하고, 이에 따라 발생하는 자산의 감소를 대변에 기록하면 된다. 결국 비용의 발생(차변)은 자산의 감소(대변)를 가져온다.

2) 나중에 설명하겠지만 이처럼 한쪽 변에만 기록하지 않고 반드시 차변과 대변으로 나누어 기록하는 방법을 '복식부기(회계)'라고 한다. 현행 회계가 복식부기를 채택하고 있는 이유는 5강에서 다시 설명할 것이다.

4.3 분개장

그렇다면 회계거래는 이러한 원리에 따라 구체적으로 어디에 어떻게 기록해야 하는가? 먼저 거래를 차변과 대변으로 나누어 기록하는 것을 앞서 분개라고 하였으며, 분개할 내용을 최초로 기록하는 장부를 '분개장(journal book)'이라고 한다. 최근에는 전산회계프로그램의 분개장 양식에 그대로 입력하거나 또는 분개장의 원리로 만들어진 전표(slip)라는 양식의 장부에 입력하면 된다. 하지만 그 원리는 전부 동일하다. 따라서 분개는 회계 학습에 있어 그 출발점이 되며, 이것이 최종 재무제표의 산출에 있어 기본 중의 기본이 된다는 점은 아무리 강조해도 지나치지 않을 것이다.

표 4-1 거래 8요소의 결합관계 예시

회계거래	차변요소	대변요소
① 비품을 구입하면서 현금을 지출하다 ② 은행에서 현금을 빌려오다 ③ 현금을 출자하여 사업을 개시하다 ④ 올해분 집세를 현금으로 받다	자산의 증가	① 자산의 감소 ② 부채의 증가 ③ 자본의 증가 ④ 수익의 발생
⑤ 은행에서 빌린 돈을 갚다 ⑥ 외상매입금에 대해 약속어음을 발행하다 ⑦ 차입금을 출자전환하다 ⑧ 미리 받은 돈에 대한 상품을 매출하다	부채의 감소	⑤ 자산의 감소 ⑥ 부채의 증가 ⑦ 자본의 증가 ⑧ 수익의 발생
⑨ 자본을 감소하면서 현금을 반환하다 ⑩ 현금배당을 주기로 결의하다 ⑪ 이익잉여금을 자본에 전입하다 ⑫ 점주가 인출금에서 임대료를 가져가다	자본의 감소	⑨ 자산의 감소 ⑩ 부채의 증가 ⑪ 자본의 증가 ⑫ 수익의 발생
⑬ 종업원 급여를 현금지급하다 ⑭ 이자비용을 미지급하고 있다 ⑮ 종업원에게 주식매수선택권을 부여하다 ⑯ 단독거래의 예는 거의 없음	비용의 발생	⑬ 자산의 감소 ⑭ 부채의 증가 ⑮ 자본의 증가 ⑯ 수익의 발생

위에서 제시한 예시들을 가지고 바로 뒤에서 설명할 계정과목으로 직접 분개해 보면 향후 학습에 많은 도움이 될 것이다.

다섯, 출발! 분개장 여행

잠시 4강의 내용을 다시 한번 정리해 보기로 한다. 한마디로 회계거래를 식별하고 정확하게 분개할 줄 알아야 한다는 것이 이 강(講)의 핵심이다. 분개의 내용은 분개장이라는 장부에 기록해야 하지만, 먼저 학습의 목적상 다음의 방법으로 분개해 본 후 분개장이라는 장부를 살펴보기로 한다.3)

[거래 1] 할머니가 현금 5,000원을 출자하여 구멍가게를 오픈하다.

(차) 현금 5,000	(대) 자본금 5,000
(자산의 증가)	(자본의 증가)

[거래 2] 외부로부터 상품 3,000원어치를 현금을 주고 사 오다.

(차) 상품 3,000	(대) 현금 3,000
(자산의 증가)	(자산의 감소)

물론 위의 [거래 1]과 [거래 2]의 분개는 앞에서 살펴본 거래의 결합관계([그림 4-1])에 의한 것이다. [거래 1]은 '자산의 증가(차변)-자본의 증가(대변)'라는 짝에 의해, [거래 2]는 '자산의 증가(차변)-자산의 감소(대변)'라는 짝에 의해 분개된 것이다.

이처럼 회계상의 거래가 거래 8요소의 결합관계에 따라 반드시 차변과 대변의 양쪽에 기록되는 것을 '거래의 이중성'이라고 한다. 이러한 거래의 이중성에 따라 자산=부채+자본이라는 회계등식이 항상 성립하게 되는 것이다. 이제 분개장이라는 장부에 정식으로 기록해 보자.

---

3) 분개장에 대한 내용은 5강에서 다시 한번 자세하게 살펴볼 것이다.

분개장

(단위 : 원)

일자		계정과목 및 내역	원면	차변	대변
1월	1일	현금	101	5,000	
		자본금	331		5,000
		현금을 출자하여 사업 개시			
2월	1일	상품	146	3,000	
		현금	101		3,000
		외부로부터 상품을 매입			
		......		......	......

여기서 자세히 보면 분개를 잘하기 위해서는 무엇보다도 재무제표 요소, 즉 자산, 부채 및 자본, 수익과 비용의 명칭(예를 들면, 현금, 자본금, 상품 등)을 정확하게 잘 알아야 한다. 이처럼 거래가 발생할 때 회계장부상에 기록하는 재무제표 요소의 이름을 '계정과목(title of account)'이라고 한다.

계정과목은 성격별(즉, 자산, 부채 및 자본, 수익, 비용)로 묶어 고유한 식별번호(계정코드번호)가 붙어 있는데 이를 '계정과목도' 또는 '계정과목번호표'라고 한다. 대개 자산은 100~200번대 단위, 부채는 200번대 단위, 자본은 300번대 단위, 수익은 매출수익 400번대 및 영업외수익 900번대 단위, 비용은 매출비용 400번대와 판매비와관리비 800번대 및 영업외비용 900번대 단위가 부여되어 있다. 재무제표 요소별로 대표적인 계정과목에 대해 간단히 살펴보자.

[자산]

101	현금및현금성자산	기업이 보유하고 있는 지폐 및 주화, 자기앞수표 등
102	당좌예금	당좌거래와 관련된 예금
103	보통예금	항시 입·출금이 가능한 요구불예금
108	외상매출금	상품 등을 순수외상으로 판매하고 받지 못한 돈
110	받을어음	상품 등을 외상으로 판매하고 받은 어음
114	단기대여금	이자수익을 목적으로 단기간 빌려준 돈
116	미수수익	임대료, 이자수익 등 아직 받지 못한 수익
120	미수금	상품 이외 자산을 팔고 받지 못한 돈
131	선급금	상품 등의 매입을 위해 미리 지급한 계약금

133	선급비용	보험료 및 이자비용 등의 비용을 미리 지출한 돈
146	상품	기업이 판매목적으로 가지고 있는 재화 등
208	차량운반구	보유하고 있는 차량 등
201	토지	사용목적으로 보유하고 있는 땅
202	건물	사용목적으로 토지 위에 건설된 공작물과 부수 시설물
212	비품	보유하고 있는 사무용품 등

[부채]

251	외상매입금	상품 등을 순수외상으로 매입하면서 미지급한 돈
252	지급어음	상품 등을 외상매입하고 발행한 어음
253	미지급금	상품 이외의 자산을 구입하고 미지급한 돈
254	예수금	종업원 등으로부터 받아 일시적으로 보관 중인 현금
259	선수금	상품 등의 판매를 약속하고 미리 받은 계약금
260	단기차입금	은행 등으로부터 빌려 단기간 내 갚아야 할 돈
262	미지급비용	보험료 및 이자비용 등의 미지급한 비용
263	선수수익	임대료, 이자수익 등 미리 받아 둔 수익
291	사채	만기가 되면 상환하기로 하고 발행한 채무증서

[자본]

331	자본금	최초로 출자한 종잣돈(원본)
341	주식발행초과금	주식 액면금액을 초과발행하여 발생한 자본잉여금
351	이익준비금	이익 중 사내유보되는 법정적립금
375	이월이익잉여금	이익잉여금의 처분 후 차기로 이월되는 금액

[수익]

401	상품매출	주된 영업활동으로 발생한 상품의 판매액
901	이자수익	예금 및 대여금 등에서 발생한 이자
903	배당금수익	타 회사 주식 등으로부터 받는 배당금

904 임대료 부동산 또는 동산을 빌려주고 받는 수익
905 단기투자자산평가이익 보유 중인 단기매매증권 등의 평가이익

[비용]

451 매출원가 매출과 대응되는 자산(상품 등)의 취득원가 감소분
801 급여 종업원 등에 지급되는 노동의 대가
811 복리후생비 종업원의 복리관련 지출
817 세금과공과 세무서와 지방자치단체에 납부하는 각종 세금 등
818 감가상각비 유형자산의 가치감소에 따른 원가배분 비용
819 임차료 부동산 또는 동산을 빌려 사용료로 지급하는 비용
821 보험료 보험료 지출액
835 대손상각비 외상매출금 등의 대손에 따른 가치감소분
937 단기투자자산평가손실 보유 중인 단기매매증권 등의 평가손실
951 이자비용 차입금 등에서 발생한 이자
984 수수료비용 각종 수수료에 지출하는 비용

| 표 4-2 | 일반기업회계기준 재무상태표 계정분류

구분	분류		계정과목 세부항목
자산	유동자산	당좌좌산	**현금및현금성자산**, 단기투자자산(단기금융상품, **단기매매증권**, 단기대여금 등), **매출채권(외상매출금과 받을어음)**, **미수수익**, **미수금**, **선급금**, **선급비용**, 기타
		재고자산	**상품**, 제품, 재공품, 원재료, 반제품, 저장품, 기타
	비유동자산	투자자산	투자부동산, 장기투자증권(**매도가능증권**, **만기보유증권**), 장기금융상품, 장기대여금, 지분법적용투자주식, 기타
		유형자산	토지, **건물**, 구축물, **기계장치**, 건설중인자산, **차량운반구**, 선박, **비품**, 공기구 등
		무형자산	**영업권**, **산업재산권**(특허권, 실용신안권, 의장권 등), **개발비**, 라이선스, 프랜차이즈, 저작권, 컴퓨터 소프트웨어, 광업권, 어업권, **임차권리금**, 기타
		기타자산	이연법인세자산, 보증금(전세권, 전신전화가입권, **임차보증금**, 영업보증금 등), 장기매출채권, 장기미수금, 장기선급비용, 장기선급금 등
부채	유동부채		**단기차입금**(당좌차월 포함), **매입채무(외상매입금과 지급어음)**, 당기법인세부채, **미지급비용**, 이연법인세부채, **미지급금**, **선수금**, **선수수익**, **예수금**, 미지급배당금, **유동성장기부채**, 기타
	비유동부채		**사채**, 신주인수권부사채, 전환사채, **장기차입금**, **퇴직급여충당부채**, **장기제품보증충당부채**, 이연법인세부채, 장기매입채무, 기타
자본	자본금		**보통주자본금**, 우선주자본금
	자본잉여금		**주식발행초과금**, 감자차익, 자기주식처분이익 등
	자본조정		**주식할인발행차금**, 감자차손, 자기주식, 자기주식처분손실, 미교부주식배당금, 주식선택권 등
	기타포괄손익누계액		**매도가능증권평가손익**, 해외사업환산손익 등
	이익잉여금		이익준비금, 임의적립금, 미처분이익잉여금

표 4-3 일반기업회계기준 손익계산서 구분표시 항목

구분항목	계정과목 세부항목
매출액	업종 · 부문별 매출액, 반제품매출액, 부산물매출액, 작업폐물매출액, 수출액, 장기할부매출액 등이 중요한 경우에는 이를 구분표시 가능
매출원가	기초상품(또는 제품)재고액에 당기상품매입액(또는 당기제품제조원가)을 가산한 후 기말상품(또는 제품)재고액을 차감하여 산출함 (매출원가=기초재고액+당기매입액-기말재고액)
판매비와 관리비	급여(임원급여, 급료, 임금 및 제 수당을 포함한다), 퇴직급여, 명예퇴직금(조기퇴직의 대가로 지급하는 인센티브 등을 포함), 복리후생비, 감가상각비, 임차료, 접대비, 보험료, 무형자산상각비, 세금과공과, 광고선전비, 연구비, 경상개발비, 대손상각비 등 매출원가에 속하지 아니하는 모든 영업비용을 포함하며, 빈번하게 발생하는 것은 아니지만 영업활동과 관련하여 비용이 감소함에 따라 발생하는 퇴직급여충당부채환입, 판매보증충당부채환입 및 대손충당금환입 등은 판매비와관리비의 부(-)의 금액으로 표시함
영업외수익	이자수익, 배당금수익(주식배당액은 제외), 임대료, 단기투자자산처분이익, 단기투자자산평가이익, 외환차익, 외화환산이익, 지분법이익, 장기투자증권손상차손환입, 투자자산처분이익, 유형자산처분이익, 사채상환이익, 자산수증이익, 채무면제이익, 전기오류수정이익, 잡이익 등
영업외비용	이자비용, 기타의 대손상각비, 단기투자자산처분손실, 단기투자자산평가손실, 재고자산감모손실(비정상재고자산감모손실), 외환차손, 외화환산손실, 기부금, 지분법손실, 장기투자증권손상차손, 투자자산처분손실, 유형자산처분손실, 사채상환손실, 전기오류수정손실, 잡손실 등
법인세비용차감전순손익, 법인세비용	중단사업손익이 없을 경우에는 '법인세비용차감전계속사업손익'을 '법인세비용차감전순손익'으로 표시하고, '계속사업손익법인세비용'은 '법인세비용'으로 표시하며, '계속사업이익'은 별도로 표시하지 않음
당기순손익	법인세비용차감전손손익에서 법인세비용을 차감하여 산출함

표 4-4 재무상태표 기본구조

<table>
<tr><th>차변</th><th></th><th>대변</th><th></th></tr>
<tr><td>자산
1. 유동자산
1) 당좌자산
현금및현금성자산(6강)
단기투자자산(6강)
매출채권(7강)
미수수익
미수금
선급금
2) 재고자산(8강)
상품
제품
원재료
2. 비유동자산
1) 투자자산(9강)
투자부동산
장기투자증권
2) 유형자산(10강)
토지
건물
3) 무형자산(10강)
영업권
산업재산권
4) 기타비유동자산</td><td>
×××

×××</td><td>부채
1. 유동부채(11강)
단기차입금
매입채무
미지급금
선수금
선수수익
예수금
2. 비유동부채(12강)
사채
장기차입금
퇴직급여충당부채
제품보증충당부채

자본(13강)
1. 자본금
2. 자본잉여금
주식발행초과금
감자차익
3. 자본조정
주식할인발행차금
4. 기타포괄손익누계액
매도가능증권평가손익
5. 이익잉여금</td><td>
×××

×××

×××</td></tr>
<tr><td>자산 총계</td><td>×××</td><td>부채 및 자본 총계</td><td>×××</td></tr>
</table>

표 4-5 | 손익계산서 기본구조

과목	금액
1. 매출액	×××
2. 매출원가(=1+2−3) 1) 기초상품(제품)재고액 2) 당기상품(제품)매입액 3) (기말상품(제품)재고액)	(×××)
3. 매출총이익(손실)(= 1−2)	×××
4. 판매비와관리비(14강) 급여 퇴직급여 복리후생비 감가상각비 임차료 무형자산상각비 대손상각비	(×××)
5. 영업이익(손실)(= 3−4)	×××
6. 영업외수익(14강) 이자수익 배당금수익 임대료	×××
7. 영업외비용(14강) 이자비용 기타의대손상각비 기부금	(×××)
8. 법인세비용차감전순이익(손실)(= 5+6−7)	×××
9. 법인세비용(14강)	(×××)
10. 당기순이익(손실)(= 8−9)	×××

여섯, 또 다른 공책, 전표

앞서 본 분개장은 전통적으로 사용되어 온 주요장부 중의 하나이다. 하지만 동시다발적으로 발생하는 거래를 각 부서별로 분담하여 처리할 수 있으며, 증빙서류 및 거래승인의 결제서류, 지출결의의 신속성 등 여러 가지 장점으로 인해 '전표(傳票 : slip)'라는 장부를 사용할 수 있다. 한마디로 전표는 분개장의 원리와 똑같으며 이를 대용(代用)하는 장부라고 보면 된다.

6.1 전표의 종류

현재 범용되고 있는 전산회계프로그램의 전표입력은 매입과 매출거래를 제외한 거래의 경우 '일반전표입력'이라는 메뉴를 통하여 이루어진다.[4] 이때 사용되는 일반전표는 ① 입금과 관련된 입금전표, ② 출금과 관련된 출금전표, ③ 입 · 출금 이외의 거래와 관련된 대체전표 등이 있다. 만약 입 · 출금 및 대체거래가 혼합되어 발생하면 입 · 출금전표와 대체전표를 같이 사용하든가 아니면 대체거래로 하나의 대체전표에 입력하면 된다.

전표 종류(3전표제)

① 입금전표(入金傳票 : credit slip)
② 출금전표(出金傳票 : debit slip)
③ 대체전표(對替傳票 : transfer slip)

4) 전표의 종류는 다양하다. 일반전표는 부가가치세 신고와 관련된 거래 이외의 채권과 채무, 판매비와관리비 등의 내용을 기록하는 전표(3전표)를 말한다. 한편 부가가치세 신고를 위해서는 매입매출전표에 입력해야 한다. 이때 매출거래시는 '부가세예수금'이라는 부채계정이, 매입거래시는 '부가세대급금'이라는 자산계정이 나타나게 된다. 자세한 내용은 전산회계 과목을 참조하기 바란다.

① 입금전표

현금이 들어오는 거래가 발생하면 입금전표를 사용한다. 일반적으로 적색(赤色)으로 되어 있다. 현금이 들어오는 거래는 차변과목이 항상 현금계정(자산의 증가)이므로 대변과목과 금액만 입금전표에 기입한다. 일반적으로 일거래일전표제(一去來一傳票制)를 사용하기 때문에 입금거래시 대변의 계정과목이 두 개 이상 나타나는 경우 과목별로 2매 이상의 입금전표에 기입하는 것이 보통이다.

② 출금전표

현금이 나가는 거래가 발생하면 출금전표를 사용한다. 그 양식은 일반적으로 청색(靑色)으로 되어 있다. 현금이 나가는 거래는 대변과목이 항상 현금(자산의 감소)이므로 차변과목과 금액만 출금전표에 기입한다.

③ 대체전표

현금의 입 · 출금이 발생하지 않는 거래는 대체전표를 사용한다. 그 양식은 분개장과 동일하며 일반적으로 흑색(黑色)으로 되어 있다. 대체전표를 사용할 때 일부거래가 입금되는 '일부입금대체거래'와 일부거래가 출금되는 '일부출금대체거래'가 발생할 수 있다. 이 경우 입 · 출금거래는 입출금전표에 대체거래는 대체전표에 각각 기입하면 된다.[5)]

6.2 전표의 집계

이렇게 기입된 전표는 각 전표 종류별로 당일 거래내역의 합계액을 집계하는 '전표집계표', 매일 거래내역의 분개를 계정과목별로 집계하는 '일계표(daily trial balance)', 일계표를 월 단위로 집계하는 '월계표(monthly trial balance)' 등에 집계된다. 이들은 전산회계프로그램을 이용하는 경우 쉽게 조회(출력)해 볼 수 있다.

5) 전산회계프로그램을 사용하는 경우 전표의 집계가 자동으로 이루어지기 때문에 일부대체거래(혼합거래)를 하나의 대체전표에 모두 기록하는 것이 편리하다.

| 표 4-6 | 일반전표 양식

No. ________

入 金 傳 票

20 年 月 日

科 目		項 目		社 長
摘 要		元 面	金 額	專 務
				部 長
				係 員
合 計				

No. ________

出 金 傳 票

20 年 月 日

科 目		項 目		社 長
摘 要		元 面	金 額	專 務
				部 長
				係 員
合 計				

No. ________

對 替 傳 票

20 年 月 日

係員	課長	部長	常務	專務	社長

計定科目	金 額	計定科目	金 額
合 計		合 計	
摘 要		去來處	

앞서 살펴본 할머니 구멍가게의 [거래 1]과 [거래 2]를 다음의 약식전표에 기입해 보자.

[거래 1] 할머니가 현금 5,000원을 출자하여 구멍가게를 오픈하다.

(차) 현금 5,000 (대) 자본금 5,000

入 金 傳 票	
자본금	5,000

[거래 2] 외부로부터 상품 3,000원어치를 현금을 주고 사 오다.

(차) 상품 3,000 (대) 현금 3,000

出 金 傳 票	
상품	3,000

4강 복습

1. 회계거래
   기업 재산상태의 변동과 함께 돈(화폐)으로 환산할 수 있는 경제활동

2. 재무상태표 기본요소
   자산(assets), 부채(liabilities), 자본(equity)

3. 손익계산서 기본요소
   수익(revenue), 비용(expense)

4. 재무상태표등식(회계등식)
   자산=부채+자본(소유주지분)

5. 차변, 대변
   차변은 회계거래 기록시 왼쪽, 대변은 회계거래 기록시 오른쪽

6. 분개(journalizing)
   회계거래를 차변과 대변으로 나누어 기록하는 절차

7. 거래의 8요소
   회계거래의 차변요소(자산의 증가, 부채 및 자본의 감소, 비용의 발생)와 대변요소(자산의 감소, 부채 및 자본의 증가, 수익의 발생)를 말함

8. 분개장
   회계거래를 분개한 내용이 최초로 기록되는 회계장부

9. 거래의 이중성
   회계거래가 발생하면 반드시 차변과 대변에 동시에 기록하는 것

10. 계정과목
    회계장부에 기록되는 재무제표 요소(자산, 부채, 자본, 수익, 비용)의 명칭

11. 전표(slip)
    분개장을 대용하는 입금전표, 출금전표, 대체전표 등의 회계장부

12. 일계표(daily T/B)
    매일 거래내역의 분개를 계정과목별로 집계하는 표

13. 월계표(monthly T/B)
    일계표를 월 단위로 집계하는 표

연습문제

01 회계거래의 두 가지 요건에 대해 간단히 설명하시오.

02 재무상태표 기본요소에는 어떤 것들이 있는가?

03 손익계산서 기본요소에는 어떤 것들이 있는가?

04 재무상태표등식 또는 회계등식을 설명하시오.

05 수익과 비용을 자산·부채와 관련지어 한마디로 정의하시오.

06 거래 8요소의 결합관계 예를 한 가지만 들어보시오.

07 분개장은 어떤 성격의 장부인가?

08 계정과목에 대해 간단히 설명하시오.

09 3전표의 종류를 설명하시오.

10 재무상태표의 기본요소가 아닌 것은?

① 자산 ② 수익
③ 부채 ④ 자본

11 손익계산서의 기본요소가 아닌 것은?

① 수익 ② 비용
③ 부채 ④ 차익

12 자산계정에 속하는 것은?

① 외상매입금 ② 단기차입금
③ 지급어음 ④ 외상매출금

13 부채계정에 속하는 것은?

① 선급금 ② 받을어음
③ 미수금 ④ 선수금

14 수익계정에 속하는 것은?

① 임차료 ② 임대료
③ 이자비용 ④ 급여

15 비용계정에 속하는 것은?

① 이자수익 ② 배당금수익
③ 임대료 ④ 보험료

16 자산계정에 속하는 것은?

① 미수수익 ② 사채
③ 선수금 ④ 외상매입금

17 부채계정에 속하는 것은?

① 선급금 ② 선수수익
③ 임차료 ④ 외상매출금

18 수익계정에 속하는 것은?

① 미수수익 ② 선급비용
③ 이자수익 ④ 선수수익

19 비용계정에 속하는 것은?

① 배당금수익 ② 임대료
③ 매출원가 ④ 매출

20 빈칸에 알맞은 금액을 써 넣어보시오.

	자산	=	부채	+	자본
①	12,000		( )		4,500
②	38,400		13,800		( )
③	( )		19,500		8,100
④	28,200		6,900		( )
⑤	171,000		( )		72,000

21 다음 예시에 따라 거래 8요소의 결합관계를 표시하시오.

> [예시] 현금을 출자하여 사업을 개시하다 (자산의 증가) – (자본의 증가)

① 비품을 현금으로 구입하다 ( ) – ( )
② 거래은행에서 현금을 빌려 오다 ( ) – ( )
③ 현금을 받고 상품을 매출하다 ( ) – ( )
④ 종업원 급여를 현금으로 지급하다 ( ) – ( )
⑤ 주주총회에서 현금배당을 선언하다 ( ) – ( )
⑥ 은행에서 빌린 돈을 현금으로 갚다 ( ) – ( )
⑦ 화재로 인해 창고가 불에 타다 ( ) – ( )
⑧ 지급해야 할 이자비용을 미지급하고 있다 ( ) – ( )
⑨ 계약금으로 받은 돈에 대한 상품을 매출하다 ( ) – ( )
⑩ 차입금을 자본으로 출자전환하다 ( ) – ( )
⑪ 건물을 외상으로 취득하다 ( ) – ( )
⑫ 이번 달 집세를 현금으로 받다 ( ) – ( )
⑬ 보험회사에 보험료를 현금으로 지급하다 ( ) – ( )
⑭ 외상매입금에 대한 약속어음을 발행하다 ( ) – ( )
⑮ 주주들에 대한 자본금을 현금으로 반환하다 ( ) – ( )

22 다음 사항에 대해 증가는 (+), 감소는 (−), 영향이 없으면 (×) 표시하시오. 단, 손익의 발생은 자본의 증감으로 표시한다.

구분	자산	부채	자본
① 주주에 의한 출자	(　　)	(　　)	(　　)
② 비품의 외상 구입	(　　)	(　　)	(　　)
③ 은행에서 현금 차입	(　　)	(　　)	(　　)
④ 임대료의 현금 수취	(　　)	(　　)	(　　)
⑤ 보험료의 현금 지급	(　　)	(　　)	(　　)
⑥ 외상매출금의 청구	(　　)	(　　)	(　　)
⑦ 화재로 건물 소실	(　　)	(　　)	(　　)
⑧ 차입금의 원리금 상환	(　　)	(　　)	(　　)

23 다음 거래를 분개하시오.

① 현금 1,000,000원을 출자하여 영업을 개시하다.
② 거래은행으로부터 단기자금 500,000원을 빌려 오다.
③ 본사 회계부서에 근무할 경리사원을 채용하기로 하다.
④ 사무용 컴퓨터 1대를 현금 80,000원을 주고 구입하다(자산처리법).
⑤ 거래처 직원과 동창회 모임 건으로 식사대 20,000원을 현금지출하다.
⑥ 토너 등의 소모품을 20,000원에 구입하면서 5,000원은 현금지급하고 잔액은 3개월 후에 지급하기로 하다(비용처리법).[6]
⑦ 거래은행으로부터 빌린 500,000원과 이자 20,000원을 함께 현금으로 갚다.
⑧ 판매목적의 상품 400,000원을 외상으로 매입하다(계속기록법).
⑨ 취득원가 400,000원의 상품을 600,000원에 현금판매하다(계속기록법).
⑩ 이사회에서 200,000원을 유상증자(추가 출자)하기로 결의하다.
⑪ 광고선전비 10,000원, 종업원 급여 50,000원을 현금지급하다.
⑫ 거래은행과 3년 만기 200,000원의 정기예금에 가입하기로 약정하다.
⑬ 소모품 구입에 대한 외상대금 15,000원을 현금으로 갚다.
⑭ 상품 100,000원의 매입계약을 체결하고 계약금 10,000원을 현금지급하다.
⑮ 사무실 사용료로 현금 800,000원을 지급하다.

---

6) 소모품의 구입시 이를 모두 당기의 비용으로 처리하는 것은 '보수주의'에 기초하고 있다. 이는 선택가능한 대체적인 회계처리 방법 중 가능한 이익을 낮게(자산과 수익은 과소계상, 부채와 비용은 과대계상) 보고하여 안정성을 유지하려는 회계관습이다. 재고자산의 평가시 저가법의 적용이 대표적 사례이다. 만약 금액적 대소(大小)에 따라 소모품을 비용처리한다면 회계정보의 질적특성 중 '중요성'이라고 한다.

기출문제

01 회계상 거래에 해당하는 것은?

① 사무실을 월세 300,000원에 임차계약을 하다.
② 상품 5,000,000원을 매입하기로 약속하다.
③ 영업부서의 사용차량을 매각하면서 계약금 500,000원을 받다.
④ 종업원을 월급 1,000,000원에 채용하다.

02 다음 내용을 적절하게 설명한 것은?

상품의 도난, 자산의 감가현상, 화재손실 등

① 회계상의 거래가 아니면서 일반적인 거래에 해당되는 것
② 회계상의 거래이면서 일반적인 거래에 해당하는 것
③ 일반적인 거래가 아니면서 회계상의 거래에 해당되는 것
④ 일반적인 거래도 아니고 회계상의 거래도 아닌 것

03 다음 (　　) 안에 들어갈 내용으로 옳은 것은?

(　　)은(는) 순자산으로서 기업실체의 자산에 대한 소유주의 잔여청구권이다.

① 자산　　② 부채
③ 자본　　④ 당기순이익

04 다음 (　　) 안에 순차적으로 들어갈 내용으로 옳은 것은?

수익이란 기업실체의 경영활동과 관련된 재화의 판매 또는 용역의 제공 등에 대한 대가로 발생하는 자산의 (　　) 또는 부채의 (　　)이다.

① 증가, 증가　　② 감소, 감소
③ 감소, 증가　　④ 증가, 감소

05 다음 ( ) 안에 순차적으로 들어갈 내용으로 옳은 것은?

> 비용이란 기업실체의 경영활동과 관련된 재화의 판매 또는 용역의 제공 등에 따라 발생하는 자산의 ( ) 또는 부채의 ( )이다.

① 증가, 증가　　② 감소, 감소
③ 감소, 증가　　④ 증가, 감소

06 다음 거래요소에 대한 결합관계가 잘못 이루어진 것은?

① 금융기관에서 1,000,000원을 차입하다 : 자산의 감소－부채의 증가
② 상품 500,000원을 외상으로 구입하다 : 자산의 증가－부채의 증가
③ 유류대 100,000원을 현금으로 지급하다 : 비용의 발생－자산의 감소
④ 차입금 이자 500원을 보통예금에서 인출하다 : 비용의 발생－자산의 감소

07 재무상태표 요소에만 영향을 미치는 거래를 고르면?

① 이번 달 전기요금 납부　　② 이번 달 급여 현금지급
③ 외상매출금의 현금회수　　④ 차입금의 이자비용 현금지급

08 손익계산서 요소가 포함되는 거래를 모두 고르면?

> ㉠ 외상매출금을 현금으로 받다.
> ㉡ 건물에 대한 임대료를 현금으로 받다.
> ㉢ 대여금에 대한 이자를 현금으로 받아 즉시 보통예금하다.

① ㉠, ㉡　　② ㉠, ㉢
③ ㉡, ㉢　　④ ㉠, ㉡, ㉢

09 거래 8요소에 대하여 올바른 거래를 나타내는 것은?

㉠ (차) 자산의 증가	×××	(대) 자본의 증가	×××
㉡ (차) 부채의 감소	×××	(대) 부채의 증가	×××
㉢ (차) 부채의 감소	×××	(대) 자산의 감소	×××
㉣ (차) 비용의 발생	×××	(대) 자산의 감소	×××

① ㉠－상품을 외상으로 매입하다.　　② ㉡－차입금을 현금으로 지급하다.
③ ㉢－사채에 대한 이자를 현금지급하다.　　④ ㉣－급여를 현금으로 지급하다.

10 거래의 종류가 나머지 셋과 다른 거래는?

① 현금 1,000,000원을 출자하여 영업을 개시하다.
② 청석상점에서 상품 500,000원을 외상으로 매입하다.
③ 비품 50,000원의 처분시 20,000원은 현금으로 받고 잔액은 외상으로 하다.
④ 월말에 매장의 임차료 200,000원과 종업원 급여 1,000,000원을 현금으로 지급하다.

11 회계상의 거래가 발생하면 거래의 결합관계에 따라 반드시 차변과 대변에 동시에 기록하는 특성은?

① 거래의 이중성
② 신뢰성
③ 계속성
④ 중요성

12 기업이 소모품을 구매하면서 이를 모두 당기의 비용으로 회계처리하였다면 어떤 개념을 고려한 것인가? 단, 금액의 대소(大小)는 고려하지 않는다고 가정한다.

① 수익 · 비용대응의 원칙
② 보수주의
③ 중요성
④ 계속성

13 대한가구점의 다음 거래 분개시 (가), (나) 각각의 대변 계정과목은?

[거래내용] 대한가구점 책상(@5,000원) 10대 구입(대금 월말지급) (가) 판매용 책상 9대 (나) 직원 사무용 책상 1대

① (가) 외상매입금 (나) 외상매입금
② (가) 외상매입금 (나) 미지급금
③ (가) 미지급금 (나) 외상매입금
④ (가) 미지급금 (나) 미지급금

14 실무에서 거래를 기록하는 기초적 증빙서류로서 발생한 순서대로 정리해 분개장을 대신하는 장부는?

① 상품재고장
② 전표
③ 현금출납장
④ 시산표

15 입금전표에 기입해야 할 거래로 옳은 것은? 단, 3전표제를 채택한다.

① 비품 200,000원을 외상으로 구입하다.
② 거래처 직원과 식사 후 식대 50,000원을 법인카드로 결제하다.
③ 상품을 주문받고 계약금 50,000원을 자기앞수표로 받다.
④ 거래처에 상품 300,000원을 매출하고 거래처 발행 약속어음을 받다.

16 전표제도의 기능 내지 장점으로 볼 수 없는 것은?

① 거래의 발생사실을 증명할 증빙서류로 활용 가능하다.
② 거래승인에 필요한 결재서류로 이용 가능하다.
③ 입금전표는 현금수입장의 역할을 대신할 수 있다.
④ 총계정원장의 기능도 겸할 수 있다.

17 다음 거래와 관련하여 작성되는 전표로 맞는 것은? 단, 3전표제를 채택한다.

A. 상품 250,000원을 매입하고 대금은 현금으로 지급하다.
B. 토지 600,000원을 매입하고 대금은 외상으로 하다.
C. 외상매출금 650,000원을 자기앞수표로 받다.

	A	B	C
①	출금전표	대체전표	입금전표
②	출금전표	대체전표	대체전표
③	대체전표	출금전표	입금전표
④	대체전표	출금전표	대체전표

5강

다람쥐 쳇바퀴 일생, 회계순환과정

쉬운 이야기로 풀어 쓴
회계의 이해

하나, 철장 속 다람쥐와 쳇바퀴 일생

철장 속의 다람쥐를 가만히 보고 있노라면 답답하고 불쌍하다는 생각이 들 것이다. 나는 그것도 그렇지만 맨날 답답한 공간에서 똑같은 쳇바퀴를 돌리는 일이 얼마나 따분할 것인가 하는 생각을 자주 해 본다. 사실 따져 놓고 보면 우리의 인생도 다람쥐와 크게 다를 게 뭐 있는가! 학생들은 매일같이 일어나 등교하여 수업하고 시험을 치르고, 회사원은 매일 출근하여 거의 반복적으로 돌아가는 업무를 하니 말이다. 만약 일상의 틈새에서 일어나는 희노애락(喜怒哀樂)의 일들이 없다면 인간도 철장 속의 다람쥐와 크게 다를 바 없을 것이다. 1년 365일 계속 빵빵 돌고 있는 지하철 순환선을 보아도 비슷한 생각이 들 때가 많다.

1.1 회계순환과정

우리는 앞의 4강에서 분개(分介)라는 내용을 배웠다. 회계담당자는 회계거래가 발생하면 제일 먼저 분개장에 분개함으로써 연간 업무가 시작된다. 그리고 일정기간(보통 1년으로 이를 회계기간 또는 회계연도라고 하였음) 동안 이 일을 계속 반복해야 한다. 물론 한 해가 지나가도 또 다음 해에 다시 그 일을 반복해야 함은 물론이다. 그야말로 다람쥐 쳇바퀴나 지하철 순환선처럼 퇴직하거나 그 업무를 그만두지 않는 한 계속 반복해야 한다. 이렇게 매년 반복되는 절차를 '회계순환과정(accounting cycle)'이라고 부른다. 만약 분개(分介)를 빠뜨리거나 잘못 기록하게 되면 나중에 진짜 분개(憤慨)할 일이 생긴다는 것도 이미 이야기한 바 있다.

다시 한번 할머니의 구멍가게로 돌아가 보기로 하자. 그리고 할머니가 가게를 오픈하여 1년간 발생한 거래를 분개해 보기로 한다. 이러한 분개는 기초시점(보통은 1월 1일)부터 기말 결산시점(보통은 12월 31일)까지 이루어진다.

[거래 1 (1/1)] 할머니가 현금 5,000원을 출자하여 구멍가게를 오픈하다.

차변	대변
(차) 현금 5,000 (자산의 증가)	(대) 자본금 5,000 (자본의 증가)

[거래 2 (2/1)] 외부로부터 상품 3,000원어치를 현금을 주고 사 오다.

차변	대변
(차) 상품 3,000 (자산의 증가)	(대) 현금 3,000 (자산의 감소)

[거래 3 (5/1)] 상품 50%(원가 1,500원)를 현금 2,500원을 받고 팔았다(계속기록법).

차변	대변
(차) 현금 2,500 (자산의 증가)	(대) 매출 2,500 (수익의 발생)
(차) 매출원가 1,500 (비용의 발생)	(대) 상품 1,500 (자산의 감소)

위 [거래 3]의 내용을 자세히 보면 할머니는 원가 1,500원짜리(취득원가의 50%) 상품을 2,500원에 팔아 1,000원의 이익이 생겼다. 이처럼 상품이라는 자산이 팔아 번 돈을 수익이라 하고(자산의 증가 - 수익의 발생), 이 수익을 벌기 위해서는 반드시 상품 등의 자산이 감소하는데 이러한 자산의 감소분을 비용이라 하였다(비용의 발생 - 자산의 감소). 이때 상품 등을 팔아 발생하는 수익의 발생은 '매출'로, 매출과 직접 관련하여 발생하는 비용은 '매출원가'라는 계정과목을 사용한다.

[거래 4 (9/1)] 나머지 상품 50%(원가 1,500원)를 2,500원에 외상으로 팔았다.[1)]

차변	대변
(차) 외상매출금 2,500 (자산의 증가)	(대) 매출 2,500 (수익의 발생)
(차) 매출원가 1,500 (비용의 발생)	(대) 상품 1,500 (자산의 감소)

1) [거래 3]과 [거래 4]처럼 상품의 판매시마다 '매출'계정 이외 계속적으로 '매출원가' 분개를 같이 해 주는 방법을 '계속기록법'이라고 한다. 자세한 내용은 8강에서 다시 설명할 것이다.

앞의 [거래 3]은 현금을 받고 상품을 팔았지만, 위 [거래 4]는 외상으로 상품을 팔았다. 이때 사용하는 계정과목을 '외상매출금'이라고 한다. 외상매출금은 언젠가는 거래처로부터 외상대금을 받아야 할 권리(돈 받을 권리)이므로 자산계정이다.

[거래 5 (12/1)] 종업원에게 1년치 연봉 1,000원을 현금으로 지급하였다.

(차) 급여 1,000	(대) 현금 1,000
(비용의 발생)	(자산의 감소)

위의 거래에서 종업원의 연봉 등은 '급여'라는 계정과목으로 기록한다. 이처럼 회계상 거래의 분개는 차변과 대변의 계정과목을 결정한 후, 양변에 항상 동일한 금액이 기록되어야만 완료된다. 이처럼 항상 양변에 동일한 금액이 기록됨으로써 회계장부(분개장, 총계정원장, 시산표 및 재무제표 등)의 차변과 대변의 금액은 언제나 일치하게 되는데 이를 '대차평균의 원리'라고 한다.[2] 이러한 원리에 따라 위 [거래 5]의 차변에 '급여 1,000원'이 기록되면 대변에 동일한 '현금 1,000원'이 기록되는 것이다.

1.2 회계거래의 종류

회계순환과정의 시작은 회계거래를 분개(전표입력)함으로써 시작된다고 하였다. 회계거래는 [거래 2]와 같이 단순히 자산과 자산 간의 교환 또는 자산과 부채의 교환으로 발생할 수 있다. 이러한 거래를 '교환거래(exchange transaction)'라고 한다. 한편, 수익의 발생은 대변(즉, 자본의 증가와 마찬가지로)에 기록되고, 비용의 발생은 차변(즉, 자본의 감소와 마찬가지로)에 기록된다. 이처럼 손익의 발생은 자기자본에 직접적인 영향을 미치는데, 이러한 거래를 '손익거래(profit and loss transaction)'라고 한다. 기업은 손익거래([거래 3~5])를 통하여 이익을 창출하게 된다.

2) 범용 전산회계프로램의 전표입력 메뉴에는 대차평균의 원리에 따라 '대차차액'을 보여주는 난(칸)이 있어 정확하게 전표가 입력될 수 있도록 하고 있다.

회계거래의 종류

- 교환거래 : 자산과 자산 등의 단순한 교환과 같이 손익에 영향이 없는 거래
- 손익거래 : 손익에 영향을 미쳐 자기자본의 증감을 가져오는 거래
- 혼합거래 : 교환거래와 손익거래가 결합된 거래

이렇게 하여 할머니 구멍가게는 발생한 회계거래를 거래의 8요소, 계정과목 등을 이용하여 분개장에 분개함으로써 다람쥐 쳇바퀴의 첫 바퀴, 즉 회계순환과정의 첫 번째 발걸음을 뗀 것이다. 회계의 순환과정은 다음과 같이 이루어진다.

그림 5-1 회계의 순환과정

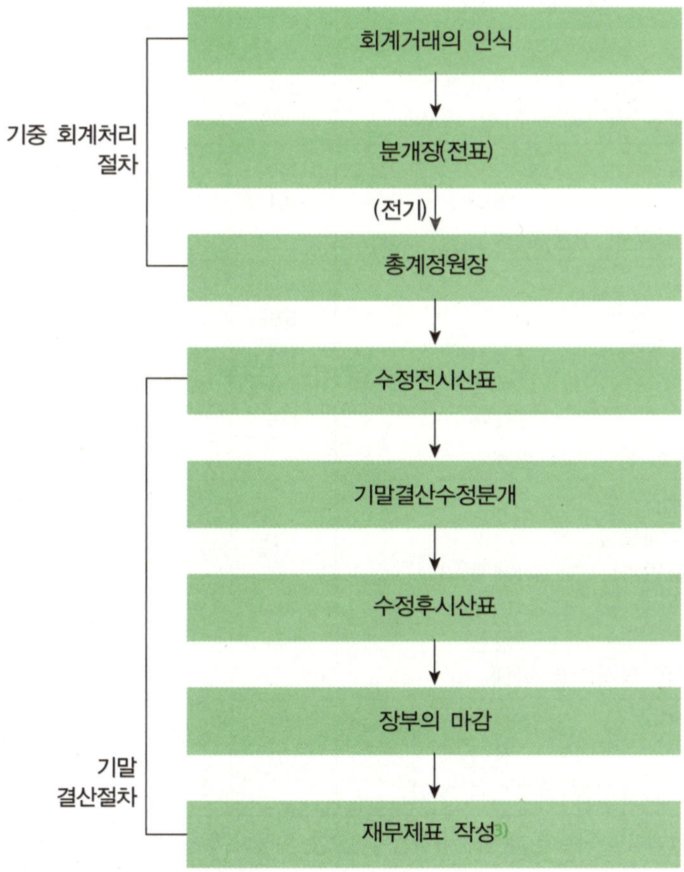

3) 재무제표의 작성은 장부가 마감되면서 작성된다. 범용 전산회계프로그램을 사용하는 경우 재무제표의 작성과 장부의 마감은 동시에 이루어지므로 순서상 큰 의미는 없다. 여기서는 우리의 최종 목적지가 재무제표의 작성이라는 점을 강조하기 위하여 맨 마지막에 두었다.

둘, 쳇바퀴 돌리기의 시작

2.1 분개

앞의 할머니 구멍가게의 회계거래([거래 1~5])를 4강에서 배운 분개장이라는 회계 장부에 기록(분개)해 보자. 분개는 회계순환과정(쳇바퀴 돌리기)의 출발점임은 이미 설명한 바 있다.

분개장

(단위 : 원)

일자		계정과목 및 내역	원면	차변	대변
1월	1일	현금	101	5,000	
		자본금	331		5,000
		현금을 출자하여 사업 개시			
2월	1일	상품	146	3,000	
		현금	101		3,000
		외부로부터 상품을 매입			
5월	1일	(제좌)			
		현금	101	2,500	
		매출원가 (제좌)	451	1,500	
		매출	401		2,500
		상품	146		1,500
		상품을 현금으로 판매			
9월	1일	(제좌)			
		외상매출금	108	2,500	
		매출원가 (제좌)	451	1,500	
		매출	401		2,500
		상품	146		1,500
		상품을 외상으로 판매			
12월	1일	급여	801	1,000	
		현금	101		1,000
		종업원 급여를 현금으로 지급			

* 5월 1일과 9월 1일의 거래처럼 차변과 대변에 계정과목이 2개 이상인 경우 '제좌'로 표시함.

위 분개장의 내용을 보면서 한 가지만 스스로 질문해 보자. 연말 현재 이 구멍가게 할머니가 가지고 있는 현금은 얼마인가요? 당연히 현금은 자산계정이므로 증가한 것

(들어온 것)은 차변에, 감소한 것(나간 것)은 대변에 기록된다. 따라서 분개장이라는 장부를 보면서 증가한 현금(5,000원+2,500원)에서 감소한 현금(3,000원+1,000원)을 빼 구하면 된다. 즉, 이 구멍가게가 최종적으로 가지고 있는 현금은 3,500원(=7,500원−4,000원)이 될 것이다.

2.2 총계정원장과 계정

그러나 대기업의 경우 하루에도 몇십 건, 몇백 건의 거래가 발생하고 더욱이 현금과 관련된 거래는 엄청 빈번하게 발생한다. 따라서 이런 경우 앞서 본 분개장이라는 장부에서 현금을 포함한 각 계정의 일정시점 잔액을 파악하기란 매우 어려울 것이다. 이러한 이유로 나타난 장부가 '총계정원장(general ledger)' 또는 원장(ledger)이다. 한마디로 총계정원장은 분개를 통하여 기록된 전 계정과목들이 모여진 장부를 말한다.

이처럼 총계정원장에 계정과목별로 분리하여 모아 두는 이유는 앞서 설명한 것처럼 일정시점 각 계정의 잔액을 쉽게 파악하고, 뒤에서 설명할 결산절차(재무제표의 작성 등)에 매우 편리하기 때문이다. 학습목적으로 만들어진 계정의 양식은 T자의 모양을 닮았다고 하여 T-계정이라고 불린다. 한마디로 '계정(account)'은 '각 계정과목별 금액이 기록되는 장소'를 의미한다.

먼저 현금계정을 예로 들어보자.

현금[4]

차변 (증가한 현금)	대변 (감소한 현금)

현금계정은 자산계정이므로 최초 현금이 증가했다면 먼저 분개장의 차변에 기록한 후 현금 T-계정의 차변으로 옮겨 적는다. 반대로 감소할 경우 대변으로 옮겨 적는다. 이에 대해서는 잠시 후 어떻게 기록되는지 좀 더 구체적으로 살펴볼 것이다. 여기서

4) 따라서 자산계정은 일단 차변에 먼저 들어온 후 나가므로(감소) 잔액이 항상 차변에 남는다. 이를 '차변잔액'이라고 한다. 반대로 부채 및 자본계정은 잔액이 항상 대변에 남는다. 이를 '대변잔액'이라고 한다. 우리는 이들을 평상잔액(normal balance)이라고 한다.

다시 한번 회계담당자의 다람쥐 쳇바퀴 일생(회계순환과정)으로 되돌아가 보자.

2.3 전기

일단 거래가 발생하면 분개장(또는 전표, 전산회계프로그램의 분개 입력장소 등)에 기록한다. 다음으로 분개장에 기록된 내용을 각 계정과목별로 총계정원장으로 옮겨 적는다. 이는 앞서 설명한 것처럼 각 계정잔액의 파악과 결산의 편리성 때문에 이루어진다. 이렇게 분개장에서 총계정원장으로 옮겨 적는 절차를 '전기(轉記 : posting)'라고 한다. 회계담당자는 이러한 일을 1년 내내 계속하여 반복한다.

앞서 기록한 할머니 구멍가게의 분개장을 가지고 총계정원장으로 전기하는 과정을 살펴보자. 보통 전기는 분개장에 기록된 순서대로 매일매일 하거나 일정기간(며칠 또는 일주일 정도) 모아서 하기도 한다. 여기서는 분개장에 기록된 순서대로 전기해 보도록 한다.

분개장에 기록된 [거래 1] 1월 1일자 분개내용은 다음과 같다.

[거래 1 (1/1)] 할머니가 현금 5,000원을 출자하여 구멍가게를 오픈하다.

(차) 현금 5,000	(대) 자본금 5,000

이는 출자로 인해 현금이라는 자산이 5,000원 증가하였고, 동시에 자본이 증가한 거래이다. 따라서 전기도 마찬가지로 한다. 현금 T-계정의 차변에 5,000원을 기록하고, 자본금 T-계정의 대변에 5,000원을 기록하면 된다.

현금

차변	대변
1/1 자본금 5,000	

위 현금계정의 차변에 5,000원의 금액이 기록된 의미는 현금이 그만큼 들어왔다는 것, 즉 증가했다는 것을 의미한다. 이때 어떤 원인으로 현금이 들어왔는지 나타내주기

위하여 날짜 옆에는 반대편 계정(여기서는 대변의 자본금계정)의 계정과목을 적어준다. 즉, 현금의 증가는 자본의 출자로 인해 발생한 것임을 의미하고 있다.

다음으로 자본금계정에 전기해 보자.

자본금

			1/1	현금	5,000

위 자본금계정의 대변에 5,000원의 금액이 기록된 것은 출자로 인해 자본이 증가한 것을 표시하고 있다. 여기서 주의할 점은 대변의 '자본금'이라는 계정과목은 돈이라는 실물이 아니라 차변에 기록된 현금에 대해 주주들이 가지는 '추상적인 권리(주주지분)'를 의미한다. 요컨대 이 거래는 자산의 증가 – 자본의 증가라는 거래요소의 결합으로 나타난 것이다.

지금부터는 앞의 분개장을 참조하여 나머지 거래내용들을 스스로 분개장에서 총계정원장으로 전기해 보자.

현금

1/1	자본금	5,000	2/1	상품	3,000
5/1	매출	2,500	12/1	급여	1,000

외상매출금

9/1	매출	2,500			

상품

2/1	현금	3,000	5/1	매출원가	1,500
			9/1	매출원가	1,500

매출

			5/1	현금	2,500
			9/1	외상매출금	2,500

매출원가

5/1	상품	1,500			
9/1	상품	1,500			

급여

12/1	현금	1,000			

이처럼 분개장에서 분개한 내용들이 전기되어 나타난 각 계정들이 전부 모여 있는 장부가 바로 총계정원장이다.

셋, 성적 정정기간

우리는 1강부터 지금까지 회계의 목적이 외부 정보이용자들에게 유용한 정보, 즉 재무제표라는 성적표를 만들어 제공하는 것이라고 배웠다. 지금부터는 이러한 재무제표가 만들어지는 과정을 학습해 보자. 일단 회계담당자는 회계순환과정이라는 다람쥐 쳇바퀴 일상(보통 1년 단위)이 끝나면 주요장부(분개장과 총계정원장)의 마감과 함께 재무제표를 만드는데 이를 '결산(closing)'이라고 한다. 이에 앞서 회계기간 중 일상적으로 이루어지는 분개와 전기를 '기중 회계처리 절차'라고 한다.

그런데 결산은 기업 주변의 살벌한(?) 이해관계자들에게 최종 성적표를 만들어 보여주는 과정이므로 상당히 신중을 기해야 한다. 앞서 보았던 엔론사의 경우처럼 조작된 성적표를 만들어내면 최고경영자에 대한 엄벌은 물론 회사가 망하는 것이 다반사이기 때문이다. 이러한 이유로 결산 직전에 몇 가지 절차들이 이루어지게 되는데 이를 '결산예비절차'라고 한다. 결산예비절차는 결산본절차(장부의 마감과 결산재무제표의 작성) 전에 이루어지는 시산표의 작성과 기말결산수정분개 등을 말한다.

3.1 시산표(T/B)

회계등식에 따른 거래 8요소의 결합관계([그림 4-1])에 따라 모든 거래는 차변과 대변에 동일한 금액이 기록된다. 이렇게 양변에 똑같은 금액을 기록(double-entry)하는 것을 복식부기(회계)라 하였다. 분개장의 양변에 기록된 금액은 그대로 총계정원장으로 옮겨지기(전기되기) 때문에 어떤 시점이든 회계장부(분개장 또는 총계정원장)의 차변과 대변의 금액은 항상 일치하게 된다. 이러한 논리로 만들어진 것이 바로 '시산표(Trial Balance : T/B)'라 할 수 있다.

만약 분개장 또는 총계정원장의 대·차변 합계나 잔액이 불일치하면 분개 또는 전기과정에서 오류가 발생한 것이라고 볼 수 있다. 따라서 다음의 시산표등식이 성립한다. 이는 자산과 비용은 차변잔액이, 부채 및 자본, 수익은 대변잔액이 남기 때문에 성립하게 되는 것이다.

시산표등식

기말자산 + 총비용 = 기말부채 + 기초자본 + 총수익

시산표는 우리가 시험을 친 후 자신의 성적을 가채점해 보듯 가벼운 마음으로 총계정원장에 나타난 각 계정의 잔액 또는 합계를 시험 삼아 맞추어 보려는 의도이다. 즉, 재무제표라는 성적표를 정확하게 산출해 내기 위하여 가볍게 장부의 정확성을 사전 점검해 보려는 시도(試算)이다. 물론 시산표가 만병통치약은 아니다. 다음의 오류들은 시산표상에서 찾아낼 수 없기 때문에 시산표로부터 거래의 시작까지 역으로 체크하여 오류를 찾아내야 한다.

시산표상 발견할 수 없는 오류유형

- 특정 거래의 분개나 전기를 완전히 누락한 경우
- 특정 거래를 이중 분개하였거나 이중 전기한 경우
- 동일한 변의 다른 계정과목으로 분개되거나 전기된 경우
- 오류가 우연히 상계(相計)된 경우

시산표

20×1년 12월 31일 현재 (단위 : 원)

차변		계정과목	대변	
잔액	합계		합계	잔액
3,500	7,500	현금	4,000	
2,500	2,500	외상매출금		
0	3,000	상품	3,000	
		자본금	5,000	5,000
		매출	5,000	5,000
3,000	3,000	매출원가		
1,000	1,000	급여		
10,000	17,000		17,000	10,000

시산표의 작성으로 대 · 차변 일치에 대한 사전 점검이 끝나면 바로 최종 성적표, 즉 재무제표를 작성할 수 있다. 그러나 만약 기중 회계처리 절차(회계기간 중의 다람쥐 쳇바퀴 돌리기)에서 빠뜨린 사항이나 추가로 기록해야 할 사항이 있다면 수정분개

를 한 후 이를 총계정원장에 추가로 전기해야만 정확한 재무제표가 만들어진다. 이러한 과정은 우리가 성적 정정기간 중 자신의 성적을 최종적으로 수정하여 확정하는 것과 같다. 만약 학기 중 제출한 리포트(과제)가 분실된 경우 자신의 성적이 제대로 평가받지 못하게 되는 결과가 나타나게 된다. 당연히 분실된 리포트를 찾아 최종 성적에 반영해야 할 것이다.

3.2 기말결산수정분개

만약 할머니 구멍가게가 회계기간 중 은행으로부터 1년간의 기한으로 현금 9,000원을 빌렸는데 이를 빠뜨렸다든지, 연말 종업원에게 보너스 500원을 주기로 약속하였다면 이들을 전부 기록해야만 정확한 재무제표가 만들어진다. 이렇게 정확한 재무제표를 만들기 위해 기말 결산시점에서 추가로 분개하고 전기하는 절차를 '기말결산수정분개 및 전기'라고 한다. 그 내용은 다음과 같다.

기말결산수정분개

12/31	(차) 현금	9,000	(대) 단기차입금	9,000
12/31	(차) 급여	500	(대) 미지급급여	500

여기서 만약 빌린 현금을 기록하지 않으면 자산과 부채의 금액이 성적표에 작게 나타나게 된다. 또한 급여의 추가지급(비용의 발생)을 약속하여 종업원에게 진 빚(부채의 증가)이 있는데도 장부상에 기록하지 않는다면 이익(수익에서 비용을 뺀 수치)이 크게 나타나게 된다. 즉, 앞에서 설명한 것처럼 성적표를 조작(엔론사나 박 아무개 총장님처럼)하는 결과를 가져오게 되는 것이다. 이외 결산수정분개의 대표적인 예시는 다음과 같다. 기말결산수정분개에 관한 내용은 14강에서 다시 한번 자세하게 설명할 것이다.

기말결산수정분개 예시

[발생 미수이자]	(차) 미수이자	×××	(대) 이자수익	×××
[미경과 보험료]	(차) 선급보험료	×××	(대) 보험료	×××
[미경과 임대료]	(차) 임대료	×××	(대) 선수수익	×××
[미소비 소모품]	(차) 소모품	×××	(대) 소모품비	×××

앞의 두 가지 기말결산수정분개 내용을 총계정원장에 전기한 후 다시 한번 시산표를 만들어 보기로 하자.

현금

1/1	자본금	5,000	2/1	상품	3,000
5/1	매출	2,500	12/1	급여	1,000
12/31	**단기차입금**	**9,000**			

단기차입금

			12/31	**현금**	**9,000**

급여

12/1	현금	1,000			
12/31	**미지급급여**	**500**			

미지급급여

			12/31	**급여**	**500**

시산표

20×1년 12월 31일 현재 (단위 : 원)

차변		계정과목	대변	
잔액	합계		합계	잔액
12,500	**16,500**	**현금**	4,000	
2,500	2,500	외상매출금		
0	3,000	상품	3,000	
		단기차입금	**9,000**	**9,000**
		미지급급여	**500**	**500**
		자본금	5,000	5,000
		매출	5,000	5,000
3,000	3,000	매출원가		
1,500	**1,500**	**급여**		
19,500	26,500		26,500	19,500

위의 시산표는 처음 만들어 보았던 것(수정전합계잔액시산표)과는 달리 기말결산수정분개에 따라 일부 계정과목(현금, 단기차입금, 미지급급여, 급여)의 금액이 수정되어 만들어졌기 때문에 '수정후합계잔액시산표'라고 한다.

넷, 이제 진짜 성적표 한번 만들어 볼까!

성적 정정기간이 끝나면 우리의 최종 성적표가 집으로 발송되는 것처럼, 수정전시산표를 거쳐 기말결산수정분개(성적정정)가 이루어지고 다시 수정후시산표가 만들어지면 바로 재무제표라는 성적표를 만들어낼 수 있다. 이를 '결산본절차'라고 한다.

기업의 성적표, 즉 재무제표(財務諸表)는 글자 그대로 기업의 재무(돈)와 관련된 여러 가지 표라는 의미이다. 여기에는 2강에서 배운 것처럼 일정시점의 재무상태를 나타내는 재무상태표, 일정기간의 경영성과를 보여주는 손익계산서, 일정기간의 현금흐름 정보를 보여주는 현금흐름표, 일정기간의 자본변동 내역을 나타내는 자본변동표 등이 있다. 주요 재무제표(손익계산서와 재무상태표)는 다음의 순서로 만들어진다. 재무제표에는 기업명, 회계기간 또는 보고기간종료일, 금액단위 등이 기재된다.

4.1 손익계산서 작성

재무제표는 손익계산서(Income Statement : I/S)부터 작성한다. 그 이유는 우선 기업이 일정기간 동안 벌어들인 손익(당기순손익)을 먼저 계산해 내야 하기 때문이다. 이러한 손익은 손익계산서를 통하여 계산되는데 총수익에서 총비용을 빼 산출한다.

손익법(손익계산서법)

총수익 – 총비용 = 당기순이익(또는 당기순손실)

위 식처럼 순손익을 계산해 내는 방법을 '손익법(revenue and expense method)' 또는 '손익계산서법'이라고 한다. 이렇게 하여 나온 당기순이익은 자기자본의 증가분(이익잉여금)이 되는데, 이것을 기초자본에 더하면 기말자본이 된다. 이렇게 기말자본이 결정되면 기말재무상태표를 작성할 수 있다.

앞에서 작성한 수정후시산표를 참조(점선 아랫부분)하여 먼저 손익계산서를 만들어 보기로 한다.

손익계산서

할머니구멍가게	20×1년 1월 1일부터 12월 31일까지	(단위 : 원)
1. 수익		
매출액	5,000	
2. 비용		
매출원가	(3,000)	
급여	(1,500)	
3. 당기순이익	**500**	

이번 연도 할머니 구멍가게는 총수익에서 총비용을 뺀 500원의 당기순이익(경영성과)이 발생하였음을 알 수 있다. 따라서 기말자본은 기초자본 5,000원에 당기순이익 500원을 합한 5,500원이 된다. 위에서 작성한 손익계산서가 할머니 구멍가게의 최종성적표 중 하나가 된다.

4.2 재무상태표 작성

다음으로 재무상태표(Balance Sheet : B/S)를 작성해 보자. 이 표는 일정시점 기업의 재무상태를 보여주는 재무제표를 말한다. 따라서 기초시점이나 기말시점이나 어느 시점에서든 만들어 볼 수 있다. 할머니 구멍가게의 기초재무상태표는 다음과 같다.

재무상태표

할머니구멍가게 　 20×1년 1월 1일 현재 　 (단위 : 원)

차변		대변	
현금	5,000	부채	0
		자본	**5,000**
자산 총계	5,000	부채 및 자본 총계	5,000

이렇게 출발한 재무상태는 기중의 장사를 통하여 다음과 같은 재무상태로 변동되었다. 이러한 결과는 회계기간 중의 영업활동이 분개장에서 총계정원장을 거쳐 최종적으로 수정(기말결산수정분개 및 전기)되어 나타나게 된다. 다음의 기말시점 재무상태표가 할머니 구멍가게의 최종성적표가 된다. 이것은 수정후시산표에 나타난 자산, 부채 및 자본계정의 잔액(왜냐하면 이 계정의 잔액들이 현재 가지고 있는 재무상태이므로)을 가지고 만들어진다.

재무상태표

할머니구멍가게 20×1년 12월 31일 현재 (단위 : 원)

차변		대변	
현금	12,500	단기차입금	9,000
매출채권[5]	2,500	미지급비용	500
		자본금	**5,500**
자산 총계	15,000	부채 및 자본 총계	15,000

조금 전 할머니 구멍가게의 기말재무상태표를 눈여겨보면 기초시점에서 출자한 5,000원의 자기자본이 회계기간 중 장사로 남긴 이익 500원과 합산되어 5,500원으로 증가하였음을 알 수 있다. 거꾸로 말해 보면 기말의 자본에서 기초의 자본을 빼 당기순이익(또는 당기순손실)을 구할 수도 있다.

재산법(재무상태표법)

기말자본 − 기초자본 = 당기순이익(또는 당기순손실)

위 식을 '재산법(asset and liability method)'에 의한 당기순손익 계산법이라고 한다. 이렇게 기말(5,500원)과 기초(5,000원)의 자본을 비교해 보면 매우 쉽게 당기순이익(500원)을 계산할 수 있다. 그럼에도 불구하고 앞의 손익계산서에 의해 당기순이익을 별도로 구하는 이유는 이익이 어떤 과정(어떤 수익과 비용의 발생)을 거쳐 발생하였느냐가 이해관계자들에게 매우 중요한 정보이기 때문이다.

5) 내부관리 목적상 상세 계정과목(외상매출금, 외상매입금, 단기투자자산, 미지급급여 등)을 사용하더라도 재무제표를 외부에 공시할 경우 통합표시하는 계정들이 있다. 현금 및 예금 등은 '현금및현금성자산'으로, 외상매출금과 받을어음은 '매출채권'으로, 미지급급여 등의 발생비용은 '미지급비용'으로 공시한다.

그림 5-2 손익계산서와 재무상태표의 관계

손익계산서

할머니구멍가게	20×1년 1월 1일부터 12월 31일까지	(단위 : 원)
1. 수익		
매출액	5,000	
2. 비용		
매출원가	(3,000)	
급여	(1,500)	
3. 당기순이익	500	

재무상태표

할머니구멍가게 20×1년 12월 31일 현재 (단위 : 원)

차변		대변	
1. 자산		**2. 부채**	
현금	12,500	단기차입금	9,000
매출채권	2,500	미지급비용	500
		3. 자본	
		자본금	5,000
		이익잉여금	500
자산 총계	15,000	**부채 및 자본 총계**	15,000

기초재무상태표의 기초 출자된 자기자본(자본금) 5,000원이 1년간의 영업활동을 통해 기말시점에서 자기자본(자본금+이익잉여금)이 5,500원으로 증가하였음을 알 수 있다. 손익계산서는 자기자본의 증가분 500원이 어떤 원인으로 증가하였는지 보여주고 있다.

예제 5-1 | 회계순환과정

순환상사의 20×1년 다음 거래를 분개하고 총계정원장에 전기한 후 시산표, 손익계산서 및 재무상태표를 작성하시오. 단, 기말결산수정분개사항은 없는 것으로 한다.

1/1 현금 100,000원을 출자하여 사업을 개시하다.
3/1 거래은행으로부터 단기운영자금 100,000원을 빌려 오다.
4/1 현금 200,000원으로 판매목적의 상품을 구입하다(계속기록법).
6/1 사무실에 근무할 사원을 채용하기로 결정하다.
8/1 상품 200,000원짜리를 현금 500,000원을 받고 판매하다.
9/1 현금 300,000원으로 판매목적의 상품을 구입하다.

10/1 종업원 급여 30,000원과 사무실 임차료 20,000원을 현금지급하다.
12/1 보험회사에 보험료 10,000원을 현금지급하고 전액 비용처리하다.

풀이

1. 분개장

일자	분개			
1/1	(차) 현금	100,000	(대) 자본금	100,000
3/1	(차) 현금	100,000	(대) 단기차입금	100,000
4/1	(차) 상품	200,000	(대) 현금	200,000
6/1	분개 없음			
8/1	(차) 현금 매출원가	500,000 200,000	(대) 매출 상품	500,000 200,000
9/1	(차) 상품	300,000	(대) 현금	300,000
10/1	(차) 급여 임차료	30,000 20,000	(대) 현금	50,000
12/1	(차) 보험료	10,000	(대) 현금	10,000

2. 총계정원장 전기

현금

1/1 자본금	100,000	4/1 상품	200,000
3/1 단기차입금	100,000	9/1 상품	300,000
8/1 매출	500,000	10/1 급여	30,000
		10/1 임차료	20,000
		12/1 보험료	10,000

상품

4/1 현금	200,000	8/1 매출원가	200,000
9/1 현금	300,000		

단기차입금

		3/1 현금	100,000

자본금

		1/1 현금	100,000

매출

		8/1 현금	500,000

매출원가

8/1 상품	200,000		

급여

10/1 현금	30,000		

임차료

10/1 현금	20,000		

보험료			
12/1 현금	10,000		

3. 시산표 작성

잔액시산표

순환상사	20×1년 12월 31일 현재		(단위 : 원)
현금	140,000	단기차입금	100,000
상품	300,000	자본금	100,000
매출원가	200,000	매출	500,000
급여	30,000		
임차료	20,000		
보험료	10,000		
합계	700,000	합계	700,000

4. 손익계산서와 재무상태표 작성

손익계산서

순환상사	20×1년 1월 1일부터 12월 31일까지	(단위 : 원)
[수익]	매출액	500,000
[비용]	매출원가	(200,000)
	급여	(30,000)
	임차료	(20,000)
	보험료	(10,000)
	당기순이익	**240,000**

재무상태표

순환상사	20×1년 12월 31일 현재		(단위 : 원)
현금	140,000	단기차입금	100,000
상품	300,000	자본금	100,000
		이익잉여금	**240,000**
자산 총계	440,000	부채 및 자본 총계	440,000

다섯, 책거리 안 하나?

옛날 우리가 학교 다니던 시절 한 학기가 끝나고 책 한 권을 다 배우고 나면 '책거리'라는 행사를 하였다. 이는 한 권의 책을 다 배웠다는 뿌듯함과 선생님에 대한 감사의 표시였다. 이 책거리 덕분에 나는 책 한 권을 다 읽거나 배우고 나면 책 맨 마지막 쪽에 바를 정(正)자 표시를 해 두는 습관이 생겼다. 내가 기억하기로 가장 많이 표시된 책의 경우 50개가 표시되었으니 250번 정도를 읽었다는 이야기가 된다. 좀 쑥스럽지만 내가 쓴 '최신 회계원리'라는 책이다. 내용이 좋아서라기보다 부족한 부분을 보충하기 위함이었다. 그 덕분에 힘들기는 하였어도 여러 대학의 많은 학생들로부터 격려의 전화를 받고 있어 한편으로는 뿌듯하고 기쁘기도 하다.

우리는 지금까지 수정전시산표로부터 결산수정분개를 거쳐 다시 전기를 하고 또다시 수정후시산표를 만든 후 최종적으로 재무제표를 만들어 보았다. 이것이 우리의 최종 목표였다. 이러한 목표는 다음 연도 역시 마찬가지이다. 이를 위하여 우리는 조금 전에 말한 책거리 비슷한 일을 해야 하는데 이를 '장부의 마감(closing books)'이라고 한다. 다시 말해 회사 내부의 장부를 마감해야만 다음 연도에도 똑같은 절차를 거쳐 최종 목표인 재무제표를 만들어 낼 수 있기 때문이다. 먼저 분개장은 일반 일기장(日記帳)과 비슷한 장부이기 때문에 양변 합계로서 간단히 마감되므로 여기서는 총계정원장의 마감에 대해서만 설명하기로 한다.

총계정원장에는 말 그대로 많은 수의 계정들이 존재하는데 성격상으로는 크게 두 가지로 나뉜다. 즉, 손익계산서에 표시되는 계정(이를 '손익계정'이라고 한다)과 재무상태표에 표시되는 계정(이를 '재무상태표계정'이라고 한다)으로 구분된다. 이들 두 부류의 계정들은 마감하는 방법이 서로 다르므로 각별히 주의를 요한다.

5.1 손익계산서계정의 마감

손익계정은 수익과 비용을 나타내는 계정으로써 그 실체가 존재하지 않고 단지 이름만 있는 계정으로서 결산시점에서 장부가 마감되면 잔액이 없어지게 된다. 그래서 우리는 이를 이름만 존재한다고 하여 '명목계정' 또는 '임시계정'이라고도 부른다.

① 집합손익계정으로 대체분개

손익계정은 집합손익이라고 불리는 또 다른 임시계정으로 보내져(이를 '대체분개'라고 한다) 마감된다. 이렇게 손익계정을 집합손익계정에 모으는 이유는 여기서 당기의 순손익을 계산하고 장부를 마감하기 위해서이다. 손익계정을 집합손익계정으로 모으는 대체분개는 다음과 같이 한다. 수익계정은 집합손익의 대변으로 모으고, 비용계정은 집합손익의 차변에 모으는 분개를 한다.

손익계정의 집합손익 대체분개

12/31	(차) ○○수익	×××	(대) 집합손익	×××
12/31	(차) 집합손익	×××	(대) ○○비용	×××

할머니 구멍가게의 사례에서 나타난 손익계정을 집합손익계정으로 대체하는 분개는 다음과 같다.

12/31	(차) 매출	5,000	(대) 집합손익	5,000
12/31	(차) 집합손익	4,500	(대) 매출원가	3,000
			급여	1,500

② 총계정원장으로 전기

위의 대체분개를 총계정원장의 관련 계정으로 전기하면 다음과 같다.

매출

12/31 집합손익	**5,000**	5/1 현금	2,500
		9/1 외상매출금	2,500
	5,000		5,000

매출원가

5/1 상품	1,500	**12/31 집합손익**	**3,000**
9/1 상품	1,500		
	3,000		3,000

급여

12/1 현금	1,000	**12/31 집합손익**	**1,500**
12/31 미지급급여	500		
	1,500		1,500

집합손익

12/31 매출원가	3,000	12/31 매출	5,000
12/31 급여	1,500		
12/31 미처분이익잉여금	**500**		
	5,000		5,000

③ 집합손익계정 마감분개

손익계정(수익 · 비용계정)은 집합손익계정으로의 대체분개를 통해 차변과 대변합계가 일치됨으로써 장부가 자동적으로 마감되어 버린다. 한편 집합손익계정에 모여진 손익계정들은 대 · 차의 차이에 의해 당기순이익(순손실)이 계산되는데, 이를 '미처분이익잉여금'이라는 자본계정으로 보내는 대체분개를 하면 집합손익을 포함한 모든 손익계정이 마감된다.6)

집합손익계정 마감분개

12/31 (차) 집합손익 500 (대) 미처분이익잉여금 500

5.2 재무상태표계정의 마감

재무상태표계정은 소멸하지 않고 지속된다고 하여 '영구계정'이라고 한다. 또한 이들 계정은 실체가 존재한다고 하여 실재계정(實在計定)이라고도 한다. 따라서 이들 계정은 평상잔액의 반대편에 동일한 금액을 '차기이월'로 표시하고 다음 연도로 잔액을 이월시킴으로써 장부를 마감한다. 다음 연도 1월 1일 기초에는 전년도로부터 이월된 금액이 계정의 차변(자산계정) 또는 대변(부채 및 자본계정)에 '전기이월'로 표시된다.

6) 이러한 측면에서 본다면 집합손익계정은 사실상 손익계산서이다. 동시에 여기서 산출한 당기순손익을 재무상태표의 미처분이익잉여금계정으로 보내는 중간 매개체 역할도 겸하고 있는 임시계정이다.

현금

1/1	자본금	5,000	2/1	상품	3,000
5/1	매출	2,500	12/1	급여	1,000
12/31	단기차입금	9,000	**12/31**	**차기이월**	**12,500**
		16,500			16,500
1/1	전기이월	12,500			

그림 5-3 손익계정의 마감절차 예시

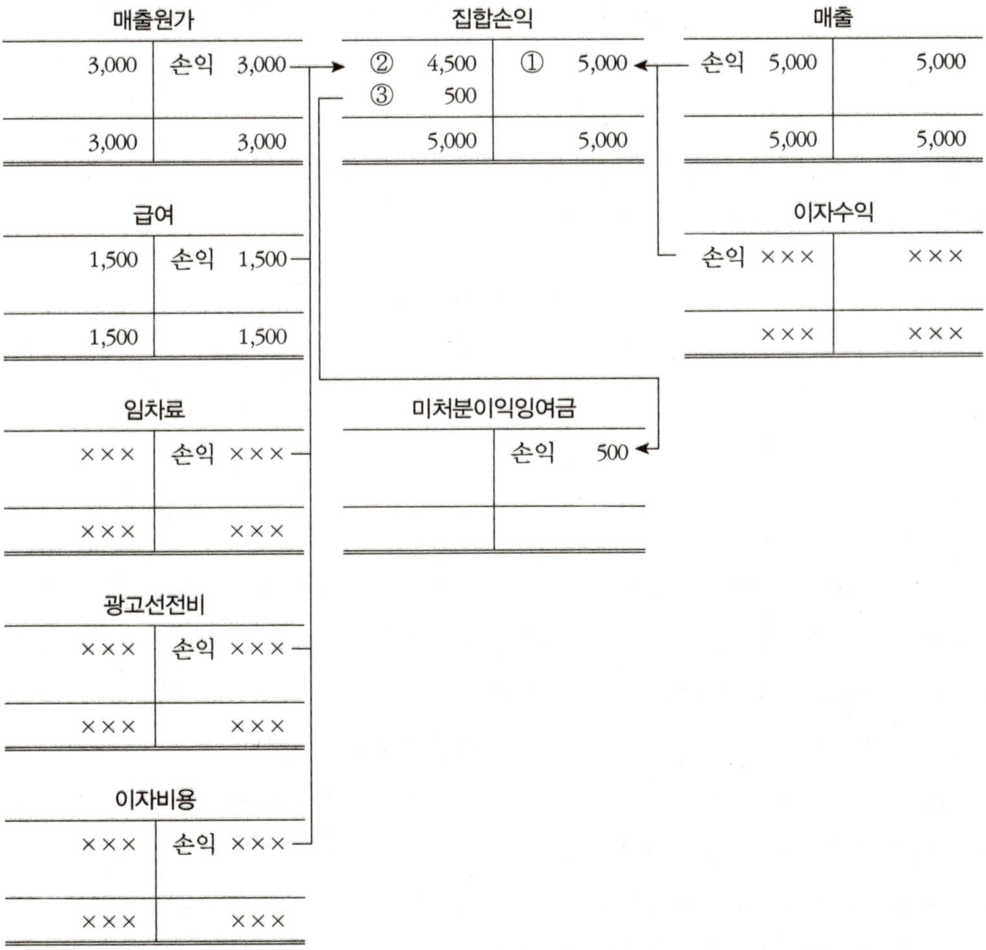

여섯, 왜 하필이면 이렇게 복잡한 복식부기를 사용할까?

지금까지 살펴본 분개장에서부터 총계정원장으로 전기하는 과정의 특징은 어느 과정에서든 차변과 대변의 양쪽에 동일한 금액을 기록하였다는 점이다. 이처럼 양변에 같은 금액을 기록하는 방법을 복식부기(회계)라고 하였다. 현대 회계가 복식부기를 채택하는 이유는 양변에 동일한 금액을 기록함으로써 스스로 오류를 찾아내는 '자기검증기능(self-check function)' 때문이다. 이러한 기능 때문에 분개장, 총계정원장의 각 계정, 시산표, 기초 및 기말재무상태표 어디에서든 어느 시점에서든 차변과 대변의 합계 또는 잔액은 항상 일치하게 된다.

조금 전 작성하였던 할머니 구멍가게의 기말재무상태표를 단식부기(single-entry)의 형태로 나타내면 다음과 같이 표시할 수 있다.

재무상태표

할머니구멍가게	20×1년 12월 31일 현재	(단위 : 원)
현금	12,500	
매출채권	2,500	
단기차입금	(9,000)	
미지급비용	(500)	
자본금	5,500	

이러한 형태의 기록은 현금출납장과 유사한 방법이라 할 수 있다. 즉, 현금 등 자산이 들어오면 수입으로 기록하고, 부채는 언젠가는 나갈 돈이므로 지출로 하여 잔액(자기자본)을 기록하는 방법이다. 이 방법은 간편하기는 하나 중간단계에서 기록이 잘못되어 잔액에 오류가 발생하여도 자기검증을 하기가 매우 어렵다.

이러한 이유로 현재 전 세계 대부분의 국가들은 자기검증기능이 우수한 복식부기(복식회계)를 채택하고 있는 것이다. 복식부기에 따른 주요 재무제표라 할 수 있는 재무상태표와 손익계산서의 양식은 다음과 같다. 재무상태표는 차변과 대변으로 구분하여 작성할 수 있는데 이를 '계정식재무상태표'라 하고, 일렬로 쭉 나열하여 작성하는 방법을 '보고식재무상태표'라고 한다. 반면 손익계산서는 '보고식손익계산서'로만 작성할 수 있다. 한편 일반기업회계기준에서는 어느 재무제표든 공통적으로 당기와 전기를 비교하는 형식의 비교식재무제표를 작성하도록 요구하고 있다.

손익계산서

당기 20×1년 1월 1일부터 20×1년 12월 31일까지
전기 20×0년 1월 1일부터 20×0년 12월 31일까지

(주)한국 (단위 : 원)

과목	당기		전기	
매출액		×××		×××
매출원가		×××		×××
기초상품(제품)	×××		×××	
당기상품매입액(당기제조원가)	×××		×××	
기말상품재고액	(×××)		(×××)	
매출총이익(또는 매출총손실)		×××		×××
판매비와관리비		×××		×××
급여	×××		×××	
퇴직급여	×××		×××	
복리후생비	×××		×××	
임차료	×××		×××	
접대비	×××		×××	
감가상각비	×××		×××	
무형자산상각비	×××		×××	
세금과공과	×××		×××	
광고선전비	×××		×××	
연구비	×××		×××	
경상개발비	×××		×××	
대손상각비	×××		×××	
......	×××		×××	
영업이익(또는 영업손실)		×××		×××
영업외수익		×××		×××
이자수익	×××		×××	
배당금수익	×××		×××	
임대료	×××		×××	
단기투자자산처분이익	×××		×××	
단기투자자산평가이익	×××		×××	
외환차익	×××		×××	
외화환산이익	×××		×××	
지분법이익	×××		×××	
장기투자증권손상차손환입	×××		×××	
유형자산처분이익	×××		×××	
사채상환이익	×××		×××	
전기오류수정이익	×××		×××	
......	×××		×××	
영업외비용		×××		
이자비용	×××			×××
기타의대손상각비	×××			×××
단기투자자산처분손실	×××			×××
단기투자자산평가손실	×××			×××
재고자산감모손실	×××			×××
외환차손	×××			×××
외화환산손실	×××			×××
기부금	×××			×××
지분법손실	×××			×××
장기투자증권손상차손	×××			×××
유형자산처분손실	×××			×××
사채상환손실	×××			×××
전기오류수정손실	×××			×××
......	×××			×××
법인세비용차감전순손익		×××		×××
법인세비용		×××		×××
당기순이익(또는 당기순손실)		×××		×××

재무상태표

당기 20×1년 12월 31일 현재
(주)한국 전기 20×0년 12월 31일 현재 (단위 : 원)

과목	당기		전기	
자산				
유동자산		×××		×××
당좌자산		×××		×××
현금및현금성자산	×××		×××	
단기투자자산	×××		×××	
매출채권	×××		×××	
(대손충당금)	(×××)		(×××)	
선급비용	×××		×××	
이연법인세자산	×××		×××	
······				
재고자산		×××		×××
제품	×××		×××	
재공품	×××		×××	
원재료	×××		×××	
······				
비유동자산		×××		×××
투자자산		×××		×××
투자부동산	×××		×××	
장기투자증권	×××		×××	
지분법적용투자주식	×××		×××	
······				
유형자산		×××		×××
토지	×××		×××	
설비자산	×××		×××	
(감가상각누계액)	(×××)		(×××)	
건설중인자산	×××		×××	
······				
무형자산		×××		×××
영업권	×××		×××	
산업재산권	×××		×××	
개발비	×××		×××	
······				
기타비유동자산		×××		×××
이연법인세자산	×××		×××	
······				
자산 총계		×××		×××

과목	당기		전기	
부채				
유동부채		×××		×××
단기차입금	×××		×××	
매입채무	×××		×××	
당기법인세부채	×××		×××	
미지급비용	×××		×××	
이연법인세부채	×××		×××	
……	×××		×××	
비유동부채		×××		×××
사채	×××		×××	
신주인수권부사채	×××		×××	
전환사채	×××		×××	
장기차입금	×××		×××	
퇴직급여충당부채	×××		×××	
장기제품보증충당부채	×××		×××	
이연법인세부채	×××		×××	
……	×××		×××	
부채 총계		×××		×××
자본				
자본금		×××		×××
보통주자본금	×××		×××	
우선주자본금	×××		×××	
자본잉여금		×××		×××
주식발행초과금	×××		×××	
……	×××		×××	
자본조정		×××		×××
자기주식	×××		×××	
……	×××		×××	
기타포괄손익누계액		×××		×××
매도가능증권평가손익	×××		×××	
해외사업환산손익	×××		×××	
현금흐름위험회피	×××		×××	
파생상품평가손익	×××		×××	
……	×××		×××	
이익잉여금(또는 결손금)		×××		×××
법정적립금	×××		×××	
임의적립금	×××		×××	
미처분이익잉여금	×××		×××	
(당기순이익)				
자본 총계		×××		×××
부채 및 자본 총계		×××		×××

5강 복습

1. 회계순환과정
회계거래의 분개로부터 재무제표 작성까지 매년 반복되는 회계절차

2. 교환거래와 손익거래
교환거래는 손익에 영향이 없는 거래이며, 손익거래는 손익계산서의 손익에 영향을 미쳐 최종적으로 당기손익의 증감을 가져오는 거래

3. 총계정원장에의 전기
회계상의 거래(去來)를 분개한 후 총계정원장으로 옮겨적는 절차

4. 시산표(Trial Balance : T/B)
시산표 등식, 즉 '기말자산+총비용=기말부채+기초자본+총수익'이라는 등식으로 대·차 합계 및 잔액의 일치를 점검하고자 하는 표

5. 기말결산수정분개
발생주의 회계의 수익·비용과 기말 자산·부채의 적절한 평가를 위한 수정분개

6. 손익법과 재산법
손익계산서에 의한 손익계산법과 재무상태표에 의한 손익계산법

7. 집합손익계정
수익 및 비용계정을 전부 모아 당기순손익을 산출하기 위한 임시계정

8. 임시계정
기중에만 발생하고 결산 후 잔액이 소멸하는 손익계산서계정

9. 영구계정
결산 후에도 잔액이 다음 연도로 영원히 이월(차기이월)되는 재무상태표계정

10. 복식부기(회계)
양변(차변과 대변)에 동일한 금액을 동시에 기록하는 회계기록법

11. 자기검증기능
복식부기의 원리에 따라 스스로 오류를 찾아낼 수 있는 기능

연습문제

01 회계순환과정에 대해 간단히 설명하시오.

02 손익거래란 어떤 성격의 거래인가?

03 총계정원장은 어떤 성격의 장부인가?

04 전기(轉記)란 무엇을 의미하는가?

05 평상잔액(normal balance)이란 어떤 의미인가?

06 시산표(T/B)는 어떤 성격의 장부인가?

07 기말결산수정분개는 왜 하는가?

08 당기순이익을 산출하는 방법에는 어떤 것들이 있는가?

09 집합손익계정에 대해 간단히 설명하시오.

10 복식부기의 자기검증기능이란?

11 회계거래의 기록에 대한 설명 중 틀린 것은?

① 회계상의 거래는 모두 장부에 기록해야 한다.
② 반드시 분개장이 아닌 전표 등을 사용하여 기록할 수 있다.
③ 분개장을 시산표에 옮겨 적는 것을 전기라고 한다.
④ 계정이 모인 장부를 총계정원장이라고 한다.

12 계정의 왼쪽과 오른쪽을 무엇이라고 하는가?

① 차변과 대변 ② 자산과 부채
③ 수익과 비용 ④ 분개와 전기

13 총계정원장에 대한 설명 중 옳은 것은?

① 자산과 부채계정만 있다.
② 계정은 가나다순으로 배열되어 있다.
③ 전 계정을 모은 장부이다.
④ 먼저 총계정원장에 기입한 후 분개장으로 옮겨 적는다.

14 계정의 대변에 기록하는 것은?

① 자산의 증가, 부채의 증가 ② 자산의 감소, 부채의 감소
③ 자산의 증가, 부채의 감소 ④ 자산의 감소, 부채의 증가

15 평상잔액이 차변에 나타나는 것은?

① 비용 ② 부채
③ 자본 ④ 수익

16 외상매출금을 현금으로 받았다면 분개장에 어떻게 기록하는가?

① 외상매출금 차변, 현금 대변 ② 현금 차변, 외상매출금 차변
③ 외상매출금 대변, 현금 차변 ④ 외상매출금 대변, 현금 대변

17 집합손익계정의 차변으로 대체되는 계정이 아닌 것은?

① 매출원가 ② 이자수익
③ 보험료 ④ 급여

18 다음 각 항목을 자산, 부채 및 자본, 수익, 비용으로 분류하시오.

① 출자한 돈 ② 토지
③ 외상매출금 ④ 비품
⑤ 급여 ⑥ 매출
⑦ 차입금 ⑧ 매출원가
⑨ 현금 ⑩ 외상매입금

19 자본(자기자본)에 영향을 미치는 손익거래를 고르시오.

① 외상매입금을 현금으로 갚다.
② 상품을 외상으로 팔다.
③ 은행으로부터 돈을 빌리다.
④ 종업원의 급여를 지급하다.
⑤ 은행 차입금에 대한 이자를 현금지급하다.
⑥ 외상매출금을 회수하다.
⑦ 당기 화재보험료를 납부하다.
⑧ 자선단체에 기부금을 내다.
⑨ 현금으로 상품을 구입하다.
⑩ 거래처로부터 임대료를 현금으로 받다.

20 다음의 괄호 안에 적절한 금액 및 계정과목을 기입하시오.

① 임 대 료 ( )원을 현금으로 받다.
② 급 여 ( )원을 현금으로 지급하다.
③ 상 품 ( )원을 매입하고 대금은 외상으로 하다.
④ 외상매출금 ( )원을 현금으로 받다.
⑤ 외상매입금 ( )원을 현금으로 지급하다.

현금

⑥ ( )	60,000	⑧ ( )	65,000
⑦ ( )	18,000	⑨ ( )	7,000

상품

⑩ ( )	98,000		

외상매출금

	100,000	⑪ ( )	60,000

외상매입금

차변		대변	
⑫ ( )	65,000	⑬ ( )	98,000

21 [예제 5-1]의 수정전잔액시산표 작성 후, 다음과 같은 기말결산수정분개사항이 발견된 경우 요구사항에 답하시오.

> [기말결산수정사항]
> ㉠ 기말시점의 원인불명의 현금잔액이 10,000원 부족한 것으로 파악되었다.
> ㉡ 결산일 현재 종업원에 대한 급여 15,000원을 미지급하고 있다.
> ㉢ 보험료 중 50%는 다음 연도 보험료를 미리 지급한 것으로 파악되었다.

① 기말결산수정분개 및 전기

구분	기말결산수정분개	
㉠	(차)	(대)
㉡	(차)	(대)
㉢	(차)	(대)

현금

차변		대변	
1/1 자본금	100,000	4/1 상품	200,000
3/1 단기차입금	100,000	9/1 상품	300,000
8/1 매출	500,000	10/1 급여	30,000
		10/1 임차료	20,000
		12/1 보험료	10,000

잡손실

차변	대변

급여

차변		대변
10/1 현금	30,000	

미지급급여

차변	대변

보험료

차변		대변
12/1 현금	10,000	

선급보험료

차변	대변

② 수정후잔액시산표 작성

수정후잔액시산표

순환상사 20×1년 12월 31일 현재 (단위 : 원)

현금	단기차입금
선급보험료	**미지급급여**
상품	자본금
매출원가	매출
급여	
임차료	
보험료	
잡손실	
합계	합계

③ 재무제표 작성

손익계산서

순환상사 20×1년 1월 1일부터 12월 31일까지 (단위 : 원)

[수익]	매출액
[비용]	매출원가
	급여
	임차료
	보험료
	잡손실
	당기순이익

재무상태표

순환상사 20×1년 12월 31일 현재 (단위 : 원)

현금	단기차입금
선급비용	미지급비용
상품	자본금
	이익잉여금
자산 총계	부채 및 자본 총계

기출문제

01 기업의 재무상태와 경영성과를 명백히 하기 위해 인위적으로 1년 이내의 기간적 범위를 정하는 것을 무엇이라 하는가?

① 회계정의　　② 회계목적
③ 회계연도　　④ 회계거래

02 다음 거래의 종류와 거래의 예가 바르게 연결된 것은?

① 손익거래 : 거래처에 현금 200,000원을 대여하다.
② 교환거래 : 판매직원의 회식비 300,000원을 현금으로 지급하다.
③ 혼합거래 : 현금 500,000원을 출자하여 영업을 개시하다.
④ 교환거래 : 영업용 비품을 구입 후 일부를 현금지급하다.

03 손익계산서에 영향을 미치지 않는 거래는?

① 외상매출금 600,000원이 보통예금 통장으로 입금되다.
② 월말이 되어 경비용역 수수료 50,000원을 지급하다.
③ 거래처 직원이 방문하여 점심 식사를 접대하다.
④ 불우이웃돕기 성금 1,000,000원을 현금으로 지급하다.

04 잔액시산표의 대변에 잔액이 나타나는 것은?

① 대여금　　② 이자비용
③ 단기차입금　　④ 광고선전비

05 기말의 잔액시산표 등식으로 옳은 것은?

① 기말자산+총수익=기말부채+기말자본+총비용
② 기말자산−총수익=기말부채+기말자본−총비용
③ 기초자산+총비용=기초부채+기말자본+총수익
④ 기말자산+총비용=기말부채+기초자본+총수익

06 다음 계정기입의 5월 12일 거래에 대한 설명으로 올바른 것은?

상품

5/10 외상매입금	200,000	5/12 외상매입금	50,000

① 매입한 상품을 반품하다.
② 상품을 외상으로 매입하다.
③ 상품을 주문받고 계약금을 받다.
④ 상품주문 후 계약금 지급하다.

07 회사의 거래은행에서 현금 300,000원을 차입하고 2개월 후에 갚기로 한 경우, 다음 계정의 증감내용이 기입될 곳으로 올바른 것은?

자산계정		부채계정	
가	나	다	라

① 가, 나
② 가, 라
③ 나, 다
④ 다, 라

08 다음의 설명이 모두 해당하는 것은?

> ㉠ 자산, 부채, 자본, 수익, 비용에 속하는 모든 계정이 집합되어 있다.
> ㉡ 재무상태표와 손익계산서를 작성하는 기초자료가 된다.
> ㉢ 전기라는 작업을 통해서 작성된다.
> ㉣ 회계기간 중에 작성되며 분개의 내용을 확인할 수 있다.
> ㉤ 주요부에 속한다.

① 분개장
② 총계정원장
③ 현금흐름표
④ 부속명세서

09 시산표에서 발견할 수 있는 오류는 무엇인가?

① 차변과 대변 분개가 서로 바뀐 경우
② 차변과 대변 금액이 불일치하는 경우
③ 특정 거래의 기록이 누락된 경우
④ 동일한 거래를 두 번 분개한 경우

10 다음의 내용을 보고 결산의 절차를 바르게 나타낸 것은?

가. 분개장과 총계정원장 및 기타 회계장부를 마감
나. 손익계산서와 재무상태표를 작성
다. 결산수정분개 실시
라. 결산수정분개 사항의 총계정원장 전기 및 수정후시산표 작성
마. 수정전시산표 작성

① 마 → 다 → 라 → 나 → 가
② 다 → 마 → 가 → 라 → 나
③ 가 → 마 → 다 → 라 → 나
④ 가 → 마 → 라 → 다 → 나

11 다음에서 설명하고 있는 것으로 옳은 것은?

복식회계에서 모든 거래는 분개를 통하여 각 계정에 전기되며, 전 계정의 차변합계 금액과 대변합계 금액은 반드시 일치하여야 한다. 이와 같은 원리를 이용하여 정확하게 전기되었는가를 검증하기 위해 작성되는 계정집계표이다.

① 시산표
② 현금검증표
③ 손익계산서
④ 재무상태표

12 기말결산시 집합손익계정으로 대체되는 계정은?

① 선수금
② 임차료
③ 단기차입금
④ 외상매출금

13 기말결산 후 차기로 이월되어 사용되는 계정은?

① 매출액
② 매출원가
③ 매출채권
④ 매출총이익

14 다음의 자료를 통해 빈칸(㉠, ㉡)의 합계액은?

기초자산	기초부채	총수익	총비용	기말자본	기초자본
1,000,000	㉠	900,000	600,000	㉡	400,000

① 1,200,000원
② 1,300,000원
③ 1,400,000원
④ 1,500,000원

15 다음 집합손익계정에 기입된 내용 중 옳지 않은 것을 고르면?

집합손익

차변	금액	대변	금액
매출원가	340,000	매출	600,000
급여	160,000	이자수익	150,000
보험료	100,000	임대료	45,000
이자비용	50,000		
기부금	80,000		
미처분이익잉여금	65,000		
	795,000		795,000

① 총수익은 795,000원이다.
② 총비용은 730,000원이다.
③ 당기순이익은 65,000원이다.
④ 매출총이익 600,000원이다.

16 재무제표에 함께 기재하지 않아도 되는 것은?

① 보고기간종료일 또는 회계기간
② 기업명칭
③ 대표자명
④ 보고통화 및 금액단위

6강

우아! 당장 쓸 수 있는 현금이 최고지!

하나, 지구촌의 유동성 놀음

2008년 미국계 투자은행인 베어스턴스(Bear Stears)와 투자금융회사 리먼브라더스(Lehman Brothers)의 파산으로 시작된 글로벌 금융위기는 전 세계적으로 엄청난 파장을 가져왔다. 일부의 사람들은 이제 자본주의가 끝날 것이라고까지 말하기도 했다. 그렇다면 이처럼 거대한 기업들이 파산하는 이유는 무엇인가? 한마디로 '유동성 위기(liquidity crisis)' 때문이었다. 이들 회사의 유동성 위기는 소득이 낮은 저소득층을 대상으로 한 묻지마 주택담보 고금리 대출, 즉 비우량부동산담보대출(이를 'sub-prime mortgage'라고 한다)의 실패가 발단이 되었다. 부동산 거품이 꺼지면서 부실채권이 발생하고 그 결과 현금을 회수하지 못하는 현상을 유동성 악화(또는 유동성 위기)라고 한다. 언제는 돈이 부족해 난리고 또 최근에는 돈이 넘쳐나 난리고…

우리가 친구들을 만날 때 지갑이 얇은 경우 왠지 모르게 움츠러든다. 그리고 자신의 얇은 지갑을 보면서 "그 많은 돈은 다 어디로 갔을까?" 하고 한숨도 지어본다. 이건 비단 개인뿐만 아니라 가정이나 기업도 마찬가지다. 우리나라가 1997년 실제로 겪었던 IMF 사태도 알고 보면 유동성 위기에서 시작된 것이다. 기업의 경우에도 수익성(경영성과)이나 보유하고 있는 자산 등과 전혀 상관없이 위기가 올 수 있는데 그 대표적 예가 유동성 위기라고 할 수 있다.

그래서 개인이든 기업이든 국가든 '손안에 든 현금(hand in cash)'을 좋아하게 되는 것이다. 물론 금고 속에 산더미 같은 현금을 쌓아 놓는 것도 능사는 아니지만… 다시 한번 정리하면 유동성(liquidity)이란 가지고 있는 자산 등을 현금으로 바꿀 수 있는 능력, 즉 '현금전환 능력'을 말한다. 쉽게 말해 현금으로 바꿔 쓸 만한 자산을 얼마나 가지고 있는가를 의미한다. 따라서 현금화할 수 있는 자산이 많으면 유동성이 풍부하고, 반대의 경우엔 유동성이 부족하다고 한다. 일반적으로 자산 중 즉시 결제수단으로 활용할 수 있는 현금(cash)이 당연히 유동성이 가장 크다. 당좌예금 · 보통예금처럼 언제든지 현금으로 빼 쓸 수 있는 예금(이를 '요구불예금'이라 한다)도 유동성이 큰(높은) 편이다. 반면 토지나 건물 등과 같은 부동산은 당장 현금화할 수 없어서 상대적으로 유동성이 작은(낮은) 비유동자산으로 분류된다.

회계에서는 유동성이 높아 1년 이내에 현금화할 수 있는 자산을 유동자산으로 분류하고, 유동자산 중에서도 유동성이 가장 높은 자산을 당좌자산(quick assets)이라고 한다. 한마디로 당좌자산은 지금 당장 현금화하여 쓸 수 있는 자산을 말한다.

당좌자산 분류

- 현금및현금성자산
- 단기투자자산(단기금융상품, 단기매매증권, 단기대여금 등)
- 매출채권(외상매출금과 받을어음)
- 선급비용(선급보험료, 선급임차료 등)
- 기타

둘, 어! 이건 뭐야?

이것도 아니고 저것도 아닌 사람을 보고 회색분자라고 한다. 비슷하게 '박쥐 같은 놈'이란 말을 간혹 쓰기도 한다. 박쥐는 새와 짐승의 몸을 다 가지고 있는데 옛날 새와 짐승의 싸움에서 이쪽에 붙었다 저쪽에 붙었다 하다 결국은 두 쪽으로부터 다 팽당한데서 유래하였다고 한다. 그래서 박쥐는 낮에는 동굴에 숨어 살다 밤에만 세상밖으로 나온다고 한다. 그런데 현금이면 현금이지 무슨 현금성자산이여??

2.1 현금

회계상의 현금(cash)은 우리가 일상적으로 말하는 것보다 그 범위가 훨씬 넓다. 일상의 현금은 당연히 지폐와 주화(동전)를 말한다. 그러나 회계상의 현금에는 다른 사람이 발행한 수표 등의 '통화대용증권'도 현금으로 처리한다. 다시 말해 이러한 자산을 가지게 되면 차변에 현금(자산의 증가)으로 처리해야 함을 의미한다.

회계상 현금

- 지폐 및 주화
- 타인발행수표(남이 발행한 수표), 자기앞수표 등
- 우편환증서
- 배당금지급통지서, 만기도래 국·공채이자표 등
- 요구불예금(당좌예금, 보통예금 등)

2.2 현금성자산

그런데 현금의 범주에 포함되어 현금계정으로 회계처리하기는 하지만, 즉 실제 현금은 아니나 현금과 비슷한 자산을 '현금성자산(cash equivalent)'이라고 한다. 위에서 말한 회계상 현금과의 차이는 현금성자산이 현금화할 수 있는 기간이 조금 더 길다는 점이다. 여기서 주의할 점은 현금성자산은 취득일을 기준으로 3개월 이내 현금화 가능한 자산을 말한다. 즉, 현금성자산의 잔여만기의 판단은 보고기간종료일이 아닌 취득일을 기준으로 한다는 의미이다.[1] 현금성자산은 현금과 같은 성질을 가져야 하므로 ① 유동성이 매우 높아 큰 거래비용 없이 현금으로의 전환이 쉬우며, ② 이자율 변동에 따른 가치변동의 위험이 작아야 한다.

현금성자산

- 취득당시 만기가 3개월 이내인 단기채권
- 취득당시 상환기일이 3개월 이내인 상환우선주
- 취득당시 만기가 3개월 이내인 환매채 등

표 6-1 현금및현금성자산 세부분류

구분	세부분류
현금	• 지폐 및 주화, 타인발행수표, 자기앞수표, 가계수표, 송금수표 • 우편환증서, 배당금지급통지서, 만기도래 국·공채이자표 • 요구불예금(당좌예금, 보통예금) 등
현금성자산	• 유동성이 매우 커 확정된 현금으로의 전환이 쉬우며, • 가치변동의 위험이 중요하지 않은 단기채권 등

* 우표와 수입인지는 '통신비(또는 세금과공과)', 종업원 선대금(급여가불금) 및 차용증서는 '단기대여금', 선일자수표는 '매출채권'으로 분류함.

2.3 통합표시계정

내부관리 목적상 상세 계정과목을 사용하더라도 재무제표를 외부에 공시할 경우에는 통합표시해야 하는 계정들이 있다. 예를 들어 '현금및현금성자산'(현금+요구불예금+현금성자산), '단기투자자산'(단기금융상품+단기매매증권+단기대여금), '매출채권'(외상매출금+받을어음) 등이 대표적인 통합표시계정들이다. 다만 각 항목별 금액이 중요한 경우에는 구분표시할 수 있다.

1) 6강의 뒷부분에서 학습할 '장·단기투자자산'은 취득일이 아닌 보고기간종료일로부터 1년 기준을 적용한다. 예를 들어 11월 초에 취득한 환매채의 만기가 다음 해 1월 말이면 '현금성자산'으로, 만기가 2월 말이면 '단기투자자산'으로 처리해야 한다.

예제 6-1 | 현금및현금성자산

백두상사는 한라상사에 상품 100,000원을 판매하고 그 대금으로 다음과 같이 받았다. 현금계정으로 처리할 금액은 얼마인가?

• 지폐와 동전	10,000원	• 한라상사 발행수표	50,000원
• 우편환증서	10,000원	• 자기앞수표	30,000원

풀이

현금계정 차변=10,000원+50,000원+10,000원+30,000원=**100,000원**

(차) 현금	100,000	(대) 매출	100,000

셋, 가정교육이 잘되어야 만사 OK!

가정교육이 중요하다는 것은 누구나 다 아는 사실이다. 가정교육을 잘 받은 아이들이 대체로 사회생활도 잘 적응하는 편이다. 나는 아들이 어릴 때 딱 한 가지만은 철저하게 교육시켰다. 현관문 입구의 신발을 가지런하게 정리하라는 것이었다. 가끔씩 회사에 컨설팅(consulting)을 나간다. 구내식당에 벗어 놓은 신발만 봐도 "아! 이 회사는 상태가 좋은 회사네, 아이구! 이 회사는 영 아닌 것 같다"라고 속으로 혼자 결론을 내려보는데 거의 들어맞는다. 만사가 대소(大小)의 차이가 아니라 본질에 있다는 생각이 절실히 든다.

가정에 있어서 가정교육이 중요하듯 기업에도 비슷한 것이 있는데 우리는 이를 기업의 '내부통제제도(internal control system)'라고 부른다. 가끔 은행에 다니는 친구들을 만난다. 언젠가 명동 근처 모(某) 은행 본점에 근무하는 친구와 점심을 먹었던 적이 있었다. 느닷없이 친구가 안주머니에서 몇백 억짜리 자기앞수표를 꺼내 흔들어대며 농담 삼아 해외도피 어쩌고저쩌고하던 기억이 난다. 이처럼 현금은 분실과 도난의 위험이 매우 큰 자산이므로 철저한 내부통제(가정교육처럼)가 필요한 자산이다. 따라서 현금과 관련된 엄격한 업무분장(각기 다른 입금 및 지출관리자와 통장관리자 등), 현금시재액의 불일치에 대한 철저한 관리 등 내부통제제도가 잘 정비된 기업이 잘 돌아가는 것은 불을 보듯 뻔한 이치다.

가끔 사장이 경리직원에게 "내가 지금 돈이 급히 필요해서 그러니 얼마를 내놔라!"라고 하는 경우를 종종 본다. 이때 아무 생각 없이 사장의 말이라고 그냥 들어주면 절대 안 된다. 아무리 사장이라도 적법한 지출결의 절차를 밟아야 한다. 즉, 다른 사람에게 돈을 빌려줄 때처럼 단기대여금계정으로 처리하고 적법하게 이자도 받아야 한다. 만약 사안이 급하다면 메모라도 해두었다가 차후에 처리해야 한다. 그렇게 처리하지 않아 나중에 세무서로부터 세금폭탄을 맞는 경우도 종종 본다. 현금과 관련된 내부통제제도로는 소액현금제도와 현금과부족 등이 있다.

3.1 소액현금제도

요즘 어떤 집을 보면 아이들에게 체크카드를 주고 부모들이 월말 결제를 하면서 힘들어하는 경우를 종종 본다. 가끔씩 "아~ 이건 아니다!!"라는 생각이 들 때도 있다. 기업에서 이와 비슷한 제도를 예로 든다면 소액현금제도라는 것이 있다. 사실 별것 아니다. 위에서 본 체크카드 용돈이나 비슷한 것이다. 기업의 경우도 경리부(회계부 또는 자금부)에서 자금을 관리하면서 사용하고자 하는 부서(용도계)에 일정액을 먼저 주고 차후에 정산 보충해 주는 방법을 말한다. 이때 사용한 금액과 동일한 금액을 보충해 주는 방법(이를 '정액자금전도제도'라고 한다)과 적당히 수시로 채워 주는 방법(이를 '부정액자금전도제도'라고 한다)이 있다. 회계처리는 다음과 같이 한다.

표 6-2 | 소액현금제도

구분	회계처리
① 소액현금을 줄 때	(차) 소액현금 ××× (대) 현금 ×××
② 사용부서 사용시	분개 없음(사용부서 소액현금출납장)
③ 자금정산 및 보충시	(차) 제비용 ××× (대) 소액현금 ××× (차) 소액현금 ××× (대) 현금 ×××

예제 6-2 | 소액현금

한국상사 경리부는 정액자금전도 소액현금제도를 채택하고 있다. 3월 중 다음의 거래에 대한 회계처리를 하시오.

1. 3월 1일 : 현금 500,000원을 영업부에 소액현금으로 지급하였다.
2. 3월 31일 : 영업부로부터 다음과 같은 사용내역을 통보받았다.
   소모품비 200,000원　　통신비 150,000원
3. 3월 31일 : 경리부는 영업부에 3월분 사용액만큼의 현금을 보충해 주었다.

풀이

	차변	금액	대변	금액
1.	(차) 소액현금	500,000	(대) 현금	500,000
2.	(차) 소모품비	200,000	(대) 소액현금	350,000
	통신비	150,000		
3.	(차) 소액현금	350,000	(대) 현금	350,000

3.2 현금과부족

간혹 회사 금고 속의 현금 보유액, 즉 현금시재액과 회계장부(총계정원장)상 현금계정 잔액이 서로 일치하지 않을 수 있다. 이는 여러 가지 원인으로 발생할 수 있다. 예를 들어 외상매출금을 받고 기록을 하지 않았거나 신문대금을 주고 기록하지 않은 경우 등이 그 예이다.

이 경우 사용되는 임시계정이 '현금과부족(cash over and short)'이다. 만약 장부보다 실제 가지고 있는 현금이 많으면 일단 눈 딱 감고 현금계정 차변에 분개하여 장부금액을 증액시켜 놓는데, 이때 대변의 계정과목이 현금과부족계정이 된다(왜냐하면 우리는 복식부기로 분개하므로 한 변에만 기록하면 안 되니까). 물론 나중에 반드시 그 원인을 찾아내고 제대로 회계처리해야 한다. 만약 끝까지 원인이 밝혀지지 않으면 어쩔 수 없이 잡이익 또는 잡손실계정으로 처리해야 한다. 물론 이러한 상황의 발생에 대해 현금관련 담당자는 내부통제제도의 확립차원에서 문책받아야 마땅할 것이다.

표 6-3 현금과부족 회계처리

구분	회계처리			
① 현금시재액 > 장부상 현금	(차) 현금	×××	(대) **현금과부족**	×××
이자수익 기입누락	(차) 현금과부족	×××	(대) 이자수익	×××
결산시까지 원인 모름	(차) 현금과부족	×××	(대) **잡이익**	×××
② 현금시재액 < 장부상 현금	(차) **현금과부족**	×××	(대) 현금	×××
광고선전비 기입누락	(차) 광고선전비	×××	(대) 현금과부족	×××
결산시까지 원인 모름	(차) **잡손실**	×××	(대) 현금과부족	×××

예제 6-3 | 현금과부족

대한상사의 경리부는 현금시재액(현재 실제 소유하고 있는 현금)과 장부상 현금이 10,000원의 차이가 난다는 사실을 발견하였다.

1. 현금시재액이 장부보다 10,000원 초과한 경우
2. 차이의 원인이 받은 임대료의 누락으로 밝혀진 경우
3. 기말결산시까지 그 원인을 모르는 경우
4. 현금시재액이 장부보다 10,000원 부족한 경우
5. 차이의 원인이 보험료 지급의 누락으로 밝혀진 경우
6. 기말결산시까지 그 원인을 모르는 경우

풀이

	차변	금액	대변	금액
1.	(차) 현금	10,000	(대) 현금과부족	10,000
2.	(차) 현금과부족	10,000	(대) 임대료	10,000
3.	(차) 현금과부족	10,000	(대) 잡이익	10,000
4.	(차) 현금과부족	10,000	(대) 현금	10,000
5.	(차) 보험료	10,000	(대) 현금과부족	10,000
6.	(차) 잡손실	10,000	(대) 현금과부족	10,000

넷, 서로 사이가 좋아야지?

친구가 좋아야 나도 잘된다. 그래서 부모들은 자식들에게 늘 좋은 친구를 만나라고 충고한다. 물론 나부터 남에게 좋은 친구가 되어야 한다. 회사 역시 마찬가지다. 주변의 여러 여건이 좋아야 장사도 잘되고 회사도 번창한다. 그중에서도 자기의 주거래은행과는 특히 사이가 좋아야 한다. 앞에서 말한 것처럼 손안의 현금이 좋기는 하지만 회사 내부에 두면 여러 가지 위험이 있다. 도난, 유용 및 횡령 등이 그 좋은 예이다. 극단적으로는 돈 냄새를 아주 좋아하는 쥐가 갉아 먹을 염려도 있다. 그리고 회사에 쌓아 두기만 하면 당연히 수익성(이자수익 등)도 떨어지게 된다. 세상만사(世上萬事)가 일방적으로 다 좋을 수는 없으니까. 유동성을 높이려니 수익성이 떨어지는 것은 당연한 이치 아닌가?

4.1 당좌예금

이러한 문제를 해결하는 좋은 방법 중 하나는 유동성을 크게 악화시키지 않으면서 안전한 은행에 맡기는 것이다. 주로 회사는 은행에 예금의 형태로 맡기게 되는데 이때 사용하는 계정이 '당좌예금(current deposit)'이다. 쉽게 말해 개인의 보통예금 정도로 생각하면 된다. 은행에 당좌예금을 개설한 후 입금하였을 때의 분개는 다음과 같이 한다.

당좌예금 입금분개

(차) 당좌예금	×××	(대) 현금	×××

당좌개설 요건

기업이 은행에 당좌거래를 개설하기 위해서는 은행마다 운용하고 있는 당좌개설 요건을 맞추어야 한다. 대부분 일정한 당좌예금 잔액만 유지하면 당좌거래를 개설해 주고 있어 수표 및 어음이 남발되어 온 것 또한 사실이다. 따라서 이를 제도적으로 막기 위해서는 당좌거래의 개설 요건을 더욱 강화할 필요성이 있다.

그림 6-1 **당좌예금 흐름도**

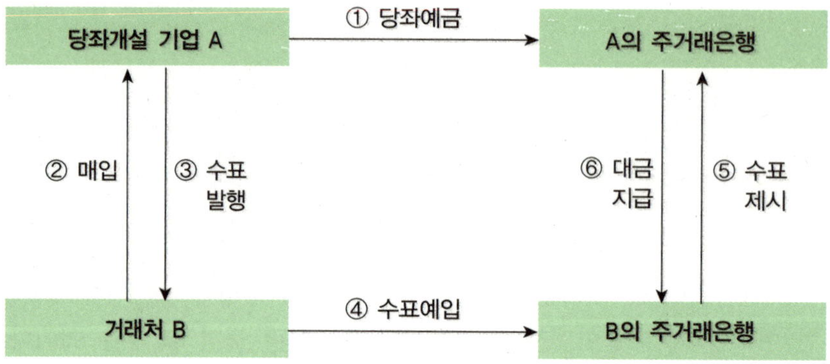

이때 은행에 맡겨 놓은 당좌예금은 무작정 인출하는 것이 아니고 당좌수표를 발행하여 인출(지출)하게 된다. 이는 수표를 가지고 온 사람(수표 소지인)에게 자신(회사)을 대신해 은행이 지급해 달라는 의사표시를 말한다. 외상매입금을 갚기 위해 당좌수표를 발행하는 분개는 다음과 같다.

당좌수표 발행분개

(차) 외상매입금	×××	(대) 당좌예금	×××

4.2 당좌차월

만약 당좌예금 잔액이 부족한 상태에서 당좌수표를 발행하면 부도(不渡)가 발생한다. 이러한 부도 발생에 대비하여 회사는 사전에 은행과 당좌차월(마이너스 예금) 계약을 맺어 놓는데, 이때는 당좌차월 계약한도 내에서 수표발행이 가능하다. 당좌차월(bank overdraft)은 기말결산시 재무상태표의 '단기차입금'에 포함하여 유동부채로 보고한다.

예제 6-4 | 당좌예금과 당좌차월

한국상사의 다음 거래를 분개하시오.

1. 주거래은행과 당좌계약을 체결하고 현금 1,000,000원을 당좌예입하였다.
2. 거래처로부터 외상으로 상품 1,500,000원을 구입하였다(계속기록법).
3. 당좌수표 1,500,000원짜리를 발행하여 위 거래처 상품대금을 지급하였다. 한국상사는 연초 거래은행과 5,000,000원 한도의 당좌차월 계약을 맺고 있다.

풀이

	차변	금액	대변	금액
1.	(차) 당좌예금	1,000,000	(대) 현금	1,000,000
2.	(차) 상품	1,500,000	(대) 외상매입금	1,500,000
3.	(차) 외상매입금	1,500,000	(대) 당좌예금	1,000,000
			당좌차월	500,000

4.3 은행계정조정표

간혹 여러 가지 이유로 회사의 당좌예금계정 잔액과 은행으로부터 날라온 당좌예금 잔액증명서의 금액이 서로 다른 경우가 있다. 앞서 말한 것처럼 주거래은행과는 항상 사이좋게 지내야 한다. 은행의 예금잔액이 회사의 장부상 잔액보다 많다고 마냥 기뻐하고 있으면 안 된다. 그 원인이 무엇인지 양측의 잔액을 서로 맞추어 보는 액션(action)을 취해야 한다. 이때 양측의 잔액을 조정하기 위해 만드는 양식을 '은행계정조정표(bank reconciliation statement)'라고 한다. 특별한 양식이 있는 것은 아니고 양측의 잔액을 조정하는 방법으로 만들면 된다.

양측 잔액이 차이가 나는 원인은 여러 가지인데 주요한 원인은 다음과 같다.

표 6-4 | 은행계정조정표 불일치 조정방법

불일치 원인	조정방법		수정분개
	회사 측	은행 측	
① 마감후 입금(미기입 예금)		+	×
② 미결제수표		−	×
③ 미통지입금	+		○
④ 부도수표(부도어음)	−		○
⑤ 이자수익	+		○
⑥ 이자비용과 은행수수료	−		○
⑦ 기장오류	±	±	○

① 마감후 입금(deposit in transit)

당좌예금의 입금을 위해 은행에 들렀는데 영업시간이 마감되어 뒷문으로 들어가 입금하는 때가 있다. 이때 회사는 이미 당좌예금을 입금처리하였지만 은행의 입금은 다음 날 이후로 늦어진다. 당연히 은행 측 잔액이 회사 측보다 작다. '미기입예금'이라고도 한다. 은행 측 당좌예금 계좌에 입금액을 가산하여 조정한다.

② 미결제수표(outstanding check)

회사는 대금지급을 위해 당좌수표를 발행하였으나(당좌예금 대변), 수표를 가지고 간 사람이 아직도 수표발행 회사의 당좌예금 계좌에서 인출해 가지 않은 경우를 말한다. 쉽게 말해 회사의 당좌예금 계좌에서 빠져나갈 돈이 아직도 그대로 은행에 있는 상태이다. 당연히 은행 측 당좌예금 계좌에서 차감하여 조정한다.

③ 미통지입금(deposit by third parties)

거래처 등이 회사에 통지하지 않고 온라인 송금(계좌이체)한 경우에 주로 발생한다. 회사는 이러한 사실을 모르고 있어 은행 측 잔액보다 당좌예금 잔액이 작게 나타난다. 회사 측 당좌예금계정의 차변을 증가시키는 수정분개로 조정한다.

④ 부도수표(NSF check)

회사가 은행에 입금처리한 수표를 거래은행이 발행은행에 추심(수표금액을 요구하는 것)하였으나 발행인의 잔액부족으로 지급거절 당한 경우를 말한다. 이 경우 은행은 수표를 회사에 돌려보내게 된다. 회사는 차변에 부도수표(기타자산)로, 대변에 당좌예금으로 수정분개를 해야 한다. 즉, 회사 측 당좌예금을 차감하여 조정한다.

⑤ 이자수익, 이자비용과 은행수수료 등

이러한 항목이 발생하면 회사는 각각 당좌예금 잔액에 더하거나 빼면 된다. 가령 이자수익의 발생시는 당좌예금계정의 차변에, 이자비용 또는 은행수수료 발생시에는 당좌예금계정의 대변에 가감하는 수정분개를 하면 된다.

표 6-5 | 은행계정조정표 양식

은행계정조정표

수정전 회사 측 잔액	×××	수정전 은행 측 잔액	×××
가산 :	×××	가산 :	×××
미통지입금	×××	마감후 입금	×××
이자수익	×××		
차감 :		차감 :	
부도수표	(×××)	미결제수표	(×××)
이자비용	(×××)		
은행수수료	(×××)		
수정후 잔액	×××	수정후 잔액	×××

이때 회사 측은 수정후 잔액으로 조정하기 위하여 은행계정조정표상에서 더하고 뺀 사항에 대하여 수정분개를 해주어야 한다. 예를 들어 위의 미통지입금이 외상매출금의 입금으로 확인되었다면 다음과 같이 수정분개를 한다. 당연히 은행 측의 수정분개에 대해서는 회사 측에서 신경 쓸 필요가 없다.

회사 측 수정분개(예시)

(차) 당좌예금	×××	(대) 외상매출금	×××

다섯, 두물머리를 지나면서

TV와 영화 촬영지로 유명한 두물머리는 남한강과 북한강의 두 물줄기가 서로 합쳐지는 곳이라 해서 붙여진 이름이라고 한다. 양수리(兩水里)라는 지명도 순수 우리말인 두물머리에서 유래되었다고 한다. 두물머리나 고속도로의 분기점(JC)처럼 '3개월'과 '1년'이라는 기간은 회계에서 매우 중요한 갈림길이라 할 수 있다.

현금및현금성자산 이외 대표적 당좌자산으로는 '단기투자자산'을 들 수 있다. 단기투자자산이란 기업이 여유자금의 활용을 목적으로 보유하는 자산으로 보고기간종료일(결산일)로부터 1년 이내에 만기가 도래하는 것을 말한다.

5.1 단기금융상품

정기예금, 정기적금, 사용이 제한된 예금, 양도성예금증서(CD), 환매채(RP), 신종기업어음(CP), 어음관리계좌(CMA), 초단기채권형펀드(MMF) 등 정형화된 금융기관의 상품으로 단기적 자금운용 목적으로 취득하거나 보고기간종료일로부터 1년 이내에 만기가 도래하는 금융상품 중 현금성자산에 속하지 않는 것을 말한다.

5.2 단기매매증권

유가증권 중 단기간 내의 매매차익을 목적으로 취득한 것으로 매수와 매도가 빈번하게 이루어지는 것을 말한다. 단기금융상품, 단기대여금 등과 통합하여 유동자산 중 당좌자산의 단기투자자산의 과목으로 재무상태표에 표시할 수 있다.

5.3 단기대여금

금전대차계약에 따라 단기자금의 대여거래에서 발생한 채권으로서 보고기간종료일 현재 회수기간이 1년 내 도래하는 것을 말한다. 이자수익을 목적으로 타인에게 돈을 빌려주었다면 어음을 발행하였다 하더라도 받을어음계정(상품을 외상으로 판 경우 처리하는 상업어음)이 아닌 단기대여금으로 처리해야 한다. 이렇게 단기대여금으로 처리된 어음을 금융어음 또는 융통어음이라고 한다.

표 6-6 | 금융상품 분류

구분	사용제한 / 만기	분류
계약기간 ≤ 3개월	사용제한 없음	현금및현금성자산
	사용제한 있음(1년 이내)	단기금융상품
	사용제한 있음(1년 초과)	장기금융상품
3개월 ≤ 계약기간 ≤ 1년	사용제한 없음	단기금융상품
계약기간 > 1년	만기 도래(1년 이내)	단기금융상품
	만기 도래(1년 초과)	장기금융상품

표 6-7 | 금융상품의 종류

구분	세부내용
양도성예금증서 (Negotiable Certificate of Deposits : CD)	• 성격 : 은행의 대출재원을 확보하기 위하여 정기예금의 형태로 발행한 무기명식 예금증서 • 거래단위 : 일정금액(예 5,000만원) 이상 • 기간 : 91일 이상 180일 이내 • 기타 : 안전성, 수익성, 환금성 매우 양호
환매조건부채권 (Repurchase Agreement : RP)	• 성격 : 금융기관이 일정기간 후 확정금리를 가산하여 되사는 조건으로 발행하는 회사채, 국·공채 등의 채권 • 거래단위 : 일정금액(예 10만원) 이상 • 기간 : 1년 이내 • 기타 : 안전성, 수익성, 환금성 양호
신종기업어음 (Commercial Paper : CP)	• 성격 : 신용도가 높은 우량기업이 단기운영자금을 조달하기 위하여 실세금리로 발행하는 무담보약속어음 • 거래단위 : 일정금액(예 1,000만원) 이상 • 기간 : 91일 이상 180일 이내 • 기타 : 안전성과 수익성은 양호하나 중도해약이 불가능하여 환금성은 약간 떨어지는 편임
어음관리계좌 (Cash Management Account : CMA)	• 성격 : 고객의 예탁금을 수익성이 높은 단기금융상품인 기업어음, 팩토링어음, 국·공채 등에 직접투자 운용하여 발생된 수익을 예탁자에게 배당해 주는 상품 • 기타 : 안전성과 환금성은 보통, 수익성은 높은 편임
초단기채권형펀드 (Money Market Fund : MMF)	• 성격 : 증권회사 등이 고객의 돈을 모아 초단기 금융상품에 집중투자해 얻은 수익을 돌려주는 실적배당상품 • 기타 : 우리나라에서는 1996년 이후 투신사에서 판매

여섯, 앗! 유가증권이란?

우리는 두물머리를 잘 지나왔다고 안심하고 있지만 이 지점에서 다시 가장 큰 암초를 만나게 된다. 기초회계 학습에서는 최소한 서너 번의 고비를 넘겨야만 제대로 된 학습이 끝이 난다. 이 첫 번째 고비가 바로 유가증권이라는 놈이다. 유가증권(有價證券)이란 글자 그대로 '가치가 있는 증서(종이 쪼가리)'를 의미한다. 기업이 자금의 여유가 있다면 배당금수익이나 이자수익을 목적으로 다른 회사의 유가증권, 즉 지분증권 또는 채무증권에 투자할 수 있다. 지분증권(equity securities)은 주식과 같이 주로 배당금수익을 목적으로 피투자기업의 순자산에 대한 소유주지분과 관련된 권리가 표시된 유가증권이며, 반면 채무증권(debt securities)이란 발행자(발행회사)에 대하여 이자수익과 투자금을 청구할 수 있는 권리가 표시된 유가증권을 말한다.

일반기업회계기준에서는 유가증권을 '단기매매증권', '매도가능증권' 및 '만기보유증권' 중의 하나로 분류하도록 하고 있다. 유가증권을 보유하고 있다면 당연히 그 가격은 변동하게 되고 이를 정확하게 평가하여 보고해야 한다. 이러한 유가증권에 대한 평가는 어떤 목적으로 보유하느냐에 따라 계정과목과 평가방법이 달라진다.

6.1 단기매매증권

단기매매 목적으로 보유하고 있는 유가증권은 당좌자산인 단기매매증권계정으로 분류한다. 기말결산시 '공정가치법(fair value method)'으로 평가한 후 평가손익은 손익계산서의 당기 영업외손익으로 처리한다. 이는 단기매매증권이 단기매매 목적으로 보유 중인 자산이므로 비록 평가손익이 미실현손익이라 하더라도 곧 실현될 것으로 보고 확정손익인 영업외손익으로 처리하라는 의미이다. 지분증권(주식)과 채무증권(채권) 모두 해당된다. 또 한 가지 주의할 점은 단기매매증권의 경우 다른 자산들과 달리 취득시의 부대원가(비용)를 당기비용으로 처리한다. 이에 관한 내용은 9강에서 다시 설명할 것이다.

단기매매증권 기말평가[2)]

[장부금액 < 공정가치]

(차) 단기매매증권	×××	(대) 단기매매증권평가이익(I/S)	×××

[장부금액 > 공정가치]

(차) 단기매매증권평가손실(I/S)	×××	(대) 단기매매증권	×××

6.2 매도가능증권

중·장기 투자목적으로 보유하는 유가증권은 투자자산인 매도가능증권으로 분류하고 기말평가 역시 '공정가치법(fair value method)'으로 평가한다. 그러나 기말시점의 평가손익은 확정된 당기손익이 아닌 임시손익항목으로 재무상태표 자본지부에 기타포괄손익누계액으로 처리(가감표시)한다. 왜냐하면 여기서 발생한 평가손익은 당장 실현되는 것이 아니기 때문이다. 이러한 임시손익은 처분시 정산하여 확정손익(당기손익)으로 대체한다. 지분증권(주식)과 채무증권(채권) 모두 해당된다.

매도가능증권 기말평가

[장부금액 < 공정가치]

(차) 매도가능증권	×××	(대) 매도가능증권평가이익(B/S)	×××

[장부금액 > 공정가치]

(차) 매도가능증권평가손실(B/S)	×××	(대) 매도가능증권	×××

2) 자산의 평가기준에는 원가법, 시가법 및 저기법 등이 있다. 이처럼 단기매매증권이나 매도가능증권처럼 결산일의 시가로 평가하는 방법을 시가법, 즉 '공정가치법'이라고 한다. 한편 최초의 취득원가로 자산을 장부에 기록한다면 '원가법'이라 하고, 취득원가와 시가 중 낮은 금액으로 평가하는 방법을 '저가법'이라고 한다. 8강에서 배울 재고자산평가손실의 인식은 대표적인 저가법의 예라고 할 수 있다.

6.3 만기보유증권

시세차익보다는 주로 이자수익을 목적으로 사서 만기까지 보유하는 사채(社債) 등은 투자자산인 만기보유증권으로 분류한다. 만기보유증권은 채무증권(채권)만 해당된다(왜냐하면 지분증권은 만기가 없기 때문에). 사채는 통상 액면이자율과 거래 당시의 시장이자율 차이로 인하여 취득원가와 액면금액 간 차이가 발생하는 경우가 많다. 이러한 차이는 상환기간(이를 '만기'라고 한다) 동안 유효이자율법에 따라 상각하여 조정한 금액으로 평가(장부금액의 수정)한다. 이를 '상각후원가법'이라고 한다.[3)]

그림 6-2 유가증권(주권과 채권)

3) 이에 관한 내용은 9강과 12강에서 자세히 살펴보기로 한다.

예제 6-5 | 유가증권

한국상사는 20×1년 3월 1일 대한상사의 주식 10주(주당 1,000원)를 공정가치 10,000원에 현금 취득하였으며, 동 주식의 20×1년 말 현재 공정가치는 12,000원으로 상승하였다. 한편 동사는 20×2년 중 동 주식을 현금 11,000원에 모두 처분하였다.

1. 단기매매증권으로 분류하는 경우
2. 매도가능증권으로 분류하는 경우

풀이

1. 단기매매증권으로 분류

취득시	(차) 단기매매증권	10,000	(대) 현금	10,000
결산시	(차) 단기매매증권	2,000	(대) 단기매매증권평가이익 (I/S-당기손익)	2,000
처분시	(차) 현금 단기매매증권처분손실 (I/S-당기손익)	11,000 1,000	(대) 단기매매증권	12,000

2. 매도가능증권으로 분류

취득시	(차) 매도가능증권	10,000	(대) 현금	10,000
결산시	(차) 매도가능증권	2,000	(대) 매도가능증권평가이익 (B/S-기타포괄손익누계액)	2,000
처분시	(차) 현금 매도가능증권평가이익	11,000 2,000	(대) 매도가능증권 매도가능증권처분이익 (I/S-당기손익)	12,000 1,000

6강 복습

1. 유동성(liquidity)
   보유하고 있는 자산 등으로 현금으로 바꿀 수 있는 능력, 즉 현금전환 능력

2. 당좌자산
   현금및현금성자산 등 자산 중 유동성이 가장 높은 자산

3. 통화대용증권
   타인발행수표, 우편환증서 등 통화를 대신하여 사용할 수 있는 증권

4. 현금성자산
   현금은 아니나 현금과 유사한 취득당시 만기가 3개월 이내인 환매채 등

5. 소액현금제도
   회사 내부의 사소한 현금지출을 위해 경리부가 용도부서로 보내는 현금

6. 현금과부족
   현금시재액과 장부상 현금계정 잔액의 일시적 차이를 처리하는 임시계정

7. 당좌예금과 당좌차월
   당좌수표로 입·출금이 자유로운 예금과 은행으로부터 빌리는 마이너스 예금

8. 은행계정조정표
   회사의 당좌예금계정 잔액과 은행의 당좌예금잔액증명서를 조정하기 위한 표

9. 단기투자자자산
   보고기간종료일로부터 만기가 1년 이내에 도래하는 현금성자산이 아닌 단기 금융상품, 단기매매증권, 단기대여금 등

10. 유가증권
    권면에 가치를 표시하고 있는 지분증권 또는 채무증권으로 단기매매증권, 매도가능증권, 만기보유증권 등으로 분류

연습문제

01 유동성(liquidity)의 의미는 무엇인가?

02 일반기업회계기준상 당좌자산의 예를 두 가지만 들어보시오.

03 현금성자산으로 분류되는 기준 하나만 들어보시오.

04 주식이 현금성자산이 될 수 없는 이유는 무엇인가?

05 소액현금제도에는 어떤 종류가 있는가?

06 현금과부족의 원인이 결산시까지 밝혀지지 않으면 어떻게 처리하는가?

07 당좌차월은 기말결산시 어떻게 보고하는가?

08 은행계정조정표를 작성하는 이유는 무엇인가?

09 금융상품의 예를 한 가지만 들어보시오.

10 현금및현금성자산이 아닌 것은?

① 당좌예금 ② 타인발행수표

③ 취득당시 만기가 3개월인 환매채 ④ 시장성 있는 주식

11 상품을 팔고 받은 것 중 회계상의 현금이 아닌 것은?

① 타인발행 당좌수표 ② 우편환증서

③ 약속어음 ④ 자기앞수표

12 서울상사의 회계부가 영업부에 지급한 거래내역에 대해 분개하시오.

① 회계부는 영업부에 500,000원을 소액현금을 현금지급하다.

② 영업부로부터 다음의 지출내역을 통보받고 동일한 현금을 보충해 주다.
소모품비 35,000원 통신비 165,000원 여비교통비 150,000원

13 결산일 현재 부산상사의 당좌예금계정 잔액은 140,000원이었나 은행의 당좌예금증명서상 잔액은 130,000원이었다. 차이의 원인은 다음과 같이 밝혀졌다.

① 결산일 은행의 마감 후 입금한 50,000원이 입금되지 않았다.

② 당좌수표를 발행하여 거래처 외상대금 15,000원을 지급하였으나 아직 미인출 상태이다.

③ 거래처가 부산상사에게 통지하지 않고 무통장 온라인으로 25,000원의 외상매출금을 입금하였다.

다음의 은행계정조정표를 작성하고 부산상사의 수정분개를 하시오.

부산상사 **은행계정조정표** (단위 : 원)

수정전 회사 측 잔액		수정전 은행 측 잔액	
가산		가산	
차감		차감	
수정후 잔액		수정후 잔액	

기출문제

01 당좌자산에 해당하지 않는 것은?

① 선급비용 ② 받을어음
③ 장기미수금 ④ 단기대여금

02 현금및현금성자산에 해당하지 않는 것은?

① 타인발행 약속어음 ② 타인발행수표
③ 배당지급통지표 ④ 만기도래 국채이자표

03 다음 수표에 대한 회계처리로 올바른 것은?

- 타인발행의 당좌수표를 받으면 (㉠)계정으로 처리한다.
- 당점발행의 당좌수표를 받으면 (㉡)계정으로 처리한다.

① ㉠ 당좌예금 ㉡ 보통예금 ② ㉠ 현금 ㉡ 보통예금
③ ㉠ 현금 ㉡ 당좌예금 ④ ㉠ 당좌예금 ㉡ 현금

04 기말재무상태표에 현금및현금성자산으로 표시될 금액은?

• 현금	2,000원	• 보통예금	6,000원
• 단기대여금	1,000원	• 단기매매증권	2,000원

① 8,000원 ② 9,000원
③ 10,000원 ④ 11,000원

05 당좌자산에 해당하는 계정과목을 다음에서 고른 것은?

ㄱ. 받을어음 ㄴ. 기계장치 ㄷ. 상품
ㄹ. 단기매매증권 ㅁ. 단기대여금 ㅂ. 영업권

① ㄱ, ㄴ, ㄷ ② ㄱ, ㄹ, ㅁ
③ ㄴ, ㄷ, ㄹ ④ ㄴ, ㅁ, ㅂ

06 회계상 현금으로 처리해야 하는 것을 〈보기〉에서 모두 고른 것은?

ㄱ. 타인발행의 당좌수표	ㄴ. 거래처 발행의 약속어음
ㄷ. 공사채의 만기이자표	ㄹ. 만기가 1년 이내 도래하는 CD

① ㄱ, ㄴ　　② ㄱ, ㄷ
③ ㄴ, ㄹ　　④ ㄷ, ㄹ

07 다음의 항목과 통합계정으로 재무제표에 표시되는 것이 아닌 것은?

> 큰 거래비용 없이 현금으로 전환이 쉽고 이자율 변동에 따른 가치변동의 위험이 작은 금융상품으로서 취득당시 만기일 3개월 이내인 것

① 통화 및 타인발행수표　　② 당좌예금
③ 보통예금　　④ 매출채권

08 당좌예금계정에 기입되지 않는 거래는?

① 상품 100,000원을 매입하고 당좌수표를 발행하여 지급하다.
② 우리은행과 당좌거래를 체결하고 현금 300,000원을 당좌예입하다.
③ S상사에 상품 100,000원을 매출하고 동점발행 당좌수표로 받다.
④ 외상매출금 200,000원을 당좌예금으로 입금받다.

09 다음 거래를 분개한 것으로 옳은 것은?

> 12월 31일 : 현금과부족계정으로 처리된 금액 중 20,000원은 전화요금 지급의 기장누락으로 판명되다.

	차변	금액	대변	금액
①	(차) 현금과부족	20,000	(대) 현금	20,000
②	(차) 현금	20,000	(대) 현금과부족	20,000
③	(차) 통신비	20,000	(대) 현금	20,000
④	(차) 통신비	20,000	(대) 현금과부족	20,000

10 다음 거래의 분개로 옳은 것은?

> A사는 B사에 상품 50,000원을 매출하고 대금 중 30,000원은 동점 (B사) 발행 당좌수표로, 잔액은 당점(A사)이 발행하였던 당좌수표로 받다.

① (차)	당좌예금	50,000	(대) 매출	50,000
② (차)	현금	50,000	(대) 매출	50,000
③ (차)	당좌예금	30,000	(대) 매출	50,000
	현금	20,000		
④ (차)	현금	30,000	(대) 매출	50,000
	당좌예금	20,000		

11 기말결산시까지 현금부족분의 원인은 판명되지 않았다면 다음 현금과부족계정의 (　　　) 안에 기입할 계정과목으로 옳은 것은?

현금과부족

12/5	현금	180,000	12/17	보험료	150,000
			12/31	(　　　)	30,000
		180,000			180,000

① 잡손실　　② 차기이월
③ 잡이익　　④ 자본금

12 다음 거래의 분개로 옳은 것은?

> 거래처 외상매입금 500,000원을 수표를 발행하여 지급하다. 단, 당좌예금계정 잔액은 300,000원이며, 600,000원 한도의 당좌차월이 계약되어 있다.

① (차)	외상매입금 500,000	(대)	당좌예금	500,000
② (차)	외상매입금 500,000	(대)	당좌예금	300,000
			당좌차월	200,000
③ (차)	외상매입금 500,000	(대)	당좌예금	500,000
④ (차)	외상매입금 500,000	(대)	당좌차월	200,000
				300,000

13 다음 거래를 분개할 때 대변 계정과목으로 옳은 것은?

> 상품 500,000원을 매입하고 대금은 수표를 발행하여 지급하다. 단, 당좌차월계약을 맺고 있으며 당좌예금 잔액은 300,000원이다.

① 당좌예금　② 당좌차월
③ 당좌예금, 당좌차월　④ 당좌예금, 외상매입금

14 다음 문장의 (나)에 기입할 용어를 바르게 나타낸 것은?

> 거래은행과 사전에 계약이 되어 있는 경우 당좌예금 잔액을 초과하여 수표를 발행하면 초과액은 (가)계정으로 처리하고, 결산시 재무상태표에는 (나)에 포함하여 표시한다.

① 단기차입금　② 당좌차월
③ 매출채권　④ 매입채무

15 광주기업의 20×1년 12월 31일 결산시 재무상태표에 표시할 단기금융상품계정 금액은?

> • 우편환증서 : 350,000원
> • 배당금지급통지서 50,000원
> • 당좌예금 : 500,000원
> • 정기예금(20×2년 4월 30일 만기) : 550,000원
> • 양도성예금증서(20×2년 6월 30일 만기) : 300,000원

① 850,000원　② 900,000원
③ 1,050,000원　④ 1,350,000원

16 기업회계기준상 단기투자자산이 아닌 것은?

① 단기매매증권　② 보통예금
③ 단기대여금　④ 단기금융상품

17 기업회계기준에서 분류하고 있는 유가증권이 아닌 것은?

① 장기매매증권　② 단기매매증권
③ 매도가능증권　④ 만기보유증권

18 (주)인천은 타 회사의 주식을 공정가치 120,000원에 취득하면서 수수료비용으로 현금 3,000원을 지급하였다. 이 주식을 단기매매증권으로 분류한 경우 취득원가는 얼마인가?

① 117,000원　② 120,000원
③ 123,000원　④ 200,000원

19 부산상사는 보유 중인 장부금액 100,000원의 단기매매증권을 150,000원에 처분한 경우 처분손익은 얼마인가?

① 0원　② 50,000원
③ 100,000원　④ 150,000원

20 서울상사는 20×1년 초 200,000원의 매도가능증권을 취득하였다. 기말결산시의 평가금액이 250,000원이라면 손익계산서에 보고할 평가손익은 얼마인가?

① 매도가능증권평가이익 0원　② 매도가능증권평가손실 50,000원
③ 매도가능증권평가이익 50,000원　④ 매도가능증권평가이익 250,000원

7강

채권 회수해 드릴게요!

쉬운 이야기로 풀어 쓴
회계의 이해

하나, 동네 어귀에 붙은 문구

간혹 동네 어귀를 보면 "채권 회수해 드립니다!(money for you!)"라고 적힌 문구를 본 적이 있을 것이다. 중소기업을 운영하는데 있어 가장 어려운 것 중의 하나가 "장사가 잘 안되는 것도 문제지만 판매 후 외상매출금의 회수가 힘들어 장사를 못하겠다"는 어느 중소기업 사장님의 말은 우리들 심금을 울리기에 충분하다. 과거에 비해 중소기업의 경영환경이 많이 좋아지고 있지만 솔직히 우리나라 중소기업만큼 장사하기 힘든 나라도 없다고 한다. 각종 정부규제는 어제 오늘의 일이 아니고, 대기업으로부터는 수주를 받아 납품을 하고 나면 어음결제로 인해 자금이 돌지 않고, 외국 수출의 경우에는 바이어(buyer)가 잠수(潛水)를 타는 경우도 비일비재하여 중소기업 하기가 여간 힘들지 않다는 것은 누구나 다 아는 사실이다.

아침 출근시 승용차 뒷좌석 유리창에 머리를 기대고 앉아 "오늘은 어디에서 월급 줄 돈을 빌려 오지?" 늘 고민하는 중소기업 사장님들의 모습은 그만큼 우리 중소기업의 자금 사정이 녹록지 않다는 현실을 단적으로 보여주고 있다. 간혹 우리들 동네 어귀에 붙은 "채권 회수해 드립니다!"라는 문구가 결코 이러한 현실과 무관하지 않다. 이처럼 기업이 상품 등을 팔 때(이를 '일반적 또는 정상적 상거래'라고 한다) 발생하는 매출채권과 현금 등을 빌려주고 받아야 할 기타의 채권을 통칭하여 수취채권(receivables)이라고 한다.

수취채권 분류

- 매출채권 : 일반적 상거래에서 발생한 외상매출금과 받을어음
- 기타 수취채권 : 대여금(장·단기투자자산) 및 미수금 등

둘, 잠수타는 놈을 어찌 잡으리!

수년 전 학교 옆 동네에 있는 중소기업의 사외이사를 맡은 적이 있었다. 이 회사는 비교적 매출도 좋고 수익성도 좋은 중소기업이었다. 주력 상품은 중고 컴퓨터를 해외로 수출하는 회사였다. 외국 바이어(buyer)가 주문을 넣고 컨테이너에 선적하여 상품을 보내는 것까지는 좋다. 문제는 그 다음이다. 외상매출금의 회수가 잘 안되는 것이다. 조금 어렵게 말하자면 매출채권회전율이 상당히 불량한 회사였던 것이다. 사장님이 "국내도 아니고 잠수타는 놈을 어찌 잡아요?"라며 늘 한탄하던 기억이 난다. 결국 회사는 망하고 해외로 이전하고 말았다.

중소기업뿐만 아니라 기업의 생존구조는 상품(또는 제품)을 외부로부터 구입(또는 생산)한 후 판매(매출)가 이루어지고 다시 판매대금을 회수하는 사이클(cycle)로 이루어진다. 이런 사이클이 원활하게 잘 돌아가는 회사는 생존할 수 있지만 원활치 못한 회사는 동맥경화에 걸린 사람처럼 어느 날 갑자기 픽 쓰러져 도산하게 되는 것이다. 이 중에서도 판매대금의 회수는 그 어느 단계보다도 중요하다는 것은 앞서 설명한 바 있다.

2.1 매출채권

상품이나 제품의 판매시 현금매출이 아닌 경우에는 순수외상(외상매출금)이나 어음(받을어음)을 받게 된다. 이는 회사가 나중에 받을 돈(수취채권)으로 이들을 '매출채권(account receivable)'이라고 한다. 매출채권 발생시(신용판매시) 회계처리는 다음과 같다.

신용판매 분개

(차) 외상매출금(받을어음)	×××	(대) 매출	×××

예제 7-1 | 매출채권

서울상사는 거래처에 상품 500,000원을 매출하고 다음과 같은 거래가 발생하였다.

1. 상품의 판매대금을 순수외상으로 처리한 경우
2. 상품대금으로 거래처가 발행한 약속어음을 받은 경우
3. 위 2번 어음의 만기일에 서울상사의 당좌예금계좌로 어음금액이 입금된 경우

풀이

	차변	금액	대변	금액
1.	(차) 외상매출금	500,000	(대) 매출	500,000
2.	(차) 받을어음	500,000	(대) 매출	500,000
3.	(차) 당좌예금	500,000	(대) 받을어음	500,000

그림 7-1 약속어음

약 속 어 음
서울특별시
중소기업 귀하 파가10008888
금 ₩ 30,000,000(금삼천만원정)
(삼천만원정)
위의 금액을 귀하 또는 귀하의 지시인에게 이 약속어음과 상환하여 지급하겠습니다.
지급기일 2100년12월31일 (08/12)
지급지
지급장소 주식회사 국민은행
발행일 1900년01월01일
발행지
주소
발행인
주식회사 대기업
대표이사 대머리
70778873 04 8017:02 0556 06

2.2 매출채권의 대손처리방법

신용판매로 발생한 외상매출금(받을어음)이 아무 탈 없이 회수된다면 얼마나 좋을까? 하지만 현실적으로 외상매출금의 회수를 100% 장담할 수는 없다. 앞의 예처럼 바이어가 잠수를 타는 경우에는 외상대금의 회수가 불가능해지기 때문이다. 이러한 경우 5강에서 배웠던 기말결산수정분개를 해야 한다. 왜냐하면 장부상 기록되어 있는 외상매출금의 회수를 100% 장담할 수 없음에도 특별한 수정없이 그대로 둔다면 자산이 과대평가(즉, 성적이 뻥튀기된 상태)되어 재무제표가 왜곡(歪曲)된 상태로 나타날 것이기 때문이다.

회수가 불가능한 외상매출금을 감액시키려면 외상매출금계정의 대변에 기록하여 자산을 감소시키면 된다. 여기서 우리는 복식부기의 매우 재미있는 특징 중 하나를

발견할 수 있다. 차변이든 대변이든 어느 한쪽이 먼저 결정되면 반드시 그것에 대응하는 반대편 계정에 같은 금액을 기록해야 하는 것이 복식부기의 원리이다. 4강에서 배운 것처럼 대변에 자산이 감소하면 차변에는 비용이 발생하게 된다(처음에는 차변에 비용이 발생하면 대변에는 자산이 감소한다고 배웠다). 따라서 대변에 외상매출금이라는 자산을 감소시키면 동시에 차변에 관련비용을 대응시켜 기록해야 하는 것이다. 이때 외상매출금의 감소로 나타나는 비용계정이 '대손상각비'이다.[1] 여기서 대손(貸損 : bad debt)이란 회수불가능하게 된 채권, 즉 '외상매출금을 떼이는 것'을 의미한다. 요컨대 차변의 대손상각비는 외상매출금을 회수하지 못해 나타나는 관련비용의 발생을 나타내는 계정이다.

① 직접법

직접법(직접차감법)은 실제로 대손의 발생시점에서 대손확정액을 외상매출금에서 직접 차감하여 비용을 인식하는 방법으로 현금주의적 회계처리법이다. 따라서 이 방법은 결산시점에서 대손예상액을 추정할 필요가 없으므로 실무적으로 간편하다는 장점이 있다. 그러나 외상매출이 발생한 회계기간 이후에 대손이 발생하는 경우 수익과 비용이 서로 대응하지 못하는, 즉 수익·비용대응의 원칙에 어긋나며 재무상태표의 외상매출금이 과대계상되어 올바른 자산가치를 나타내지 못하는 문제점이 있다. 즉, 기말결산시점의 외상매출금이 순실현가능가치(NRV)로 평가되지 않는 단점이 있어 일반기업회계기준에서 인정하지 않는 방법이다.

대손처리(직접법)

(차) 대손상각비	×××	(대) 외상매출금	×××

1) 한국채택국제회계기준(K-IFRS)의 손상차손(대손상각비)에 관한 회계처리는 일반기업회계기준의 방법과 상당히 다르다는 것을 이해해야 한다. 가장 중요한 차이는 일반기업회계기준에서는 기말의 매출채권 잔액 등에 과거의 대손경험률 등을 고려하여 대손상각비를 인식하지만, K-IFRS에서는 기대신용손실모형(12개월 또는 전체기간 기대신용손실)을 적용하여 손상이 발생하였다는 객관적인 증거가 있는 경우에만 손상차손을 인식하고 있다. 또한 손상차손은 당해 자산에서 직접 차감하거나 (손상차손)충당금계정을 설정하여 간접적으로 차감할 수 있다. 이에 관한 내용은 기초회계의 범위를 벗어나므로 중급회계 교재를 참조하기 바란다.

② 충당금설정법

충당금설정법은 기말결산시점에서 회수되지 않을 가능성이 높은 외상매출금의 금액을 합리적으로 추정하여 대손상각비(비용)로 처리하고 동시에 대손충당금(자산의 차감계정)을 설정하여 자산을 감소시키는 방법을 말한다. 그런데 왜 아직 떼이지도 않은 금액을 굳이 추정하여 비용처리하면서 자산을 감소시키는 걸까? 실제로 돈을 떼이면 그 시점에서 외상매출금이라는 자산을 감소시키면 될 것인데… 직접차감법처럼. 여기에는 회계의 아주 깊숙한 밑바닥에 깔려 있는 전가(傳家)의 보도(寶刀) 때문이다. 우리는 이것을 '수익·비용대응의 원칙(matching principle)'이라고 부른다. 이 원칙 때문에 결산시마다 이 번거로운 일(기말결산수정분개)을 하게 되는 것이다.

우리 속담에 "바늘 가는데 실이 따라간다"는 말이 있다. 이는 항상 둘이 짝이 되어 다니는 경우를 일컫는다. 우리 학생들도 자신과 성향이 비슷한 단짝이 있게 마련이다. 외상매출금은 매출이라는 수익이 발생하면서 나타나는 자산계정이다. 이러한 외상매출금과 관련된 매출수익은 발생한 연도의 손익계산서에 기록된다. 따라서 이 매출수익과 관련된 비용을 매출수익이 발생한 이후 연도(실제로 외상매출금을 떼인 연도)의 손익계산서에 비용으로 보고하면 짝이 맞지 않는다. 즉, 이렇게 처리하면 수익·비용대응의 원칙에 위배되는 것이다. 다시 말해 수익이 발생하면 관련 비용도 반드시 수익의 발생연도에 맞추어 처리하라는 의미이다. 이러한 논리에 따라 외상매출금이 실제로 떼이지 않았지만 매출수익이 발생한 연도에 추정하여 대손상각비라는 비용으로 대응(짝을 맞춤)시키는 것이다.

여기서 한 가지 더 생기는 고민은 수익·비용대응의 원칙에 충실하여 대손상각비라는 비용으로 처리하기는 하지만 실제 떼이지도 않은 자산을 직접적으로 대변에 기록하여 빼는 것은 너무 지나치다는 점이다. 좀 전 보았던 대변에서 외상매출금을 직접차감하는 분개(직접법)를 말한다. 따라서 이 방법보다는 외상매출금의 최초 기말잔액을 손상시키지 않고 외상매출금을 간접적으로 감액시켜 주는 방법이 좀 더 합리적이라고 여겨진다. 이 방법을 '충당금설정법(allowance method)'이라고 하는데 우리나라 일반기업회계기준에서 규정하고 있는 방법이다.

대손처리(충당금설정법)

(차) 대손상각비	×××	(대) 대손충당금 (자산의 차감계정)	×××

셋, 대손추산액? 얼마를 떼일지 어찌 아리!

앞에서 본 것처럼 외상매출금을 100% 회수하지 못할 것은 확실한데(이전의 경험으로 보아), 도대체 귀신도 아니면서 얼마를 떼일지 어찌 안단 말인가? 맞는 말이다. 그래서 회계에서 또 다른 전가의 보도처럼 등장하는 것이 '추정(estimation)'이라는 놈이다. 그것도 그냥 추정도 아닌 '합리적인 추정' 어쩌고저쩌고… 그래서 앞의 3강에서 살펴본 통일된 고스톱 룰, 즉 일반기업회계기준에서도 대손금액의 추정에 대하여 특별한 방법을 규정하지 않고 있다. 단순히 합리적이고 객관적인 기준(방법)에 따라 산출한 대손추산액을 대손충당금으로 설정하도록 하고 있다. 결국 스스로 알아서 추정하라는 의미이다. 다소 당황스럽기는 하지만 어쨌든 회계담당자는 이전의 경험(대손예상률 등)을 바탕으로 기말 매출채권 잔액의 일정비율 또는 연령분석법 등의 방법으로 대손추산액을 추정해야 한다.

대손의 추정방법2)

- 재무상태표접근법 : 매출채권잔액비율법, 연령분석법 등
- 손익계산서접근법 : 총매출액비율법, 외상매출액비율법 등

이렇게 추정된 대손추산액은 비용처리하면서 동시에 자산을 감소시키는 대손충당금계정으로 재무상태표에 표시된다. 만약 이전 이미 설정하였던 대손충당금의 잔액이 남아 있다면 이를 차감한 나머지 금액만 보충하면 된다(보충법). 따라서 대손충당금 추가설정액은 다음과 같이 계산한다.

대손충당금 설정액(보충법)

대손충당금 추가설정액 = (기말매출채권 잔액 × 대손추정률) − 대손충당금 잔액

2) 우리나라 일반기업회계기준에서는 대손충당금의 설정시 "합리적이고 객관적인 기준에 따라 산출한 대손추산액으로 대손충당금을 설정한다"라고 규정하고 있을 뿐 추정방법에 대한 구체적인 내용은 없다.

대손충당금의 추가설정액이 계산되면 충당금설정법에 따른 회계처리는 다음의 [표 7-1]과 같다.

표 7-1 | 대손회계처리

구분	회계처리
① 대손충당금 설정시	• 대손추산액 > 대손충당금 잔액(기말잔액 보충설정) (차) 대손상각비 ××× (대) **대손충당금** ××× • 대손추산액 < 대손충당금 잔액 (차) 대손충당금 ××× (대) 대손충당금환입 ×××* * 일반적 상거래이면 판매비와관리비 차감항목으로 이외 영업외수익
② 대손발생시	(차) **대손충당금** ××× (대) 외상매출금 ××× 대손상각비 ×××** ** 대손충당금 잔액 부족시 추가로 분개
③ 대손처리된 외상매출금 다시 회수시	(차) 외상매출금 ××× (대) **대손충당금** ××× (차) **현금** ××× (대) 외상매출금 ×××

예제 7-2 | 대손충당금 설정(보충법)

한국상사는 기말시점의 외상매출금 잔액 1,000,000원에 대해 1%의 대손을 예상하고 있다.

1. 기말 대손충당금 잔액이 각각 ① 0원, ② 5,000원, ③ 10,000원, ④ 20,000원인 경우 상황에 맞는 분개를 하시오.
2. 위 네 가지 상황으로 분개한 이후 기말재무상태표에 표시될 대손충당금 잔액은 각각 얼마인가?

풀이

1. 각 상황별 대손충당금 설정에 대한 분개

대손충당금 잔액	분개			
① 0원	(차) 대손상각비	10,000	(대) 대손충당금	10,000
② 5,000원	(차) 대손상각비	5,000	(대) 대손충당금	5,000
③ 10,000원	분개 없음			
④ 20,000원	(차) 대손충당금	10,000	(대) 대손충당금환입	10,000

2. 위 네 가지 각각의 상황으로 분개한 이후 기말재무상태표에 표시될 대손충당금은 어느 경우이든 10,000원이 됨

위의 [예제 7-2]와 같이 처리하면 기말재무상태표에는 외상매출금의 최초 기말잔액과 대손충당금이 동시에 나타나게 된다. 여기서 '대손충당금'은 최초 매출채권의 잔액을 감소시키는 자산의 차감적 평가계정(자산의 차감계정)이라고 한다. 이렇게 산출된 외상매출금의 순액 990,000원을 '순실현가능가치(Net Realizable Value : NRV)'라고 한다. 일반기업회계기준에서 선호하는 방법이다(5강의 재무상태표 양식을 참조할 것).

부분재무상태표

한국상사	20×1년 12월 31일 현재	(단위 : 원)
자산		
·		
·		
매출채권	1,000,000	
(대손충당금)	(10,000)	990,000
·		
·		

예제 7-3 | 대손충당금 설정과 회수

한국상사의 20×1년 말 외상매출금계정의 잔액은 1,500,000원이다. 이 중 3%의 대손이 예상되며 기말 대손충당금계정 잔액은 20,000원이다.

1. 기말결산시 대손충당금 설정분개
2. 기말재무상태표 외상매출금의 순실현가능가치(NRV)는 얼마인가?
3. 20×2년 중 30,000원의 대손이 발생한 경우
4. 20×2년 중 위 3번의 30,000원이 아닌 50,000원의 대손이 발생한 경우
5. 위 3번의 대손처리된 외상매출금을 다시 회수한 경우

풀이

1. (차) 대손상각비 25,000 (대) 대손충당금 25,000
2. 외상매출금 순실현가능가치 : 1,500,000−45,000=1,455,000원
3. (차) 대손충당금 30,000 (대) 외상매출금 30,000
4. (차) 대손충당금 45,000 (대) 외상매출금 50,000
   대손상각비 5,000
5. (차) 외상매출금 30,000 (대) 대손충당금 30,000
   현금 30,000 외상매출금 30,000

넷, 우리 일상의 일부가 된 신용카드

앞서 우리는 중소기업의 가장 큰 애로사항 중 하나가 판매대금 회수의 어려움에 따른 자금부족이라는 것을 알았다. 실제 중소기업뿐만 아니라 현금은 모든 기업에 있어 혈액(血液)과 같은 존재다. 사람의 몸에 혈액이 없으면 죽듯이 기업도 마찬가지다. 회사의 수익성과 재무상태는 멀쩡한데 당장 쓸 운영자금이 부족하여 망하는(이를 '흑자도산'이라고 한다) 회사가 얼마나 많은가? 이러한 문제를 해결하기 위한 방법 중 하나는 회사가 가지고 있는 외상매출금을 금융회사에 파는 것이다. 이와 같은 금융기법을 '팩토링(factoring)'이라고 한다. 즉, 팩토링은 기업이 금융회사(factor)에게 자신의 채권을 파는 것을 말한다. 물론 팩토링으로 인한 비용(매출채권처분손실 또는 이자비용)의 발생은 회사가 감수해야 함은 물론이다.

좀 더 쉽게 팩토링의 개념을 살펴보자! 최근에는 지갑 속에 많은 현금을 가지고 다니는 사람들이 별로 없을 것이다. 신용카드(또는 ○○○ pay 등)가 우리 일상의 일부가 되었기 때문이다. 소지의 편리성, 입장권 할인, 신용카드 소득공제 혜택 등 여러 이유로 이제 신용카드의 사용은 선택이 아닌 필수가 되었다. 우리가 백화점에서 물건을 사고 신용카드를 긋는 경우를 생각해 보자. 백화점은 우리에게 물건을 판매함으로써 외상매출금이라는 매출채권이 생긴다. 그런데 백화점은 이 채권을 만기(우리가 카드대금을 지급하는 날)까지 기다렸다 회수하지 않는다. 바로 금융회사(카드회사)에 일정한 수수료(팩토링비용)를 떼고 팔아 버린다. 그 결과 우리는 백화점에서 구입한 물품대금을 백화점에 갚지 않고 나중 카드사(백화점의 채권을 산 금융회사)에 원금과 이자를 상환하게 되는 것이다. 이것이 바로 팩토링의 대표적인 예이다.

그림 7-2 팩토링 거래의 흐름*

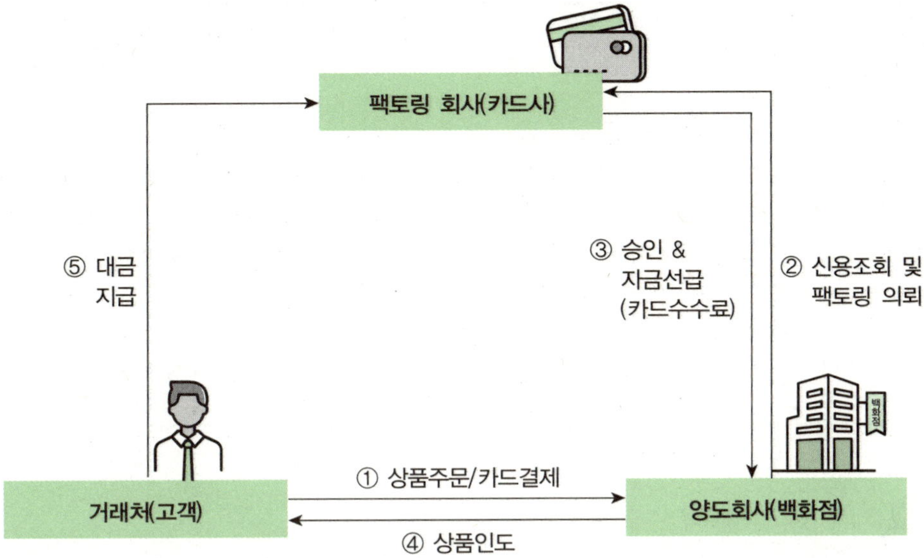

* 거래처(고객)가 신용카드로 상품을 구매하고 팩토링 회사(카드사)가 이를 승인하면 양도회사(백화점)는 채권을 매각하는 거래이며, 고객은 나중 카드사에 원리금을 상환하는 형태임.

팩토링에는 매출채권을 완전히 파는 형태(이를 '매각거래'라고 한다[3])와 매출채권을 담보로 차입하는 형태(이를 '차입거래'라고 한다)가 있다. 이들 두 가지 형태는 회계처리가 약간 다르다. 매각거래를 예로 들면 매출채권의 소유에 따른 위험과 보상의 대부분을 팩토링 회사(카드사 등의 금융기관)로 이전시키기 때문에 장부상에서 매출채권을 완전히 제거한다. 양자의 회계처리는 다음과 같다.

먼저 팩토링에서 발생하는 비용을 매각거래는 '매출채권처분손실'로, 차입거래의 경우에는 장부상에 기록하는 단기차입금에 대한 '이자비용'으로 처리한다. 따라서 차입거래의 경우에는 최종 정산시 단기차입금을 매출채권으로 대체하는 분개가 추가적으로 필요하다. 이렇게 함으로써 매출채권계정도 최종적으로 장부상에서 제거된다.

3) 자금이 부족한 기업이 어음을 금융기관에 파는 '어음할인'도 팩토링의 일종이다. 우리나라 일반기업회계기준에서는 어음의 할인시 양수인(금융기관)에 대한 특정한 제약이 없는 한 매각거래로 회계처리한다고 규정하고 있다.

표 7-2 | 팩토링 회계처리

구분	매각거래	차입거래
① 매출채권 양도시	(차) 현금 ××× 팩토링미수금 ××× **매출채권처분손실** ××× (대) **매출채권** ×××	(차) 현금 ××× 팩토링미수금 ××× **이자비용** ××× (대) **단기차입금** ×××
② 매출환입 발생시	(차) 매출환입 ××× (대) 팩토링미수금 ×××	(차) 매출환입 ××× (대) 팩토링미수금 ×××
③ 정산시	(차) 현금 ××× (대) 팩토링미수금 ×××	(차) 현금 ××× 단기차입금 ××× (대) 팩토링미수금 ××× 매출채권 ×××

예제 7-4 | 팩토링

한국백화점은 거래처 매출채권 100,000원을 팩토링 회사(카드사)에 양도하면서 매출환입(반품) 등의 대비목적으로 유보금 3%, 양도수수료 5%를 차감한 잔액을 입금받았다. 위 매출채권과 관련하여 2,000원의 반품이 발생하였으며 잔액은 정산시 돌려받았다.

1. 위 팩토링을 매각거래로 보는 경우
2. 위 팩토링을 차입거래로 보는 경우

풀이

1. 매각거래로 보는 경우

양도시	(차) 현금	92,000	(대) 매출채권	100,000
	팩토링미수금	3,000		
	매출채권처분손실	5,000		
환입발생	(차) 매출환입	2,000	(대) 팩토링미수금	2,000
정산시	(차) 현금	1,000	(대) 팩토링미수금	1,000

2. 차입거래로 보는 경우

양도시	(차) 현금	92,000	(대) 단기차입금	100,000
	팩토링미수금	3,000		
	이자비용	5,000		
환입발생	(차) 매출환입	2,000	(대) 팩토링미수금	2,000
정산시	(차) 현금	1,000	(대) 팩토링미수금	1,000
	단기차입금	100,000	매출채권	100,000

다섯, 현금과 매출채권 이외 자산분류는?

6강과 7강을 통하여 우리는 자산(assets)이라는 것에 대하여 대략적인 맛을 보았다. 뭔지는 잘 모르지만 일단 유동성이 가장 높은 자산이 현금및현금성자산이라는 것도 배웠다. 5강에서 배웠던 재무상태표라는 최종 성적표의 차변에 기록되는 자산은 기업의 재무상태를 나타내는 가치가 있는 '경제적 자원(economic resources)'으로 정의할 수 있다. 지금까지 배운 당좌자산 이외 자산이 어떻게 분류되는지 좀 더 구체적으로 살펴보기로 한다.

5.1 자산의 분류

우리나라 일반기업회계기준에서 제시하고 있는 자산의 세부분류는 다음과 같다.

자산의 분류

1. 유동자산
   ① 당좌자산 : 가장 유동성이 큰 자산(6~7강)
   ② 재고자산 : 판매목적의 자산(8강)
2. 비유동자산
   ① 투자자산 : 투자목적으로 보유 중인 자산(9강)
   ② 유형자산 : 사용목적의 눈에 보이는 자산(10강)
   ③ 무형자산 : 사용목적의 눈에 보이지 않는 자산(10강)
   ④ 기타자산 : 기타비유동자산(10강)

위의 자산분류를 자세히 보면 자산을 재무상태표상에 분류하여 나열할 때에도 유동성이 큰(높은) 순서로 배열(이를 '유동성배열법'이라고 한다)해야 한다. 두말할 것도 없이 유동자산(current assets)이 비유동자산(non-current assets)보다 유동성이 더 크며, 유동자산 중에서는 당좌자산의 유동성이 가장 크다. 8강에서 배울 재고자산은 팔아야만 현금화가 가능하기 때문에 당좌자산보다 유동성이 더 작은 것은 당연하다.

5.2 기타 당좌좌산

지금까지 배운 현금및현금성자산, 단기투자자산, 매출채권 등이 대표적인 당좌자산이다. 이들 이외 기타의 당좌자산에는 어떤 것들이 있는지 살펴보자.

① 미수금(non-trade accounts receivable)

상품이나 제품 등의 판매(이를 '일반적 또는 정상적 상거래'라고 한다) 이외의 거래로 인하여 발생하는 채권을 말한다. 다시 말해 상품 등을 외상으로 팔면 차변에 외상매출금으로 기록하지만, 토지 등을 외상으로 팔면 차변에 미수금으로 기록한다. 상대계정은 유동부채인 '미지급금(non-trade payables)'계정으로 처리한다.

② 미수수익(accrued revenues)

재화나 서비스 등을 이미 제공하여 당기의 수익으로 인식되어야 하나 아직 그 대가를 받지 못한 경우에 나타나는 자산계정(미수이자, 미수임대료 등)을 말한다. 반대의 경우 유동부채인 '미지급비용(accrued expenses)'으로 처리하며, 이들 계정(미지급보험료, 미지급임차료, 미지급이자 등) 역시 기말결산수정분개시 주로 나타난다([예제 14-6] 참조).

③ 선급금(advances payments)

상품 또는 원재료 등을 매입할 목적으로 미리 판매자에게 대금의 일부를 지급한 경우 발생하는 채권을 말한다. 예를 들어 상품 구입을 위해 미리 준 계약금을 말한다. 반대의 경우 유동부채인 '선수금(advances received)'으로 처리한다.

④ 선급비용(prepaid expenses)

계약 등에 따라 이미 지급한 비용을 다음 회계연도의 비용으로 처리하기 위한 계정이다. 선급보험료, 선급임차료 등이 있다. 상대계정은 유동부채인 '선수수익(advances received)'으로 처리한다. 이들 계정(선수이자, 선수임대료 등)은 기말결산수정분개시 주로 나타난다([예제 14-6] 참조).

⑤ 가지급금(temporary payments)

종업원의 출장 등 현금은 지급해야 하나 확실한 금액을 확정할 수 없는 경우 사용하는 임시자산계정이다. 차후에 반드시 정산을 해야 한다. 반대로 임시로 수령하여 보관 중인 현금 등은 유동부채인 '가수금(temporary receipts)'계정으로 처리한다.

예제 7-5 | 미수수익과 선급금

다음의 거래에 대한 회계처리를 하시오.

1. 20×1년 말 결산시 받지 못한 2개월치 집세 20,000원을 장부에 계상하다.
2. 위 1번의 밀린 집세를 다음 연도 1월 말 3개월치를 현금으로 받았다.
3. 상품 30,000원 매입하기로 하고 판매자에게 계약금 3,000원을 현금지급하였다.
4. 위 3번의 상품을 입고하면서 나머지 잔액을 현금지급하였다(계속기록법).

풀이

	차변	금액	대변	금액
1.	(차) 미수수익	20,000	(대) 임대료	20,000
2.	(차) 현금	30,000	(대) 미수수익	20,000
			임대료	10,000
3.	(차) 선급금	3,000	(대) 현금	3,000
4.	(차) 상품	30,000	(대) 선급금	3,000
			현금	27,000

예제 7-6 | 가지급금

다음의 거래에 대한 회계처리를 하시오.

1. 영업부 직원의 출장비로 현금 300,000원을 개산(概算)하여 지급하였다.
2. 출장에서 돌아온 직원으로부터 여비교통비 100,000원과 접대비 150,000원의 내역을 보고받고 잔액 50,000원은 반납받았다.

풀이

	차변	금액	대변	금액
1.	(차) 가지급금	300,000	(대) 현금	300,000
2.	(차) 여비교통비	100,000	(대) 가지급금	300,000
	접대비	150,000		
	현금	50,000		

7강 복습

1. 수취채권
   매출채권(외상매출과 받을어음)과 대여금 등 받아야 할 기타의 채권

2. 대손과 대손상각비
   회수불가능한 매출채권 예상액과 이를 처리하기 위한 비용계정

3. 수익·비용대응의 원칙
   비용은 수익이 발생한 기간에 대응하여 인식한다는 원칙

4. 충당금설정법
   대손상각비에 대응하는 매출채권의 차감적평가계정인 대손충당금 설정 방법

5. 순실현가능가치(Net Realizable Value : NRV)
   정상적 영업활동에서 수취가 예상되는 금액에서 직접 소요비용을 차감한 금액

6. 팩토링(factoring)
   회사가 매출채권의 조기회수를 위해 채권을 할인하여 금융기관에 파는 것

7. 유동자산
   당좌자산과 판매목적의 재고자산을 더한 자산

연습문제

01 매출채권에는 어떤 것들이 있는가?

02 외상매출금과 미수금의 차이는 무엇인가?

03 대손처리에 대한 회계처리를 직접법으로 할 때의 문제점은?

04 수익·비용대응의 원칙이란?

05 대손충당금은 어떤 성격의 계정인가?

06 순실현가능가치(NRV)에 대해 간단히 설명하시오.

07 팩토링(factoring)을 간단히 정의하고 대표적인 예를 들어보시오.

08 유동성배열법이란 무엇을 말하는가?

09 우리나라 일반기업회계기준은 유동자산을 어떻게 대별하는가?

10 기업이 기말에 대손충당금을 설정하는 목적은 무엇인가?

① 수익·비용대응의 원칙 ② 차후 발생할 대손의 예상

③ 매출채권의 NRV 평가 ④ 세 가지 모두 맞음

11 다음의 수정전시산표를 보고 결산수정분개를 한 경우 옳은 것은?

수정전잔액시산표

……	×××	……	×××
외상매출금	350,000	대손충당금	3,000

(차) 대손상각비 4,000	(대) 대손충당금 4,000

① 외상매출금 중 4,000원을 회수할 수 없게 되었다.
② 외상매출금 중 7,000원을 회수할 수 없게 되었다.
③ 외상매출금 중 4,000원이 대손될 것으로 예상하였다.
④ 외상매출금 중 7,000원이 대손될 것으로 예상하였다.

12 정상적 영업활동 이외에서 발생하는 수취채권은 무엇인가?

① 미수금 ② 선급금
③ 선급비용 ④ 가지급금

13 상품을 매입하기로 하고 거래처에 계약금을 미리 준 경우의 계정은?

① 가지급금 ② 선수금
③ 선급비용 ④ 선급금

14 결산일 현재 아직 받지 못한 집세가 있는 경우 처리하는 계정은?

① 선급비용 ② 미수금
③ 미수수익 ④ 가지급금

15 종업원의 출장 등 일시적인 현금지급시 처리하는 계정은?

① 선급금 ② 가지급금
③ 미수금 ④ 선급비용

16 대구상사는 기말 현재의 외상매출금 잔액 500,000원에 대해 2%의 대손충당금을 설정하려고 한다. 다음 각 상황에 따른 분개를 하시오.

① 기말 현재 대손충당금 계정잔액이 영(0)인 경우
② 기말 대손충당금 계정잔액이 2,000원인 경우
③ 기말 대손충당금 계정잔액이 12,000원인 경우

17 다음 서로 관련성 있는 거래를 분개하시오.

① 기말결산시 외상매출금의 잔액은 200,000원(기말 대손충당금 대변잔액 영(0))이며, 대손율은 1%로 예상된다.
② 다음 연도 중 1,000원이 실제 대손처리되었다.
③ 다음 연도 중 위의 금액 대손처리 이후 추가로 1,500원이 대손처리되었다.

18 한국상사는 매출채권 1,000,000원을 팩토링 회사에 양도하면서 매출환입(반품)에 대비한 1%의 유보금과 3%의 수수료 차감한 후 나머지는 현금으로 받았다. 이를 매각거래로 가정하고 분개하시오.

① 매출채권 양도시
② 7,000원의 매출환입 발생시
③ 미수금 정산시

기출문제

01 매출채권은 일반적 상거래에서 발생한 외상매출금과 받을어음을 말한다. 여기서 '일반적 상거래'의 의미를 가장 적절하게 설명한 것은?

① 당해 회사의 사업목적을 위한 정상적 영업활동에서 발생한 거래
② 회계상의 거래가 아니면서 일반적인 거래에 해당되는 것
③ 회계상의 거래이면서 일반적인 거래에 해당하는 것
④ 일반적인 거래가 아니면서 회계상의 거래에 해당되는 것

02 외상매출금으로 회계처리를 할 수 없는 거래는?

① 상품을 외상으로 판매하고 대금은 월말에 받기로 하다.
② 판매용 컴퓨터를 외상으로 판매하고 대금은 월말에 받기로 하다.
③ 부동산매매업에서 토지를 판매하고 대금은 월말에 받기로 하다.
④ 관리부 컴퓨터를 외상으로 판매하고 대금은 월말에 받기로 하다.

03 재무상태표에 매출채권으로 계상되는 금액은?

• 외상매출금	100,000원	• 미수수익	10,000원
• 단기대여금	30,000원	• 미수금	20,000원
• 선급금	10,000원	• 받을어음	50,000원

① 100,000원 ② 150,000원
③ 180,000원 ④ 200,000원

04 판매용 TV 10대(단가 1,000,000원)를 판매하면서 3개월 만기 어음을 교부받은 경우 올바른 분개는? 단, 매출원가 분개는 생략한다.

① (차) 외상매출금 10,000,000 (대) 상품 10,000,000
② (차) 미수금 10,000,000 (대) 상품 10,000,000
③ (차) 받을어음 10,000,000 (대) 상품 10,000,000
④ (차) 대여금 10,000,000 (대) 상품 10,000,000

05 대손충당금에 대한 회계처리에 대한 설명으로 틀린 것은?

① 대손충당금계정은 재무상태표 부채항목으로 대변에 기재한다.
② 대손충당금계정은 수취채권(매출채권 등)의 차감적평가계정이다.
③ 기업회계기준은 대손회계처리를 충당금설정법을 선호하고 있다.
④ 당기에 발생한 대손금은 대손충당금을 먼저 상계하고, 부족한 금액은 대손상각비로 처리한다.

06 (주)성원은 채권잔액의 2%를 대손충당금으로 설정한다. 다음 자료에서 20×1년 말 대손충당금 추가설정액은 얼마인가?

• 20×1년 1월 1일	대손충당금	1,000,000원
• 20×1년 5월 1일	대손발생	300,000원
• 20×1년 12월 31일	매출채권 잔액	200,000,000원

① 1,000,000원　② 4,000,000원
③ 3,000,000원　④ 3,300,000원

07 다음 자료에서 당기 손익계산서에 보고되는 대손상각비는 얼마인가?

> • 전기말 대손충당금 잔액이 20,000원이다.
> • 기중의 대손충당금에 변화가 없다.
> • 당기말 외상매출금 잔액 5,000,000원에 대해 1%의 대손을 설정하다.

① 10,000원　② 20,000원
③ 30,000원　④ 40,000원

08 다음 연속된 거래에서 20×2년 1월 14일의 분개로 옳은 것은?

> 20×1년 12월 31일 : 기말결산시 외상매출금 잔액 2,000,000원에 대하여 2%의 대손을 예상하다(단, 대손충당금 잔액은 10,000원 있음).
> 20×2년 1월 14일 : 거래처가 파산하여 외상매출금 50,000원을 대손처리하다.

① (차)	대손상각비	50,000	(대) 외상매출금	50,000
② (차)	대손충당금	50,000	(대) 외상매출금	50,000
③ (차)	대손충당금	10,000	(대) 외상매출금	50,000
	대손상각비	40,000		
④ (차)	대손충당금	40,000	(대) 외상매출금	50,000
	대손상각비	10,000		

09 (주)대전산업은 가지고 있던 약속어음 1,000,000원을 금융회사에 할인한 후 차액 970,000원을 수령하였다. 금융회사가 어음을 자유로이 처분할 권리를 가질 경우 은행에 지급하는 할인료를 처리하는 적절한 계정은?

① 경상개발비 ② 세금과공과
③ 매출채권처분손실 ④ 이자비용

10 (주)한국은 거래처 매출채권 1,000,000원을 팩토링 회사에 양도하면서 매출환입 등에 충당할 목적으로 매출채권의 3%를 유보시킨 후 팩토링 관련 수수료 5%를 차감한 잔액을 현금으로 받은 경우 매출채권처분손실은 얼마인가?

① 30,000원 ② 50,000원
③ 70,000원 ④ 80,000원

11 위 10번 문제에서 (주)한국이 정산시 회수하게 될 예정금액은 얼마인가?

① 10,000원 ② 20,000원
③ 30,000원 ④ 50,000원

12 다음 빈칸에 가장 알맞은 것은?

재고자산을 매입하는 경우 매입대금의 일부를 미리 지급하는 것은 (㉠)라고 하며, 이는 (㉡)(으)로서 차변에 기입한다.

① ㉠ 미수금 ㉡ 부채 ② ㉠ 선급금 ㉡ 자산
③ ㉠ 선급금 ㉡ 부채 ④ ㉠ 선수금 ㉡ 자산

13 다음 계정들의 성격이 알맞지 않은 것은?

① 미수수익 - 증가시 차변계정 ② 선급금 - 감소시 대변계정
③ 선급비용 - 증가시 차변계정 ④ 미수금 - 감소시 차변계정

14 상품 이외의 자산을 외상으로 파는 경우 관련있는 계정은?

① 미수금 ② 선수금
③ 가수금 ④ 예수금

15 출장을 가는 종업원에게 정확한 금액 대신 개산(槪算)하여 지급하는 돈을 무엇이라고 하는가?

① 선수금　② 가수금
③ 가지급금　④ 미수금

16 유동자산으로 분류할 수 없는 것은?

① 단기매매 목적으로 보유하는 자산
② 재무상태표일로부터 1년 이내에 현금화될 것으로 예상되는 자산
③ 기업의 정상적인 영업주기 내에 실현될 것으로 예상되거나 판매목적 또는 소비목적으로 보유하고 있는 자산
④ 사용의 제한이 있는 현금및현금성자산

8강

우리 동네 재고자산, 노총각 · 노처녀

쉬운 이야기로 풀어 쓴
회계의 이해

하나, 빨리 치워야지!

내 어릴 적 또 다른 기억 중 좀처럼 잘 잊혀지지 않는 말이 있다. 동네 어귀 경로당 앞 느티나무 아래에 모여 앉은 할머니들이 늘 하시던 말씀이다. "아따! 누구누구네 집 큰 아들과 누구네 집 작은딸 이제 치울 때 된 거 아냐?, 올해 넘기면 힘들 텐데…" 하루는 하도 궁금해 할머니에게 물어보았으나 좀처럼 대답이 돌아오지 않았다. 나중에 안 일이지만 그때만 해도 스무 살만 갓 넘겨도 노총각 또는 노처녀 취급을 받아 치움(시집 장가를 보낸다는 의미)의 대상이 되었던 것이다. 지금은 상상도 할 수 없는 일이지만 하여튼 그때는 그랬다.

앞에서 설명한 것처럼 기업이 보유하고 있는 자산이란 놈은 외부로부터 구입한 것(예를 들어 상품, 건물 등)이든 내부에서 만든 것(이를 '제품'이라고 한다)이든 경제적인 가치(돈과 자원 등)가 투입된다. 외부에서 구입한 것이라면 돈이 지출되었을 것이고, 내부에서 만든 것이라면 재료와 노동, 기타 부수적인 자원이 투입되었을 것이다. 이처럼 경제적 가치(돈이든 노동이든)가 투입되어 기업 내부에 대기상태로 있다가 조용히 빠져나갈 운명의 날을 기다리고 있는 경제적 자원을 '자산(assets)'이라고 한다. 상품과 같은 자산은 판매되면서 빠져나가고(이들은 매출원가로서 비용화되고), 건물은 사용하면서 가치가 감소하고(이들은 감가상각비로서 비용화되고) 심지어 현금이라는 자산마저도 다른 자산의 구입에 사용되어 결국에는 소멸하게 된다.

1.1 재고자산의 분류

당좌자산 중 판매를 목적으로 기업이 가지고 있는 자산을 '재고자산(inventories)'이라 한다. 일반기업회계기준은 재고자산을 다음과 같이 분류하고 있다.

재고자산 분류

- 상품(merchandise) : 상품매매기업이 재판매를 목적으로 구입한 자산
- 제품(finished goods) : 원재료 등을 투입하여 완성한 제조기업의 자산
- 재공품(work-in-process) : 미완성상태로 공정 중에 있는 자산
- 원재료(raw materials) : 제품을 만들기 위해 보유한 원시 자산

다시 우리 동네 노총각 · 노처녀의 이야기로 돌아가 보자! 할머니들의 이야기대로라면 동네 청춘들 역시 스무 살이 될 때까지 밥과 옷, 교육, 부모님의 사랑 등등 아무튼 엄청난 경제적 가치가 투입되어 조용히 시집 장가갈 날을 기다리고 있는 운명이다. 아주 심하게 이야기해 보면(이건 전적으로 동네 할머니들의 견해임), 이러한 청춘들은 이십여 년 동안 막대한 경제적 가치가 투입되어 한 가정이 보유하고 있는 재고자산의 처지가 되어버린 것이다. 그 결과 졸지에 빠른 수익창출을 위해 하루빨리 치워져야(시집 장가 보내져야 또는 판매되어져야) 할 재고자산의 운명이랄까!

1.2 재고자산 취득원가

통상 상품매매기업(상기업)의 경우 재고자산은 외부에서 구입하게 되는데, 이때 들어간 돈, 즉 '취득원가(acquisition costs)'는 다음과 같이 결정된다.

재고자산 취득원가

취득원가(매입원가) = 매입금액 + 부대원가(매입운임, 하역료 및 보험료 등)

이렇게 구입한 재고자산의 취득원가(매입원가)는 당기총매입액이 된다. 그러나 당기총매입액은 그대로 확정되는 것이 아니다. 우리도 쇼핑몰에서 구입한 상품이 마음에 들지 않으면 반품하거나(이를 '매입환출'이라고 한다), 상품에 약간의 하자가 있어 마음에 들지 않더라도 값을 조금 깎아 인수(이를 '매입에누리'라고 한다)하기도 한다. 간혹 외상대금을 약정된 기한보다 빨리 갚아 판매자로부터 현금할인(이를 '매입할인'이라고 한다)을 받기도 한다. 따라서 당기순매입액은 다음과 같이 구한다.

재고자산 당기순매입액

당기순매입액 = 당기총매입액 − 매입환출 − 매입에누리 − 매입할인

예제 8-1 | 순매입액

다음 자료를 이용하여 순매입액을 구하면 얼마인가?

- 개당 1,000원짜리 상품 500개를 500,000원에 외상으로 매입하였다.
- 매입한 상품 중 20개는 약간의 흠집이 있어 판매자가 개당 600원으로 가격을 깎아주었으며, 불량으로 30개는 반품처리하였다.
- 판매자에게 대금을 빨리 갚아 15,000원을 현금할인받았다.

풀이

총매입액 : 500,000원

매입에누리 : 20개×@400원=8,000원, 매입환출 : 30개×@1,000원=30,000원

매입할인 : 15,000원

순매입액 : 500,000−30,000−8,000−15,000=**447,000원**

둘, 자고로 배우자를 잘 만나야지!

동네 노총각 · 노처녀 청춘들이 할머니들의 논리에 의해 이왕 재고자산의 운명이 된 바에야 확실하게 자신(재고자산)의 본분을 다해야 한다. 재고자산은 외부로 판매되면 '매출원가(cost of sales : CGS)'라는 비용이 되면서, 동시에 매출수익(매출원가에 마진이 붙은 금액)을 창출하면서 기업(가정)에 공헌하게 된다. 따라서 훌륭한 배우자를 만나 좋은 가정을 꾸리고 잘 사는 것이 부모님께 효도(수익창출로 가정이라는 기업에 공헌)하게 되는 것이다.

예를 들어 매출수익이 매출원가보다 작다면 매출총손실이 발생하고 결국 당기순손실이 발생할 가능성이 커지게 된다. 이는 매일 술만 먹거나 또는 살림을 잘 살피지 않고 가정을 돌보지 않는 배우자를 만나 불화가 가득한 가정을 꾸리는 경우를 말한다. 즉, 자신(매출원가)보다 못한 배우자(매출수익)를 만난 것이다. 따라서 옛날에는 좋은 배우자(직장 좋고, 돈 많이 벌고, 살림 잘 사는)를 만나 잘 사는 것이 최고의 효도였다고 하니 약간은 우스운 생각이 들기도 한다. 아주 오래된 일은 아니지만 옛날은 옛날이었던 같다. 지금도 그런가?

셋, 조삼모사(朝三暮四)

'조삼모사(朝三暮四)'란 옛말이 있다. 아침에 세 개, 저녁에 네 개, 결국 일곱 개의 도토리로 장난치고 있다는 이야기이다. 예를 하나 들어보기로 하자. 아침에 도토리 3개(개당 1,000원)를 가지고 있었는데, 점심때 시장에 가서 7개(개당 1,000원)를 사 온 후 저녁에 4개를 먹었다.

재고자산 수량결정방법

하나, 오늘 가지고 있던 도토리는 총 몇 개인가? 답 10개(판매가능수량)
둘, 몇 개의 도토리를 먹었는가? 답 4개(계속기록법)
셋, 지금 바구니에 몇 개의 도토리가 남았는가? 답 6개(실재재고조사법)

지금 누구랑 장난하고 있나? 그러나 위의 내용은 이번 강(재고자산 회계처리)에서 대단히 중요한 의미를 지니고 있다. 재고자산은 판매를 목적으로 보유한 자산이므로 총 몇 개를 가지고(판매가능수량), 몇 개를 팔았고(매출수량), 몇 개의 재고자산이 남았는가(기말재고수량)가 매우 중요하다.

이처럼 재고자산의 수량을 결정하는 방법은 ① 매출수량(먹은 도토리)부터 파악하는 방법(이를 '계속기록법'이라고 한다)과 ② 기말재고수량(바구니에 남은 도토리)부터 파악한 후 먹은 도토리를 역으로 산출하는 방법(이를 '실지재고조사법'이라고 한다)이 있다. 다만 이러나저러나 결과는 동일하다.

3.1 계속기록법

이 방법은 총 10개의 도토리를 가지고 4개를 먹었으니 6개가 남았다는 방식이다. 이처럼 판매되는 재고자산의 수량을 먼저 장부상에 계속 기록하는 방법을 '계속기록법(perpetual inventory system)'이라고 한다. 이때 아침의 3개를 기초재고수량, 점심때 산 7개를 당기매입수량, 오후에 먹은 4개를 당기판매수량, 현재 바구니에 남아 있는 6개를 기말재고수량이라고 한다.

계속기록법 산식

[기초재고수량(3) + 당기매입수량(7)] − 당기판매수량(4) = 기말재고수량(6)

이처럼 계속기록법은 판매가능수량(기초재고수량+당기매입수량)을 가지고 당기판매수량을 먼저 기록('매출원가'를 계속적으로 기록)한 후, 기말재고수량을 장부상에서 자동적으로 산출하는 방법을 말한다. 따라서 기중 회계처리는 다음과 같이 한다([예제 8-2] 참조).

계속기록법 분개

[매입시]	(차) 상품	×××	(대) 현금	×××
[판매시]	(차) 현금	×××	(대) 매출	×××
	(차) 매출원가	×××	(대) 상품	×××

3.2 실지재고조사법

이 방법은 총 10개의 도토리에서 6개(기말재고수량)가 바구니에 남아 있으니 먹은 것(판매수량)이 4개라는 방식이다. 이와 같은 재고자산의 수량결정방법을 '실지재고조사법(periodic inventory system)'이라고 한다.

실지재고조사법 산식

[기초재고수량(3) + 당기매입수량(7)] − 기말재고수량(6) = 당기판매수량(4)

실지재고조사법은 계속기록법과는 달리 기중 당기판매수량을 장부상에 기록하지 않는다. 따라서 기말시점(잠자기 전) 기말재고수량(바구니 속 6개의 도토리)을 실사하여 먼저 파악한 후, 이를 당기판매가능수량에서 빼 당기판매수량을 역으로 구하는 방법이다. 통상 기중 회계처리는 (이월)상품, 매입 및 매출계정 등을 사용하여 다음과 같이 분개한다. 이를 '3분법'이라 부른다.

실지재고조사법 분개(3분법)

[매입시]	(차) 매입	×××	(대) 현금	×××
[판매시]	(차) 현금	×××	(대) 매출	×××

3분법은 단일상품계정을 (이월)상품계정과 매입계정으로 구분하는 방법을 말한다. 여기서 '(이월)상품'계정은 기중 회계처리하지 않고 단지 기초재고액만 표시해 두는 계정이며, '매입'계정은 당기에 매입한 상품만 구분하여 집계하는 임시계정이다.1) 따라서 기중에는 매입, 매출계정에만 분개하고 일일이 매출원가를 기록하지 않는다. 그러나 기말결산시에는 반드시 매출원가와 기말재고자산의 평가를 위한 별도의 '수정분개'를 해야 한다. 그래야만 최종 목적지인 재무제표를 작성할 수 있게 된다([예제 8-3] 참조). 세상만사는 동전의 양면과 같다. 기중에 불편하면 기말에 편하고(계속기록법), 기중에 편하면 기말에 불편이 뒤따르게 되는(실지재고조사법) 것이다.

예제 8-2 | 계속기록법

(주)재고는 재고자산 수량결정방법으로 계속기록법을 채택하고 있다. 다음 자료로 요구사항에 답하시오.

- **기초재고액(20×1. 1. 1) : 3,000원(수량 3개, @1,000원)**
- 당기판매액(20×1. 4. 1) : 현금판매 2,000원(수량 1개)
- **당기매입액(20×1. 5. 1) : 7,000원(수량 7개, @1,000원)**
- 당기판매액(20×1. 7. 1) : 외상판매 6,000원(수량 3개)
- 기말재고액(20×1. 12. 31) : 6,000원(수량 6개, @1,000원)
  (단, 기말재고액은 장부금액과 실사한 금액이 일치함)

1. 판매가능수량(금액)을 구하시오
2. 일자별 회계처리를 하시오.
3. 일자별 분개를 총계정원장에 전기하시오.
4. 재고자산 관련 계정을 약식 기말재무제표에 표시하시오.

1) 이월상품과 매입계정을 묶어 하나의 상품계정으로 처리할 수 있다. 이 경우에는 매출원가가 상품계정에서 산출된다. 이처럼 일부 범용 전산회계프로그램에서는 '상품'과 '상품매출'이라는 두 개의 계정을 사용하기도 한다. 엄밀히 말하면 계속기록법과 실지재고조사법은 재고자산(상품계정)의 회계처리방법이라기보다는 매출원가를 언제(기중 또는 기말) 기록(산출)하느냐의 구분법이라고 할 수 있다.

풀이

1. 판매가능수량(금액) : 기초재고수량 3개 + 당기매입수량 7개 = **10개(10,000원)**

2. 일자별 분개

일자	차변	금액	대변	금액
4/1	(차) 현금	2,000	(대) 매출	2,000
	(차) 매출원가	1,000	(대) 상품	1,000
5/1	(차) 상품	7,000	(대) 현금	7,000
7/1	(차) 외상매출금	6,000	(대) 매출	6,000
	(차) 매출원가	3,000	(대) 상품	3,000

3. 총계정원장 전기

상품

일자	적요	금액	일자	적요	금액
1/1	기초재고	3,000	4/1	매출원가	1,000
5/1	현금	7,000	7/1	매출원가	3,000
			12/31	**기말재고** (차기이월)	**6,000**

매출

일자	적요	금액	일자	적요	금액
			4/1	현금	2,000
			7/1	외상매출금	6,000

매출원가

일자	적요	금액	일자	적요	금액
4/1	**상품**	**1,000**			
7/1	**상품**	**3,000**			

4. 재고자산 관련계정 재무제표 표시

재무상태표

재고자산	
상품(기말재고)	6,000

손익계산서

수익	매출액	8,000
비용	**매출원가**	(4,000)

예제 8-3 | 실지재고조사법

(주)재고가 실지재고조사법을 채택하고 있는 경우 요구사항에 답하시오.

1. [예제 8-2]의 자료로 일자별 회계처리(3분법) 및 기말결산수정분개를 하시오.
2. 일자별 분개를 총계정원장에 전기하시오.
3. 재고자산 관련 계정을 약식 기말재무제표에 표시하시오.

풀이

1. 일자별 분개 및 기말결산수정분개(12/31)

4/1	(차) 현금	2,000	(대) 매출	2,000
5/1	(차) 매입	7,000	(대) 현금	7,000

* 실지재고조사법에서 사용되는 매입계정은 (이월)상품계정에 기록되어 있는 기초재고와 달리 당기 매입한 재고자산이 집계되는 임시계정으로 기말결산수정분개(12/31)를 통해 마감됨.

7/1	(차) 외상매출금	6,000	(대) 매출	6,000
12/31	① (차) 매입	3,000	(대) 상품(기초)	3,000
	② (차) 상품(기말)	6,000	(대) 매입	6,000
	③ (차) 매출원가	4,000	(대) 매입	4,000

* 실지재고조사법을 채택하면 기중에 '매출원가'를 계속 기록하지 않기 때문에 기말시점에서 재고조사를 통하여 기말재고액을 먼저 파악한 후 매출원가를 산출하는 기말결산수정분개를 하는데, 이때 기중에는 회계처리하지 않고 가만히 잠자고 있던 '(이월)상품'계정이 나타나게 됨.

2. 총계정원장 전기

(이월)상품

차변			대변		
1/1	기초재고	3,000	① 12/31	**매입**	**3,000**
② 12/31	**매입**	**6,000**			

매출

차변			대변		
12/31	집합손익	8,000	4/1	현금	2,000
			7/1	외상매출금	6,000

매입

차변			대변		
5/1	현금	7,000	② 12/31	**이월상품**	**6,000**
① 12/31	**이월상품**	**3,000**	③ 12/31	**매출원가**	**4,000**

매출원가

차변		대변	
③ 12/31 매입	4,000	12/31 집합손익	4,000

3. 재고자산 관련 계정 재무제표 표시

재무상태표

재고자산	
상품(기말재고)	6,000

손익계산서

수익	매출액	8,000
비용	매출원가	(4,000)

넷, 똥차 빨리 치워!

노총각 · 노처녀에 대한 또 다른 비극적인 일화가 있다. 다행히 훌륭한 배우자를 만나 좋은 가정을 꾸리면 그 시대는 최고의 성공한 인생이라고 하였다. 그러나 그렇지 못하고 뒤에 줄줄이 시집 장가갈 준비를 하고 있는 남동생들이나 여동생들이 있으면 이야기는 달라진다. "똥차 빨리 치워!"라며 난리가 난다. 자기는 결혼할 멋진 남친과 여친이 있는 잘 나가는 고급 승용차이니 빨리 구닥다리 차를 비켜달라는 의미이다. 세상 모든 일이 물 흐르듯 하면 오죽 좋으랴! 그러나 세상만사가 만만하게 그리 뜻대로만 되는 것인가? 종종 죽음의 순서도 뒤바뀌는데…

4.1 재고자산 단가결정방법

그러나 대부분의 흐름(이것이 실물의 흐름이든 결혼의 순서든)은 오래된 것부터 새 것의 순서로 흘러가는 것이 일반적이다. 생선가게의 주인이 먼저 들여온 생선을 당연히 먼저 팔듯이. 이처럼 재고자산의 매출원가와 기말재고액을 파악하기 위해서는 어느 것이 먼저 팔려나갔는지 또는 나중에 팔려나갔는지를 결정해야 한다. 이를 '원가흐름의 가정'이라고 하며 다음과 같은 방법들이 있다. 이렇게 원가흐름의 가정이 필요한 이유는 각 시점별로 취득하는 재고자산의 매입단가가 다를 수 있기 때문이다(앞에서 본 [예제 8-2]에서는 기초재고액과 당기매입액의 단가가 개당 1,000원으로 동일하였음). 다시 말해 어느 것이 먼저 판매되고 어느 것이 나중에 판매되었는가를 어떻게 가정하느냐에 따라 매출원가와 기말재고액이 달라지기 때문이다.

재고자산 단가결정방법(원가흐름의 가정)2)

- 선입선출법(First-In, First-Out : FIFO)
- 후입선출법(Last-In, First-Out : LIFO)
- 평균원가법(총평균법, 이동평균법)

2) 이외 재고자산의 단위원가 결정방법으로 개별법 등이 있으나 가정에 의한 방법은 아니다. 한편 한국채택국제회계기준(K-IFRS) 제1002호(재고자산)에서는 후입선출법의 적용을 허용하지 않고 있다.

① 선입선출법

먼저 들어온 재고자산이 먼저 판매된다고 가정하는 방법을 선입선출법이라고 한다. 보통의 실물흐름과 비슷하며 앞에서 본 똥차가 먼저 순서대로 시집 장가를 간다는 의미이다. 물가가 상승하는 시기에는 '매출원가'가 가장 낮게, '기말재고액'이 가장 높게 산출된다.

② 후입선출법

나중에 들어온 재고자산이 먼저 판매된다고 가정하는 방법을 후입선출법이라고 한다. 보통의 실물흐름과 상반되며 앞에서 본 동생들이 똥차를 추월하여 먼저 시집 장가를 간다는 의미이다. 물가가 상승하는 시기에는 '매출원가'가 가장 높게, '기말재고액'이 가장 낮게 산출된다.

③ 총평균법

일정기간(회계기간) 동안의 판매가능한 재고자산의 총금액을 총수량으로 나누어 평균단가를 산출하는 방법을 총평균법이라 한다. 구해진 평균단가에 매출수량과 기말재고수량을 각각 곱하여 매출원가와 기말재고액을 결정한다. '실지재고조사법'에서 사용되는 방법이다.

④ 이동평균법

재고자산을 구입할 때마다 이동시점의 평균단가(장부재고금액÷장부재고수량)를 계속적으로 구하는 방법을 이동평균법이라 한다. 따라서 매출원가와 기말재고액이 장부상에서 바로 결정된다. 이 방법은 '계속기록법'에서 사용된다.

4.2 판매가능액의 안분

이제 다시 앞의 도토리 예로 돌아가 8강의 결론을 내려 보자. 여러 번 강조한 것처럼 회계의 목적은 정확한 기업의 성적표, 즉 재무제표를 만드는 것이라 하였다. 다시 말해 손익계산서를 통하여 정확한 기간손익(당기순이익)을 산출해 내고, 재무상태표를 통해 기말 결산시점의 정확한 재무상태를 작성해야 한다.

그렇다면 재고자산과 관련해서는 어떤 정보를 계산해 내야 하는가? 이는 당기의 판매가능액(=기초재고액+당기매입액)을 판매한 재고자산의 원가, 즉 '매출원가'와 기말 현재 가지고 있는 재고자산의 원가, 즉 '기말재고액(이월상품)'으로 나누어 그 값을 산출해야 한다. 이렇게 산출된 매출원가는 손익계산서의 비용으로 보고하고, 기말재고액은 재무상태표의 재고자산으로 보고하게 되는 것이다. 따라서 판매가능액을 잘 안분하는 것(나누는 것)은 재고자산 회계의 핵심이며 정확한 재무제표를 산출하는데 있어 밑바탕이 된다.

그림 8-1 판매가능액의 안분[3)]

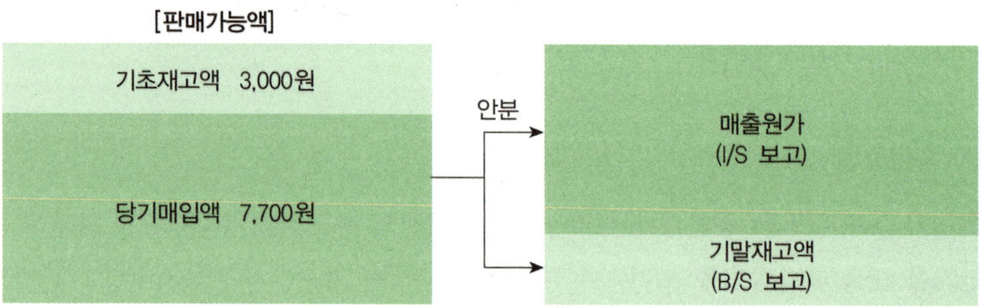

위 [그림 8-1]은 매우 중요한 의미를 가진다. 우리가 손익계산서 작성을 위해 매출원가를 구하는 경우 안분의 개념만 잘 이해하면 쉽게 구할 수 있다.

매출원가 산식

매출원가 = (기초재고액 + 당기매입액) − 기말재고액

3) 판매가능액의 안분과정에서 그림의 왼쪽 부분은 상품계정(매입계정)의 차변으로, 오른쪽 부분은 대변으로 보면 좀 더 이해하기가 쉬울 것이다.

다섯, 똥차의 종착역

앞의 예제에서 총 10개의 판매가능수량 중 당기판매수량은 4개, 기말재고수량은 6개로 파악되었다. 그렇다면 4개에 해당하는 금액은 매출원가로 손익계산서에 보고하고, 6개는 기말재고액으로 재무상태표에 보고하면 될 것이다. 그러나 이것은 보기보다 만만한 작업이 아니다. 그 이유는 같은 재고자산이라 하더라도 특정 시점에서의 개당 단가(@)가 다를 수 있으며(기초 1,000원, 당기매입분 1,100원 가정), 판매순서도 어떻게 가정하느냐에 따라 그 결과가 달라지기 때문이다. 원가흐름의 가정, 즉 선입선출법, 후입선출법, 평균원가법에 의한 '기말재고액'과 '매출원가'를 각각 구해 보자.

선입선출법 안분계산

기초재고 3개(개당 1,000원), 당기매입 7개(개당 1,100원),
즉, 총 10개의 판매가능수량 중 기초재고부터 4개가 판매된 것으로 가정함

- 판매가능액=(3개×1,000원)+(7개×1,100원)=10,700원
- 기말재고액=(6개×1,100원)=6,600원
- 매출원가=10,700원−6,600원=4,100원

* 선입선출법은 계속기록법과 실지재고조사법의 안분결과가 동일하게 나타남.

후입선출법 안분계산

총 10개의 판매가능수량 중 당기매입분부터 4개가 판매된 것으로 가정함

- 기말재고액=(3개×1,000원)+(3개×1,100원)=6,300원
- 매출원가=10,700원−6,300원=4,400원(4개×1,100원)

* 후입선출법은 계속기록법의 기말재고액이 실지재고조사법의 기말재고액보다 크게 나타남.

다음으로 실지재고조사법에 적용가능한 총평균법으로 판매가능액을 안분해 보자. 이 방법은 판매가능한 총원가를 총수량으로 나눈 후 개당 단가를 구하여 기말재고액과 매출원가를 산출하는 방법을 말한다.

총평균법 안분계산(실지재고조사법)

- 평균단가 = [(3개×1,000원) + (7개×1,100원)] ÷ 10개 = @1,070원
- 기말재고액 = 6개×@1,070원 = 6,420원
- 매출원가 = 10,700원 − 6,420원 = 4,280원(4개×@1,070원)

한편 재고자산의 매입시점마다 새로운 이동평균단가를 구하는 방법으로 이동평균법이 있다. 따라서 이동평균법은 계속기록법에서만 적용되는 방법이다. 다음의 상품재고장(재고자산수불부)을 이용하여 기말재고액과 매출원가를 산출해 보면 다음과 같다.

이동평균법 안분계산(계속기록법)

일자	거래내역(입 · 출고)			잔고		
	수량	단가	금액	수량	단가	금액
1/1				3	1,000	3,000
4/1	(1)	1,000	**(1,000)**	2	1,000	2,000
5/1	7	1,100	7,700	9	1,077.8	9,700
7/1	(3)	1,077.8	**(3,233)**	6	1,077.8	6,467
12/31				6	1,077.8	**6,467**

* 기말재고액은 상품재고장의 12월 31일 잔고 6,467원이며, 매출원가는 출고금액의 합계 4,233원임.

지금까지 재고자산의 단가결정방법, 즉 원가흐름의 가정에 대해 알아보았다. 이처럼 재고자산 원가흐름의 가정을 적용하는 이유는 유사한 상품을 대량으로 판매하는 경우 판매시마다 일일이 개별적으로 판매단가를 파악하는 것이 쉽지도 않고 효율성도 떨어지기 때문이다. 이러한 방법들과는 달리 일반기업회계기준에서 인정하고 있는 '개별법'이 있다. 이 방법은 원가흐름의 가정이 아닌 고가의 상품을 소량(개별) 판매시 적용하는 방법을 말한다. 사실 판매단가가 엄청나게 다른(같은 모양의 다이아몬드라도 가격차이는 하늘과 땅 차이) 보석상 같은 곳에서 원가흐름을 가정하는 것은 대단히 위험한(?) 일이다. 그러나 역설적으로 개별법은 실제 물량흐름을 개별적으로 파악하여 매출원가를 매출액과 대응시키므로 가장 정확하고 수익 · 비용대응의 원칙에도

부합하는 방법이라고 할 수 있다.

앞서 말한 것처럼 실제 실물흐름은 선입선출이 일반적인 현상이다. 그러나 실제의 원가흐름이 어떻든(예를 들어 석탄회사의 실제 실물흐름은 후입선출이나 선입선출로 가정할 수 있음) 어떤 단가결정방법, 즉 어떤 원가흐름의 가정을 사용하느냐에 따라 매출원가와 기말재고액의 평가액이 다름을 알 수 있다. 일반적으로 선입선출법이 다른 방법보다 매출원가가 가장 작은 값(매출원가 4,100원)으로 계산되고, 그 결과 기말재고액은 가장 큰 값(6,600원)으로 나타난다. 따라서 다른 방법에 비해 당기순이익이 가장 크게 나타나게 된다(기말재고액과 당기순이익은 '정(正)의 방향'). 이러한 이유로 우리나라 기업들은 선입선출법을 많이 사용하고 있다.

표 8-1 재고자산 단가결정방법과 경제적 효과

구분	금액의 크기
매출원가	선입선출법 < 이동평균법 < 총평균법 < 후입선출법
기말재고자산	**선입선출법** > 이동평균법 > 총평균법 > 후입선출법
당기순이익	**선입선출법** > 이동평균법 > 총평균법 > 후입선출법

여섯, 우리 집 식구 맞나?

쥐는 개와 함께 가장 오랫동안 사람과 함께 살아오고 있는 동물 중의 하나이다. 내가 어릴 적 쥐가 얼마나 많았으면 한밤중 천장에서 쥐가 찍찍거리는 소리로 잠을 못 잔 적이 하루 이틀이랴! 또 쥐는 전염병의 커다란 원인이 되어 초등학교(당시 국민학교)마다 등교시 쥐를 잡아 등교하는 학생들이 쉽게 눈에 띌 정도였다. 앞에서 예로 든 [예제 8-2] (주)재고의 창고에도 어김없이 쥐가 숨어들어 도토리 1개를 갉아먹었다고 가정해 보자. 그러면 판매가능수량 10개의 도토리(기초재고 3개+당기매입 7개) 중 4개를 팔고 6개(6,000원)가 정상 기말재고수량이어야 하나 실제 기말재고수량은 5개(5,000원)가 된다.

6.1 재고자산감모손실

이렇게 장부상 기말재고수량과 실제 기말재고수량의 차이를 '재고자산감모손실'이라고 한다. 만약 계속기록법을 채택하고 있는 회사라면 장부상 기말에도 여전히 창고 속에 6개의 도토리가 남아 있는 것으로 본다. 즉, 10개-4개 판매=기말 수량 6개로 보기 때문에 기말재고자산이 과대평가되는 결과를 가져온다. 하지만 실지재고조사법을 채택하고 있는 회사는 재고자산감모손실이 자동적으로 매출원가로 처리되어 버린다. 즉, 10개-기말 수량 5개=판매 수량 5개로 매출원가가 과대평가되는 결과가 된다(실제 판매한 수량은 4개임에도). 따라서 이 두 가지 방법을 병용한다면 재고자산감모손실을 정확하게 파악해 낼 수 있을 것이다.

우리나라 일반기업회계기준에서는 재고자산감모손실을 다음과 같이 처리한다. 먼저 원가성이 있는 정상적 감모손실은 매출원가에 가산한다. 그 이유는 어쩔 수 없이 발생하는 정상적 원가의 소멸(예를 들어 주유시에 발생하는 휘발유의 증발 등)은 소비자가 부담하라는 취지로 보인다. 하지만 비정상적 감모손실(예로 주유통이 펑크가 나 휘발유가 새는 경우의 수량손실 등)은 영업외비용으로 처리한다.

재고자산감모손실 처리방법

- 원가성 있는 정상적 감모손실 : 매출원가 가산
- 원가성 없는 비정상적 감모손실 : 영업외비용 처리

재고자산감모손실은 재고자산계정에서 직접 차감한다.

재고자산감모손실 처리분개

(차) 재고자산감모손실 (매출원가 또는 영업외비용)	×××	(대) 재고자산	×××

6.2 재고자산평가손실

한편 그나마 창고에 남아 있던 5개(5,000원)의 도토리도 경쟁 신제품인 슈퍼 도토리의 출시(出市)로 인하여 개당 가격이 1,000원(취득원가)에서 900원(순실현가능가치)으로 하락하고 말았다. 이처럼 상품의 가치가 떨어져서 취득원가보다 판매가격을 받을 수 없는 경우 재고자산평가손실이라고 한다. 이러한 평가손실은 회사의 입장에서도 어쩔 수 없는 것이므로 매출원가에 가산하고 당연히 기말재고재산에서 차감해야 한다. 다만 직접 차감하지는 않고 앞서 배운 대손충당금계정과 비슷하게 재고자산평가손실충당금이라는 자산의 차감계정을 사용하여 간접적으로 차감한다.

재고자산평가손실 처리분개

(차) 재고자산평가손실 (매출원가)	×××	(대) 재고자산평가손실충당금	×××

계속기록법과 실사법의 병용

실무에서는 기장의 편리성 때문에 실사법을 많이 사용하고 있으나, 동시에 계속기록법의 장점을 살리기 위하여 기중에는 재고자산의 수량만을 기록하는 방법이 사용되기도 한다. 이러한 병용법(혼합법)은 기말실사를 통하여 재고자산의 감모수량을 파악한 후 '재고자산감모손실'을 계산할 수 있으면서 아울러 기중에는 실사법의 편리를 도모할 수 있는 장점이 있다.

예제 8-4 | 재고자산감모손실과 재고자산평가손실

(주)재고의 [예제 8-2] 자료를 이용하여 다음의 물음에 답하시오.

1. 기말 실사결과 장부상 수량 6개보다 1개가 적은 5개로 판명되었고(60%는 원가성 있으며, 40%는 원가성 없음), 기말의 단위당 순실현가능가치가 900원으로 하락한 경우 기말재고자산 평가에 관한 그림을 그리시오.
2. 위 1번의 재고자산평가도를 보고 재고자산감모손실과 재고자산평가손실에 대한 회계처리를 하시오.

풀이

1. 재고자산평가도

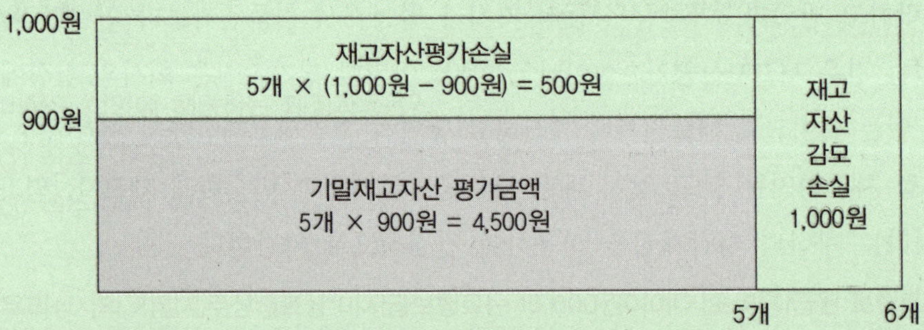

2. 재고자산감모손실과 재고자산평가손실

(차) 매출원가	600	(대) 재고자산	1,000
재고자산감모손실	400		
(차) 재고자산평가손실 (매출원가)	500	(대) 재고자산평가손실충당금	500

6.3 재고자산의 소유권

옛날 어릴 적 또 다른 추억 중 하나는 추운 겨울 친구 집 사랑방에 여러 명이 모여 앉아 따끈따끈한 군고구마를 먹던 기억이다. 지금이야 먹거리가 많아 "웬 고구마?" 하고 피식 웃을 일이지만 당시에는 최고 간식거리 중의 하나였다. 간혹 길고 추운 겨울밤 집으로 돌아갈 일이 막막해지면 그대로 친구 집 따뜻한 아랫목에 등짝을 대고 곤히 잠들기도 하였다. 다음 날 아침 친구 어머니는 이불을 둘둘 감고 있는 아이들을 보면서 "어느 놈이 우리 집 새끼인고?" 하면서 비슷하게 생긴 아이들 찾기에 애를 먹던 기억이 아직까지도 새록새록 생각이 난다. 사실 아랫목의 아이들은 모두 한방에서 잠만 자고 있지 실제는 각각 다른 집 아이들이다. 빨리 깨워 각자 집으로 돌려보내 학교에 가도록 해야 했던 것이다.

이처럼 재고자산의 경우에도 실제 우리 창고에 있지만 우리의 것이 아닌 경우나 또는 아직 우리 창고에 도착하지 않았지만 우리의 재고자산, 즉 당기매입액으로 처리해야 하는 것들이 있다.

① 미착상품

현재 운송 중인 재고자산을 미착상품(goods in transit)이라고 한다. 이 경우 법률적인 소유권 유무에 따라 재고자산의 포함 여부가 결정된다. 만약 선적지인도조건이라면 선적시점에서 매입자의 재고자산으로 포함되며, 목적지(도착지)인도조건인 경우 선적 후 운송 중이라도 매입자의 재고자산에 포함해서는 안 된다.

② 적송품

상품 등의 판매를 위하여 위탁자가 수탁자에게 발송한 상품을 적송품(consigned goods) 또는 위탁상품이라고 한다. 따라서 수탁자가 적송품의 판매를 통보하기 전까지는 위탁자의 재고자산으로 처리해야 한다. 즉, 남의 집 아랫목에 자고 있는 아이와 비슷한 경우이다.

③ 시송품

판매자가 매입자(구매자)에게 상품을 잠시 인도한 후 매입자가 매입의사를 표시하면 판매가 되는 재고자산을 시송품(sales on approval)이라고 한다. 따라서 매입자가 매입의사 표시를 하기 전까지는 판매자는 미판매된 재고자산으로 자신의 기말재고액에 포함해야 한다.

④ 할부판매상품

일반기업회계기준에서는 재고자산을 고객에게 인도하고 대금의 회수는 미래에 분할하여 회수하기로 한 경우 대금이 모두 회수되지 않았다고 하더라도 상품의 판매시점에서 판매자의 재고자산에서 제외한다. 즉, 매입자의 재고자산이 되는 것이다. 일반매출과 마찬가지로 인도기준(판매기준)을 적용하고 있다. 왜냐하면 판매한 상품의 소유에 따른 위험과 효익의 대부분이 매입자에게 이전되었다고 보기 때문이다. 즉, 판매시점에서 수익이 실현되었다고 보는 것이다.

8강 복습

1. 재고자산 취득원가

   상품 등의 매입금액(구입금액)에 부대원가를 가산한 합계액

2. 판매가능수량(금액)

   기초재고수량(금액)에 당기매입수량(금액)을 합산한 것

3. 계속기록법

   기중 재고자산의 판매수량(매출원가)을 장부상에 계속적으로 기록하는 방법

4. 실지재고조사법

   판매시마다 매출원가를 기록하지 않고 기말 실지재고조사 후 판매수량(매출원가)을 역으로 산출하는 방법

5. 재고자산 단가결정방법(원가흐름의 가정)

   재고자산의 구입단가가 다른 경우 판매의 순서(흐름)를 결정하기 위한 가정으로 선입선출법(FIFO), 후입선출법(LIFO), 평균원가법(총평균법, 이동평균법) 등이 있음

6. 순실현가능가치(Net Realizable Value : NRV)

   정상적 영업활동에서 수취가 예상되는 금액에서 직접 소요비용을 차감한 금액

7. 재고자산감모손실

   재고자산의 수량차이로 발생하는 손실

8. 재고자산평가손실

   재고자산의 취득원가가 시가(순실현가능가치) 이하로 하락하여 발생하는 손실

9. 미착상품

   현재 운송 중에 있어 도착하지 않은 재고자산

10. 적송품

    위탁자가 수탁자에게 판매를 위탁하기 위하여 발송한 재고자산

11. 시송품

    매입의사를 물어보고 판매하기 위해 매입자(구매자)에게 인도한 재고자산

연습문제

01 재고자산의 당기순매입액은 어떻게 구하는가?

02 계속기록법에 대해 간략히 설명하시오.

03 실지재고조사법에 대해 간략히 설명하시오.

04 당기판매가능액은 어떻게 구하는가?

05 판매가능액을 매출원가와 기말재고액으로 안분하는 이유는 무엇인가?

06 선입선출법(FIFO)에 대해 간단히 설명하시오.

07 후입선출법(LIFO)에 대해 간단히 설명하시오.

08 총평균법에 대해 간단히 설명하시오.

09 재고자산감모손실은 어떻게 처리하는가?

10 재고자산의 취득원가에 포함될 수 없는 것은?

① 수입관세 ② 하역료
③ 매입운임 ④ 매입에누리

11 외상매입금 조기상환으로 판매자로부터 받는 외상대금의 감액은?

① 매입에누리 ② 매입환출
③ 매입할인 ④ 매입원가

12 계속기록법에서만 적용할 수 있는 재고자산 단가결정방법은?

① 선입선출법 ② 총평균법
③ 이동평균법 ④ 후입선출법

13 원가흐름의 가정에 의한 재고자산 단가결정방법이 아닌 것은?

① 개별법 ② 이동평균법
③ 선입선출법 ④ 후입선출법

14 물가상승시 재고자산 기말평가액이 가장 크게 나타나는 방법은?

① 총평균법 ② 선입선출법
③ 후입선출법 ④ 이동평균법

15 인플레이션 지속시 당기순이익이 가장 크게 나타나는 방법은?

① 선입선출법 ② 개별법
③ 이동평균법 ④ 후입선출법

16 실지재고조사법을 채택하고 있는 서울상사의 재고자산 거래와 관련하여 다음의 물음에 답하시오.

일자	적요	수량	단가
1/1	기초재고	100개	@200원
5/1	매입	100개	@300원
8/1	매출	90개	
10/1	매출	50개	
12/1	매입	50개	@400원

① 당기 판매가능액은 얼마인가?
② 선입선출법(FIFO)에 의한 기말재고액과 매출원가를 구하면 얼마인가?
③ 후입선출법(LIFO)에 의한 기말재고액과 매출원가를 구하면 얼마인가?
④ 총평균법에 의한 기말재고액과 매출원가를 구하면 얼마인가?

기출문제

01 재고자산의 취득원가에 포함시켜야 하는 항목은?

① 판매수수료 ② 판매시의 운송비용
③ 재고자산 매입시 수입관세 ④ 인수 후 판매까지의 보관료

02 재고자산의 수량결정방법에 해당하는 것은?

① 실지재고조사법 ② 선입선출법
③ 후입선출법 ④ 이동평균법

03 재고자산으로 분류해야 하는 항목은?

① 영업에 사용할 건물 ② 판매목적으로 보유 중인 토지
③ 매입의사 표시된 시송품 ④ 이미 판매된 적송품

04 재고자산과 관련된 등식 중 틀린 것은?

① 매출총이익＝순매출액－매출원가
② 순매입액＝총매입액－매입환출＋매입에누리＋매입할인
③ 매출원가＝기초재고액＋당기매입액－기말재고액
④ 순매출액＝총매출액－매출환입－매출에누리－매출할인

05 외상매입대금을 지급기한보다 먼저 지급하여 판매자로부터 받는 감액은?

① 매입에누리 ② 매입환출
③ 어음할인 ④ 매입할인

06 기초상품 재고자산이 65,000원, 기말상품 재고자산이 100,000원이며, 판매가능상품이 250,000원이라면 매출원가는 얼마인가?

① 150,000원 ② 165,000원
③ 285,000원 ④ 350,000원

07 다음 자료로 기말재고액은 얼마인가?

• 기초재고자산 : 50,000원	• 당기 매입액 : 500,000원
• 매출원가 : 300,000원	• 기말재고자산 : (?)

① 350,000원 ② 250,000원
③ 150,000원 ④ 50,000원

08 재고자산의 원가흐름가정에 해당하지 않는 것은?

① 실지재고조사법 ② 개별법
③ 평균법 ④ 선입선출법

09 다음 자료를 이용하여 선출선출법(FIFO) 적용시 기말재고액은 얼마인가?

• 기초재고(1/1) 250개 매입단가 @100원
• 당기매입(6/1) 500개 매입단가 @110원
• 당기매입(8/1) 500개 매입단가 @120원
• 당기 중 800개의 재고자산이 판매된 것으로 파악되었다.

① 54,000원 ② 58,000원
③ 60,000원 ④ 86,000원

10 상품재고장을 이용하여 이동평균법 적용시 기말재고자산의 단가는 얼마인가?

일자	입(출)고			금액		
	수량	단가	금액	수량	단가	금액
3/15	200	@150	30,000	200	@150	30,000
6/19	300	@175	52,500	500		
10/14	(100)			400		
12/31	100	@200	20,000	500		

① 165원 ② 170원
③ 172원 ④ 180원

11 재고자산평가시 선입선출법에 대한 설명으로 틀린 것은?

① 물가상승시 이익 과대계상 ② 물가상승시 매출원가 과대계상
③ 물가상승시 재고자산 과대계상 ④ 물가상승시 매출원가 과소계상

12 실지재고조사법하에 물가가 계속 상승하고 기말재고자산의 수량이 기초와 동일한 상황이라면 기말재고자산이 큰 순서대로 배열한 것은?

① 선입선출법 > 평균법 > 후입선출법
② 후입선출법 > 평균법 > 선입선출법
③ 평균법 > 선입선출법 > 후입선출법
④ 평균법 > 후입선출법 > 선입선출법

13 결산시 재고자산이 과대평가된 경우 재무제표에 미치는 영향은?

① 매출원가 과대계상
② 매출총이익 과소계상
③ 기말자본 과소계상
④ 당기순이익 과대계상

14 결산시 기말상품재고액 80,000원을 8,000원으로 오류계상한 결과는?

① 매출원가가 증가하고 매출총이익이 감소한다.
② 매출원가가 감소하고 매출총이익이 증가한다.
③ 매출원가와 매출총이익 모두 증가한다.
④ 매출원가와 매출총이익 모두 감소한다.

15 상품매매업을 영위하는 서울상사의 당기 매출원가를 구하면 얼마인가?

• 기초상품재고액	1,000,000원
• 당기총매입액	5,500,000원(매입에누리와 환출 500,000원)
• 기말상품재고액	1,100,000원(평가전 장부상 금액)
• 재고자산평가손실	300,000원 발생

① 4,900,000원
② 5,000,000원
③ 5,100,000원
④ 5,200,000원

16 당기말 재고자산 관련 자료를 참조하여 재무상태표상 기말재고자산은 얼마인가?

• 장부상 수량 1,000개	• 실제 수량 950개	• 취득단가 800원

① 700,000원
② 760,000원
③ 800,000원
④ 900,000원

17 재고자산감모손실과 재고자산평가손실에 대한 설명을 옳지 않은 것은?

① 재고자산의 취득원가가 시가보다 하락시 재고자산평가손실이 발생한다.
② 재고자산 수량차이는 재고자산감모손실로 재고자산에서 직접 차감한다.
③ 재고자산평가손실은 재고자산평가손실충당금계정을 사용하여 간접 차감한다.
④ 비정상적 재고자산감모손실은 매출원가에 가산한다.

18 재고자산의 인식시점에 대한 설명 중 가장 틀린 것은?

① 적송품은 수탁자가 판매전까지 위탁자의 재고자산에 포함한다.
② 할부판매상품은 인도기준으로 매출을 인식하므로 대금회수와 관계없이 판매시점에서 판매자의 재고자산에서 제외한다.
③ 시송품은 매입자가 매입의사표시 전까지 판매자 재고자산에 포함한다.
④ 미착상품은 도착지인도조건인 경우 선적시점에서 매입자의 재고자산에 포함해야 한다.

9강

이런 금리로 어찌 먹고 사나?

쉬운 이야기로 풀어 쓴
회계의 이해

하나, 이제 슬슬 투자해 볼까?

우리 앞 세대의 퇴직자들은 대부분 연금이나 퇴직금을 은행에 맡겨 두고 이자소득으로 노후생활을 하였다. 이야기를 잠깐 앞으로 돌려보자! 1980년대 중반 '플라자 합의(Plaza Agreement)'라고 불리는 G5 경제선진국들의 환율합의는 이후 세계 각국의 경제정책 내지 금리정책에 커다란 영향을 미쳤다. 이러한 영향은 현재까지도 계속되고 있다. 특히 이 합의 후 일본에서는 급속한 엔고 현상이 진행되었다. 엔고에 따른 불황(대미국 수출부진 등)을 걱정한 일본 정부는 이후 강력한 저금리 정책을 시행하였다.

이러한 일본의 저금리 정책 추진은 엄청난 부동산 투기 가열화로 연결되었고 결국은 버블경제(bubble economy)의 붕괴로 이어져 1990년대 잃어버린 10년을 가져오게 한 원인이 되었다. 꺼진 경기를 회복하기 위하여 일본 정부는 1999년 초 자본주의 역사상 전례가 없는 '제로금리정책'을 시행하였는데, 이는 연금 생활자나 은퇴 후 이자소득에 의존하던 노후 생활자들에게 새로운 고민을 안겨 주었다. 이러한 현상은 일본뿐만 아니라 2008년 글로벌 금융위기가 터지기 전 경기부양을 위한 초저금리 정책을 시행한 미국이나 2019년 코로나(COVID-19) 사태로 막대한 시중자금(이를 '헬리콥터 머니'라고 한다)이 풀린 전 세계 대부분의 국가에서 나타나고 있는 현상이기도 하다.

전 세계의 이러한 저금리 기조는 당분간 계속될 것으로 보인다. 우리나라의 입장도 비슷하다. 대부분의 국가가 초저금리를 유지하고 있는 상황에서 우리나라만 금리인상을 할 경우 원화절상 압력이 높아져 수출경쟁력을 급속히 상실할 수 있기 때문이다. 특히 대외 수출 의존도가 높은 우리나라로서는 다른 나라가 출구전략을 본격적으로 시행한 다음에야 금리인상을 할 수밖에 없는 입장이기 때문이다. 따라서 이제 저금리 시대의 재테크 전략은 어쩔 수 없이 선택이 아닌 필수가 되어 버린 것이다. 최근 직장 근로자든 은퇴생활자든 모든 사람들의 입에서 "이제 슬슬 (재테크) 시작해 볼까?"라는 말이 자연스럽게 흘러나오고 있다. 심지어 고등학생과 대학생까지 포함한 2~30대 젊은이들의 광풍적 재테크 열풍은 가히 상상을 초월하고 있는 실정이다. 이는 유동성 공급과잉의 시대에 있어 기업들도 또한 예외가 아닌 듯하다.

둘, 이럴 땐 어디로 가야 하나요? 갈림목(JC)

2.1 투자자산의 의의

요즘 재테크 시대의 대세는 과거부터 이어진 부동산 투자는 물론 주식과 펀드(fund), 채권 등의 금융자산(financial assets)으로까지 확대되고 있는 것 같다. 이들 금융자산의 대부분은 유가증권의 형태를 띠며 시세차익을 노리는 단기투자는 물론 중·장기간 보유하면서 배당금수익(주식) 또는 이자수익(채권)을 노리는 경우도 많다. 이처럼 투자목적의 자산을 투자자산이라고 한다.

자산은 그 목적(目的)과 기간의 장단(長短)에 따른 구분이 매우 중요하다. 예를 들어 우리는 통상 건물이라는 자산을 아무런 생각 없이 유형자산을 분류하기 쉽지만 영업을 위한 사용목적이 아니라 투자목적이라면 '투자부동산'이라는 투자자산으로 분류되는 것이다. 또한 장기투자증권, 장기금융상품, 장기대여금 등의 투자자산들도 계약기간이 1년 이내의 단기라면 단기투자자산으로 분류된다. 따라서 6강에서 학습한 유가증권 중 단기 투자목적의 단기매매증권은 단기투자자산으로 중·장기 투자목적인 경우에는 장기투자증권의 과목으로 하여 투자자산으로 분류해야 한다. 우리나라 일반기업회계기준에서 예시하고 있는 '투자자산(investments)'의 분류는 다음과 같다.[1)]

투자자산 분류

- 투자부동산
- 장기투자증권(매도가능증권, 만기보유증권)
- 장기금융상품
- 지분법적용투자주식
- 장기대여금 등

1) 비유동자산 중 투자목적과 사용목적(유·무형자산)이 아닌 이연법인세자산, 임차보증금, 장기매출채권, 장기미수금, 장기선급금 등은 기타비유동자산으로 분류한다([표 4-2]를 참조할 것).

2.2 유가증권의 분류

유가증권(securities)이란 글자 그대로 가치가 있는(有價) 증서, 즉 종이쪽(證券)이란 의미이다. 지금은 T-머니라는 버스카드, 모바일 카드, 아예 교통용 전용카드 등 다양한 수단을 이용하여 버스를 타지만 이전에는 토큰이나 회수권이라는 종이 버스표를 내고 버스를 탔다. 이러한 것들도 가치가 있는 증서(종이쪽지)이므로 유가증권의 일종이다.

회계상의 유가증권은 지분증권(주식)과 채무증권(채권)을 의미하며, 이들은 최초 취득시 어떻게 회계처리하느냐가 매우 중요하다. 그 이유는 최초의 계정과목 분류에 따라 기말의 평가방법(가격조정)이 달라지고 이에 따라 기간손익에 직접적인 영향을 미치기 때문이다. 정확한 기간손익의 산출과 재무상태의 측정은 앞서 누차 강조한 회계의 궁극적인 목적이기도 하다. 일반기업회계기준에서 유가증권을 다음의 세 가지로 분류하고 있다.

표 9-1 일반기업회계기준 유가증권 분류

구분	계정과목	분류요건
단기투자자산	단기매매증권	• 주로 단기간 내의 매매차익을 목적으로 취득 • 매수와 매도가 적극적이고 빈번하게 이루어짐
장기투자증권	매도가능증권	• 단기매매증권이나 만기보유증권으로 분류되지 아니한 것
	만기보유증권	• 만기, 상환금액이 확정 또는 확정가능한 채무증권 • 만기까지 보유할 적극적인 의도와 능력

이들 세 가지 유형의 유가증권 중 통상 주식과 같은 지분증권(이를 '지분형 금융자산'이라고도 한다)은 배당금수익, 국채와 공채, 회사채 등의 채무증권(이를 '채무형 금융자산'이라고도 한다)은 이자수익을 목적으로 보유한다. 당연히 지분증권이든 채무증권이든 시세차익은 가장 기본적인 보유목적이라 할 수 있다.

"종로로 갈~까요? 명동으로 갈~까요? 차라리 청량리로 떠날까요?" 유명한 트로트 가수의 노랫말 중 일부이다. 유가증권은 이 노랫말처럼 종로인지, 명동인지, 청량리인지를 정확하게 구분하여 회계처리해야 한다. 즉, 갈림목(JC)에서 확실히 제 길을 찾아가라는 것이다. 그 이유는 앞서 설명한 바 있다. 따라서 유가증권은 보유목적(의도)과 투자기간 등에 따라 다음의 세 가지 중 하나로 회계처리해야 한다.

그림 9-1 **유가증권의 분류**

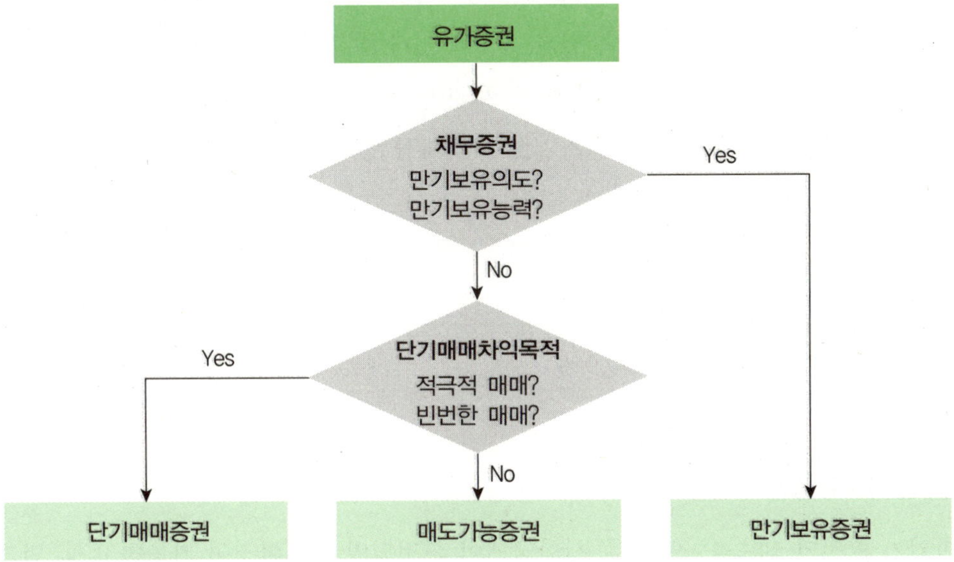

① 단기매매증권

단기간 내 매매차익, 즉 시세차익(capital gain)을 목적으로 취득한 유가증권으로 사고파는 것이 적극적이고 빈번하게 이루어져야 한다. 동시에 활성화된 거래시장(예를 들어 한국거래소 및 코스닥시장 등)에서 거래되는 지분증권과 채무증권 등을 말한다. 취득시 당좌자산으로 분류하며, 취득관련 부대원가는 취득원가에 가산하지 않고 당기비용으로 처리한다. 자산의 취득시 거의 유일한 예외라고 보면 된다(나머지 대부분의 자산은 취득시 부대원가를 취득원가에 포함). 그 이유는 어차피 가까운 시점, 즉 기말 결산시 평가손익에 반영되어 조정되기 때문이다.

단기매매증권 취득

(차) 단기매매증권	10,000	(대) 현금	10,000

② 매도가능증권

단기매매증권 또는 만기보유증권으로 분류되지 않는 지분증권이나 채무증권을 취득한 경우에 해당된다. 사실 매우 애매한 정의라고 보여지지만 우리나라 일반기업회계기준에 실제로 이렇게 규정되어 있다. 좀 더 쉽게 접근해 보면 3년 내지 5년 정도의 중·장기 투자목적으로 취득한 주식이나 채권이 여기에 해당된다고 보면 될 것이다. 이 증권 역시 만기보유증권과 마찬가지로 투자자산 중의 장기투자증권의 과목으로 분류한다. 취득시 회계처리는 다음과 같다.

매도가능증권 취득

(차) 매도가능증권	10,000	(대) 현금	10,000

③ 만기보유증권

만기가 확정된 채무증권으로 ㉠ 상환금액이 확정되었거나 확정이 가능하고 ㉡ 만기까지 보유할 의도가 있는 경우 만기보유증권으로 분류된다. 따라서 만기보유증권의 발행자는 비유동부채(12강에서 설명할 '사채')로 분류하지만, 이 증권을 산 투자자의 입장에서는 장기투자증권의 과목으로 하여 투자자산으로 분류한다. 채무증권만 여기에 해당된다. 그 이유는 주식은 만기라는 것이 없기 때문이다. 마치 엿장수가 엿을 언제 팔 것인가는 자기 마음대로인 것처럼. 다시 말해 주식의 경우 엿장수의 엿처럼 팔고 싶을 때 언제든지 팔 수 있기 때문에 만기보유증권으로 분류할 수 없다. 액면발행(액면금액 10,000원)된 만기보유증권의 취득시 회계처리는 다음과 같다.

만기보유증권 취득

(차) 만기보유증권	10,000	(대) 현금	10,000

셋, 앗싸! 호랑나비~

금융자산은 가치변동의 위험이 매우 큰 자산이다. 가치변동의 위험이 크다는 것은 약간은 투기성이 있는 투자라고 볼 수 있다. 아마 우리나라 투자자의 99%는 이러한 금융자산의 취득목적이 시세차익(낮은 가격에 사 비싼 가격에 팔아 남는 차익, 앞서 말한 '자본이득(capital gain)'을 말한다)을 노리고 하는 투자가 아닌가 생각된다. 따라서 금융자산의 가격이 오르면 '앗싸! 호랑나비~'이겠지만 가격이 내려 엄청 고생하는 투자자(개인이나 기업들)도 분명 있을 것이다.

계속 일관되게 이야기하지만 회계의 목적은 정확한 성적표, 즉 재무제표를 산출하는 것이라고 하였다. 다시 말해 한 회계기간 동안의 정확한 경영성과 및 재무상태를 파악해야 한다. 이는 앞서 살펴본 기말결산수정분개(성적 정정기간)를 통하여 한 회계기간 동안 발생한 수익과 비용을 정확하게 측정하고, 자산과 부채를 정확하게 평가해야 함을 의미한다. 금융자산의 경우도 마찬가지다. 만약 기말 결산시점에서 가격이 올라 자산의 가격이 상승하면 이 상승분을 당기수익(또는 자기자본의 일시적 증가)으로 처리하고, 동시에 상승한 자산의 가격(이것을 시가 또는 공정가치라고 한다)으로 수정하여 기말재무상태표에 보고해야 할 것이다. 이를 '기말평가'라고 한다.

3.1 단기매매증권 기말평가

단기매매증권의 보유기간 중 가격이 오르거나 내리면 그만큼 보유이익 또는 보유손실이 발생한다. 예를 들어 10,000원을 주고 산 주식의 가격(장부금액)이 기말 결산시점에서 12,000원으로 오르거나 8,000원으로 내릴 수 있다. 그러나 12,000원으로 오르거나 8,000원으로 내려도 이것은 기말시점의 시가(공정가치)일 뿐 실제 내 주머니에 ±2,000원의 돈이 들어오고 나간 것이 아니다.

이러한 보유손익을 '미실현보유손익(holding gains and losses)'이라고 한다. 하지만 단기매매증권은 초단기 시세차익을 목적으로 취득한 자산이므로 언제든지 매매를 통하여 ±2,000원의 돈이 들어오고 나갈 수(즉, 실현가능함) 있다. 따라서 비록 미실현보유손익이라 하더라도 이를 손익계산서(I/S)의 당기손익(영업외손익)으로 처리하고(13강에서 설명하겠지만 수확한 옥수수), 시가로 조정된 금액으로 재무상태표(B/S)에 보고해야 한다. 이러한 평가방법(가격조정법)을 '공정가치법(fair value method)'이라 함은 이미 설명한 바 있다([예제 6-5]를 다시 한번 참조할 것).

단기매매증권 기말평가

[장부금액 < 공정가치]

(차) 단기매매증권	2,000	(대) 단기매매증권평가이익(I/S) (당기손익-영업외수익)	2,000

[장부금액 > 공정가치]

(차) 단기매매증권평가손실(I/S) (당기손익-영업외비용)	2,000	(대) 단기매매증권	2,000

3.2 매도가능증권 기말평가

매도가능증권 역시 가격이 오르거나 내리면 그만큼 보유이익이나 보유손실이 발생한다. 예를 들어 단기매매증권과 마찬가지로 10,000원을 주고 산 주식의 가격(장부금액)이 기말 결산시점에서 12,000원으로 오르거나 8,000원으로 내릴 수 있다. 다시 말해 단기매매증권처럼 미실현보유손익이 발생할 수 있다는 것이다. 그러나 매도가능증권은 중 · 장기 보유목적으로 산 자산이므로 이렇게 발생한 보유손익을 바로 당기의 손익으로 보아 손익계산서에 보고하는 것은 다소 무리가 따른다. 왜냐하면 이러한 미실현보유손익이 단기매매증권처럼 바로 실현되기 어렵기 때문이다.

다시 말해 매도가능증권도 단기매매증권처럼 '공정가치법(fair value method)'[2]으로 기말평가를 하지만 미실현보유손익은 당기손익이 아닌 재무상태표(B/S)의 기타포괄손익누계액, 즉 자본의 일시적인 증감항목으로 처리(표시)해 두었다가 처분시 확정된 당기손익으로 정산하라는 의미이다. 추후 13강에서 다시 설명할 것이지만 이러한 임시손익은 바로 먹을 수 없는 옥수수라고 할 수 있다.[3]

다시 한번 자세히 설명하자면 매도가능증권은 단기간의 시세차익을 노리는 자산, 즉 단기투자자산이 아니기 때문에 여기서 발생한 손익을 바로 당기의 손익계산서에 반영(단기매매증권평가손익－영업외손익)하지 않는다. 그 이유는 중 · 장기간에 걸쳐 이러한 평가손익의 증감이 지속적으로 이루어지므로 일시적인 자본의 증감(B/S에 잠시 자산의 증감결과로 발생한 자본의 증감항목－기타포괄손익누계액)으로 표시해 두었다가 나중에 처분시 정산하라는 의미이다. 기초회계에서 가장 중요한 부분이라 재차 강조한다.

매도가능증권을 10,000원에 취득한 이후 기말 결산시점에서 시장가격(공정가치)이 ±2,000원 증감한 경우 공정가치법에 의한 회계처리는 다음과 같다.[4]

2) 일반기업회계기준에서는 시장성이 없는 지분증권(매도가능증권)의 공정가치를 신뢰성 있게 측정할 수 없는 경우에는 어쩔 수 없이 취득원가로 평가한다고 규정하고 있다.

3) 바로 먹을 수 있는 옥수수는 당기의 영업외수익으로 처리하여 손익계산서를 거쳐 결산시 재무상태표의 이익잉여금으로 대체된다. 그러나 바로 먹을 수 없는 옥수수(영글고 있는 옥수수)는 손익계산서를 거치지 않고 바로 재무상태표상의 기타포괄손익누계액(자본조정)으로 처리해 두었다가 익으면(처분시) 따서 먹게 된다. 즉, 그때 확정된 당기손익으로 반영하라는 의미이다.

4) 매도가능증권의 공정가치법 평가는 지분증권(주식)과 채무증권(채권)이 약간 다르다. 주식과 같은 지분증권의 경우는 기말평가 후 평가손익을 바로 기타포괄손익누계액으로 처리하지만, 채무증권의 경우에는 상각후원가를 먼저 계산한 후 공정가치와 비교하는 방법(선상각 후평가)으로 평가한다. 기초회계의 범위를 벗어나므로 중급회계를 참조하기 바란다.

매도가능증권 기말평가

[장부금액 < 공정가치]

(차) 매도가능증권	2,000	(대) 매도가능증권평가이익(B/S) (기타포괄손익누계액)	2,000

[장부금액 > 공정가치]

(차) 매도가능증권평가손실(B/S) (기타포괄손익누계액)	2,000	(대) 매도가능증권	2,000

3.3 만기보유증권 기말평가

만기보유증권은 시세차익보다는 주로 이자수익을 목적으로 사서 만기까지 보유하는 사채(社債 : bonds) 등을 말한다. 사채는 통상 액면이자율과 발행 당시의 시장이자율 차이로 인하여 취득원가와 액면금액 간의 차이가 발생하는 경우가 많다. 이러한 차이는 상환기간(이를 '만기'라고 한다) 동안 유효이자율법(effective interest method)으로 상각하여 조정한 금액으로 평가(장부금액의 수정)한다. 이러한 평가방법을 '상각후원가법'이라고 한다.

예를 들어 20×1년 초 시장이자율이 12%인 상황에서 액면이자율 10%의 사채를 9,520원(액면금액 10,000원, 만기 3년, 이자지급일 매년 말)에 만기까지 보유할 목적으로 산 경우를 가정해 보자. 이때 사채의 발행자는 사채를 할인발행하였다고 하며, 사채의 취득자(투자자)는 만기보유증권을 할인취득한 것이 된다. 할인발행된 사채의 이자수수에 대한 회계처리를 하기 위해서는 다음과 같은 사채할인발행차금상각표라는 표가 필요하다.

표 9-2 사채할인발행차금상각표

시점	유효이자(12%)	액면이자(10%)	상각액	장부금액
20×1년 초				9,520
20×1년 말	1,142	1,000	142	9,662
20×2년 말	1,159	1,000	159	9,821
20×3년 말	1,179	1,000	179	10,000
계	3,480	3,000	480	–

위 표를 잠깐 살펴보자. 사채의 장부금액은 발행시점인 20×1년 초 9,520원에서 점차 증가하여 만기시점에서 10,000원(9,520원을 12%의 이자율로 투자하여 3년 후 10,000원이 되는 개념)이 된다. 이 표의 장부금액이 조정된 '상각후원가'인 것이다. 유효이자 12%는 실질이자율(시장이자율)을 의미하며,5) 액면이자는 사채권에서 약속한 대로 이자지급일(매년 말)에 수수하게 되는 표시이자(액면이자)를 말한다. 위의 표를 이용하여 시점별 회계처리를 해보자.

만기보유증권 취득 및 기말평가

[사채취득시]	(차) 만기보유증권	9,520	(대) 현금	9,520
[기말평가시]	(차) 현금	1,000	(대) 이자수익	1,142*
	만기보유증권	142		
[만기원금회수]	(차) 현금	10,000	(대) 만기보유증권	10,000

* 20×1년 말의 기말평가만 하였으나 나머지 연도의 기말평가도 동일하게 하면 됨.

위의 분개를 보면 최초 사채를 살 때 취득원가는 순액(9,520원)으로 처리하며(반대로, 발행자는 사채할인발행차금의 과목을 이용하여 사채 10,000원의 총액으로 처리함), 이자를 받을 때는 상각후원가(장부금액의 조정)로 장부금액을 조정하기 위하여 1차 연도 만기보유증권계정의 차변에 142원(2차 연도에는 159원, 3차 연도에는 179원)을 더해 주는 회계처리를 하는 것이다. 이렇게 하여 만기가 되면 만기보유증권의 장부금액은 10,000원으로 조정된다. 비록 만기보유증권의 투자자는 연말에 10%의 액면이자를 현금으로 받지만 손익계산서에는 시장이자율인 실질 이자수익 12%를 계상해야 함은 물론이다.6)

5) 사채발행비가 발생하지 않는 경우 두 이자율은 동일하다. 만약 사채발행비가 발생하면 유효이자율이 시장이자율보다 더 크게 된다.

6) 상각후원가법에 대해서는 12강의 사채를 먼저 학습한 후 다시 복습하는 것이 편리하고 이해하기도 쉽다([예제 12-3]을 참조할 것). 따라서 9강에서는 개략적인 이해만 하고 넘어가고 다시 돌아오도록 하자.

넷, 장기투자증권 이외의 투자자산은?

지금까지 살펴본 장기투자증권처럼 주된 영업목적이 아닌 투자수익(배당금수익 또는 이자수익)을 얻기 위해 여유자금을 굴리는 자산 이외 일반기업회계기준에서 예시하고 있는 투자자산을 살펴보면 다음과 같다.

4.1 투자부동산

기업이 가격상승에 따른 매매차익을 기대하면서 장기간 보유하고 있는 부동산이나 토지 등을 말한다. 따라서 대개 비업무용으로 보유하게 된다. 당연히 업무용이나 생산목적으로 사용하고 있다면 나중의 10강에서 설명할 유형자산으로 분류해야 한다.

4.2 장기금융상품

금융기관에 예치한 정기예금 및 정기적금, 환매조건부채권(RP), 신종기업어음(CP), 양도성예금증서(CD), 초단기채권형펀드(MMF) 등의 금융상품으로 결산시점에서 만기가 1년 이후인 금융상품을 말한다. 차후에 보고기간종료일(결산일)로부터 1년 이내에 만기가 도래하게 되면 단기금융상품계정으로 재분류한다.

4.3 지분법적용투자주식

투자자가 지분법피투자기업에 대하여 일정비율 이상의 지분을 취득하거나 의사결정 과정에 참여하여 유의적인 영향력을 행사할 수 있는 경우의 지분증권을 말한다.

4.4 장기대여금

차용증서(IOU) 등을 받고 장기간 현금을 대여한 경우를 말한다. 보고기간종료일(결산일)로부터 1년 이후의 기간에 걸쳐 대여한 현금을 회수할 경우에 처리하는 계정이다. 통상 장·단기의 구분은 1년 기준(one-year rule)을 적용한다.

9강 복습

1. 유가증권
재산적 가치를 가진 지분증권 또는 채무증권으로 단기매매증권, 매도가능증권, 만기보유증권 등으로 분류

2. 단기매매증권
유가증권 중 단기매매 목적으로 보유한 지분증권 또는 채무증권

3. 매도가능증권
단기매매증권이나 만기보유증권으로 분류되지 않는 지분증권 또는 채무증권

4. 만기보유증권
만기와 상환금액이 확정되어 있으며 만기까지 보유할 의도가 있는 채무증권

5. 공정가치법
단기매매증권 또는 매도가능증권을 결산일 현재의 공정가치로 평가하는 방법

6. 기타포괄손익누계액
기말평가 등에 의하여 발생하는 일시적인 자본의 증감을 나타내는 자본항목

7. 유효이자율법
사채의 장부금액에 유효이자율을 곱하여 사채이자비용 또는 이자수익을 계산한 후 사채발행차금을 상각하는 방법

8. 상각후원가법
유효이자율법으로 사채발행차금을 상각해 나가면서 만기까지 사채의 장부금액을 조정해 나가는 방법

9. 투자부동산
사용목적이 아닌 투자차익 목적으로 보유하고 있는 부동산

10. 장기금융상품
보고기간종료일로부터 1년 이후에 만기가 도래하는 금융상품

11. 장기대여금
차용증서(IOU) 등을 받고 보고기간종료일로부터 1년 이후 회수할 대여금

연습문제

01 일반기업회계기준에서 예시하고 있는 투자자산의 예를 들어보시오.

02 일반기업회계기준상 유가증권의 세 가지 분류는?

03 단기매매증권으로 분류하기 위한 요건은?

04 만기보유증권으로 분류하기 위한 요건은?

05 단기매매증권의 기말평가는 어떤 방법으로 하는가?

06 매도가능증권의 기말평가는 어떤 방법으로 하는가?

07 만기보유증권의 기말평가는 어떤 방법으로 하는가?

08 단기매매증권평가손익과 매도가능증권평가손익의 가장 큰 차이는?

09 단기 시세차익 목적으로 취득한 다음 주식이 손익계산서에 미치는 영향은?

종류	보유주식	액면금액	취득원가	공정가치
J주식	100주	주당 5,000원	1주당 6,000원	1주당 7,000원
K주식	50주	주당 5,000원	1주당 8,000원	1주당 7,500원

① 당기순이익 75,000원 증가　　② 당기순이익 75,000원 감소
③ 당기순이익 100,000원 증가　　④ 당기순이익 100,000원 감소

10 다음의 자료에 의한 유가증권의 차변에 기록될 내용으로 맞는 것은?

> 중 · 장기 투자목적으로 시장성 있는 주식 100주를 주당 30,000원에 취득하면서 수수료 20,000원과 거래세 5,000원을 지급하였다.

① 단기매매증권 3,000,000원 ② 매도가능증권 3,000,000원
③ 매도가능증권 3,025,000원 ④ 만기보유증권 3,025,000원

11 20×1년 중 · 장기 투자목적으로 산 주식의 공정가치법에 의한 기말평가 분개는?

구분	취득원가	시가	차액
D사 주식	20,000	25,000	5,000
E사 주식	90,000	120,000	30,000
F사 주식	110,000	85,000	(25,000)
계	220,000	230,000	10,000

① (차) 단기매매증권 10,000 (대) 단기매매증권평가이익 10,000(I/S)
② (차) 단기매매증권 10,000 (대) 단기매매증권평가이익 10,000(B/S)
③ (차) 매도가능증권 10,000 (대) 매도가능증권평가이익 10,000(I/S)
④ (차) 매도가능증권 10,000 (대) 매도가능증권평가이익 10,000(B/S)

12 한국상사는 20×1년 중 단기 투자목적의 주식을 현금취득하였으며, 시가는 기말시점의 공정가치이다. 다음의 요구사항에 답하시오.

구분	취득원가	시가
J사 주식	42,500	31,000
K사 주식	75,000	51,000
L사 주식	95,000	58,000
M사 주식	67,500	70,000

① 위 유가증권의 취득시 분개를 하시오(총액법).
② 20×1년 말 기말평가 분개를 하시오.
③ 20×2년 중 K사 주식을 63,000원에 처분한 경우 분개를 하시오.

13 대한상사는 다음의 조건으로 단기매매증권을 취득하였다.

- 취득원가 10,000원, 수수료 1,000원(전액 현금지급)
- 기말평가액 12,000원

① 단기매매증권의 취득시 분개를 하시오. 단, 수수료는 비용처리한다.
② 위 ①번의 기말평가 분개를 하시오.
③ 단기매매증권의 취득시 분개를 하시오. 단, 수수료는 취득원가에 포함한다.
④ 위 ③번의 기말평가 분개를 하시오.

기출문제

01 일반기업회계기준상 유가증권의 분류로 적합하지 않은 것은?

① 단기매매증권 ② 만기보유증권
③ 매도가능증권 ④ 장기보유증권

02 유가증권과 관련된 내용이다. 틀린 것은?

① 지분증권과 채무증권으로 구성되어 있다.
② 지분증권은 주식 등을 말한다.
③ 채무증권은 국채, 공채, 회사채를 말한다.
④ 만기보유증권은 지분증권이다.

03 매입한 주식을 단기매매증권으로의 분류하기 위한 요건은?

가. 시장성이 있어 언제든지 처분하여 현금화 가능하다. 나. 투자목적은 단기적 시세차익이다. 다. 장기적으로 보유하면서 안정적인 배당수익을 얻는 것이 목적이다.

① 가 ② 가, 나
③ 가, 나, 다 ④ 가, 다

04 단기매매차익을 목적으로 주식 1,000주를 주당 6,000원(액면금액 5,000원)에 매입수수료 8,000원을 주고 취득한 경우 단기매매증권계정의 차변금액은?

① 5,000,000원 ② 6,000,000원
③ 6,008,000원 ④ 5,992,000원

05 유가증권의 분류에 따라 (B)에 들어갈 계정과목은?

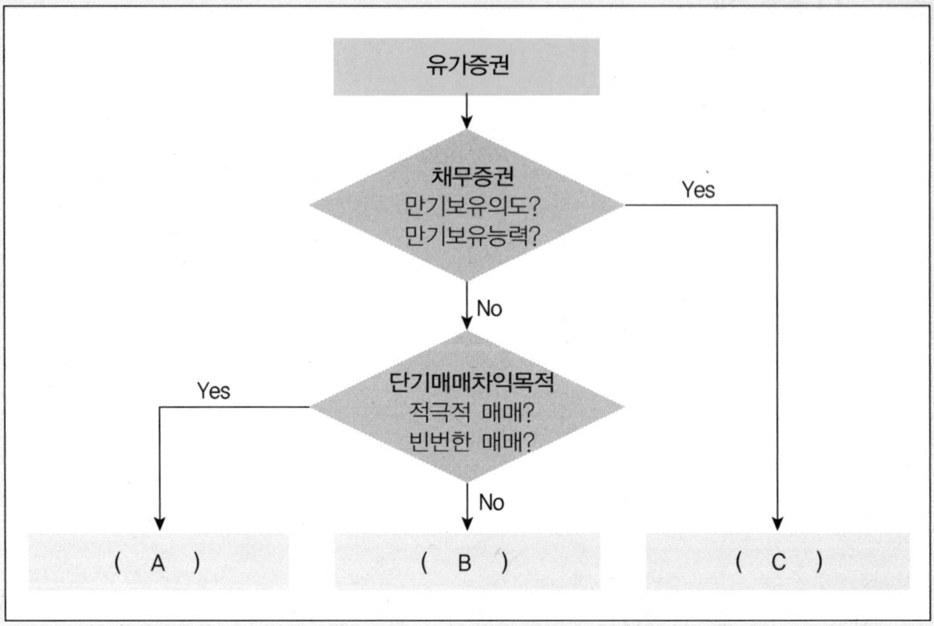

① 단기매매증권
② 매도가능증권
③ 만기보유증권
④ 지분법적용투자주식

06 다음은 서울상사의 단기매매증권 거래내역이다. 20×1년 손익계산서에 인식해야 할 단기매매증권 관련손익은 얼마인가?

- 20×1년 3월 1일 부산상사 주식 1,000주를 주당 1,000원에 취득하였다.
- 20×1년 8월 1일 부산상사 주식 500주를 주당 1,500원에 처분하였다.
- 20×1년 12월 31일 부산상사 주식의 주당 공정가치는 700원이다.

① 손실 150,000원
② 손익 없음
③ 이익 100,000원
④ 이익 250,000원

07 단기매매증권 관련 자료가 다음과 같은 경우 처분손익은 얼마인가?

- 20×1년 10월 12일 취득 65,000원(액면 50,000원)
- 20×1년 12월 31일 결산시 공정가치(시가) 61,000원
- 20×2년 1월 15일 66,000원에 처분

① 처분이익 1,000원
② 처분손실 1,000원
③ 처분이익 5,000원
④ 처분손실 5,000원

08 다음 빈칸에 들어갈 내용으로 올바른 것은?

> 결산일 현재 보유하고 있는 단기매매증권은 (㉠)으로 평가하고 단기매매증권평가손익은 (㉡)으로 보고한다.

① ㉠ 공정가치 ㉡ 영업외손익　② ㉠ 공정가치 ㉡ 판매비와관리비
③ ㉠ 취득금액 ㉡ 판매비와관리비　④ ㉠ 취득금액 ㉡ 영업외손익

09 중·장기 투자목적의 유가증권 취득과 관련된 일자별 분개로 옳지 않은 것은?

> • 20×1년 초　서울상사 주식 100주를 5,000,000원에 취득
> • 20×1년 말　동 주식 1주당 공정가치 : 52,000원
> • 20×2년 말　동 주식 1주당 공정가치 : 55,000원
> • 20×3년 초　서울상사 주식 전부를 5,300,000원에 처분

① ×1년 초	(차) 매도가능증권	5,000,000	(대) 현금	5,000,000
② ×1년 말	(차) 매도가능증권	200,000	(대) 매도가능증권평가이익	200,000
③ ×2년 말	(차) 매도가능증권	500,000	(대) 매도가능증권평가이익	500,000
④ ×3년 초	(차) 현금	5,300,000	(대) 매도가능증권	5,500,000
	매도가능증권평가이익	500,000	매도가능증권처분이익	300,000

10 유가증권에 대한 설명으로 옳지 않은 것은?

① 단기매매차익으로 취득한 경우 단기매매증권으로 분류한다.
② 만기보유증권은 유효이자율법을 적용하여 상가후원가법으로 평가한다.
③ 단기매매증권과 매도가능증권은 공정가치법으로 기말평가를 한다.
④ 만기까지 보유할 적극적인 의도와 보유능력이 있는 경우 매도가능증권으로 분류한다.

11 매도가능증권의 평가에 대한 설명 중 옳지 않은 것은?

① 매도가능증권평가손익은 영업외손익으로 손익계산서에 반영된다.
② 장부금액이 공정가치보다 높은 경우 매도가능증권평가손실로 한다.
③ 단기매매증권이나 만기보유증권으로 미분류된 유가증권 평가이다.
④ 시장성 있는 매도가능증권은 장부상 금액을 공정가치로 조정한다.

12 만기보유증권으로 분류할 수 있는 판단기준이 되는 것은?

① 만기까지 매매차익을 목적으로 취득한 채무증권
② 만기까지 다른 회사에 중대한 영향력을 행사하기 위한 지분증권
③ 만기까지 보유할 적극적인 의도와 능력이 있는 채무증권
④ 만기까지 배당금이나 이자수익을 얻을 목적으로 투자하는 유가증권

10강

그래도 사무실은 있어야 하나?

쉬운 이야기로 풀어 쓴
회계의 이해

하나, 온라인 사무실 만사 OK?

지금은 인터넷 포털이나 다양한 인터넷 사이트를 통한 온라인 사무실이 그리 낯설지 않다. 잘만 하면 좋은 사업 아이템과 인터넷이라는 엄청난 가상공간의 특성을 살려 그야말로 대박이 날 수도 있는 세상이 되었다. 그러나 불과 얼마 전까지만 해도 장사를 하려면 사무실, 전화기, 기계장치, 사무용 비품 등 눈에 보이는 물리적 실체가 있는 경제적 자원, 즉 유형의 자산들을 필요로 하였다. 물론 지금도 이러한 유형의 자산들이 필요 없다는 것은 아니다. 아직도 장사(사업)에 있어 이들 자산은 필수적이다. 학교 앞의 분식집만 보더라도 가스레인지, 가스통, 프라이팬, 에어컨 등등 이것들이 없다면 무엇으로 맛있는 분식을 만들어 낸단 말인가?

1.1 유형자산의 특징

유형자산이란 글자 그대로 물리적 형태가 있는 유형(有形)의 자산을 말하며, 이외 다른 자산과는 구별되는 다음의 뚜렷한 특징을 가지고 있다.

하나, '사용목적'으로 가지고 있는 자산이다. 학교 앞 분식집의 가스레인지와 프라이팬 등은 판매목적이 아니다. 그러나 앞의 8강에서 배웠던 도토리라는 재고자산은 판매목적으로 보유하고 있는 자산이었다. 우리는 자산의 보유목적을 확실하게 이해해야 한다. 왜냐하면 자산의 분류와 소멸과정에 있어 커다란 차이가 있으니까…

둘, '장기성 자산'이다. 즉, 1년 이상에 걸쳐 사용할 자산이라는 의미이다. 누차 강조하지만 자산은 언젠가는 비용으로 소멸된다. 노총각 · 노처녀가 시집 장가를 가듯이. 재고자산의 경우 판매시 손익계산서의 매출원가로 보고되어 소멸되며, 미소멸분은 계속하여 재무상태표에 자산(기말재고자산)으로 보고된다. 그러나 유형자산은 재고자산과는 달리 장기간에 걸쳐 사용하면서 소멸되는 장기성 자산이다. 만약 1년 이상에 걸쳐 사용할 자산이 아니라면 굳이 소멸과정을 거치지 않고 바로 당기의 비용(잡비 등)으로 처리하는 것이 더 편리할 것이다.

셋, '물리적 실체(physical substance)'가 있다. 회계에서는 물리적 실체가 자산의 필요 · 충분조건은 아니다. 조금 뒤에서 설명하겠지만 물리적 실체가 없어도 특정한 요건을 갖추면 자산이 될 수 있다. 유형자산은 글자 그대로 실체나 형태가 존재하는 비화폐성자산을 말한다.

1.2 유형자산의 분류와 회계처리

우리나라 일반기업회계기준은 다음의 자산들을 유형자산(tangible assets)으로 분류하고 있다.

유형자산 분류

- 토지(대지 및 임야 등)
- 건물(냉난방, 전기, 통신 등의 부속시설 포함)
- 구축물(교량 및 기타 토목설비 등)
- 기계장치(운송설비 및 기타의 부속설비 등)
- 건설중인자산
- 기타(차량운반구, 선박, 비품, 공기구 등)

유형자산과 관련된 회계처리는 생각보다 만만치가 않다. 그 이유는 취득시의 다양한 취득원가 결정이라든지, 보유기간 중 감가상각과 기말평가, 마지막으로 처분시 처분시점까지의 선상각 후처분손익 인식 등 꽤 까다로운 내용들 때문이다.

하나, 살 때의 '취득원가' 결정이다. 유형자산은 다른 자산들에 비해 비교적 다양한 방법으로 취득하게 된다. 예를 들면 장기연불조건의 취득, 일괄구입, 현물출자, 무상취득, 국고보조금 취득, 교환취득 등 다양한 방법들이 있는데 각각의 유형별 취득원가를 정확하게 결정할 줄 알아야 한다.

둘, 보유기간 중의 '감가상각', 자본적 지출과 수익적 지출, 기말평가에 관한 내용들이다. 특히 원가모형과 재평가모형에 의한 기말평가는 상당히 어려운 내용이다.

셋, 마지막으로 처분시의 처분손익은 다른 자산과 동일하다. 즉, 장부금액과 처분금액의 차이로 처분손익을 인식하면 된다. 다만 처분시점에서 감가상각비에 대한 '선상각 후처분손익' 인식의 문제가 뒤따른다.

그림 10-1 유형자산 회계처리

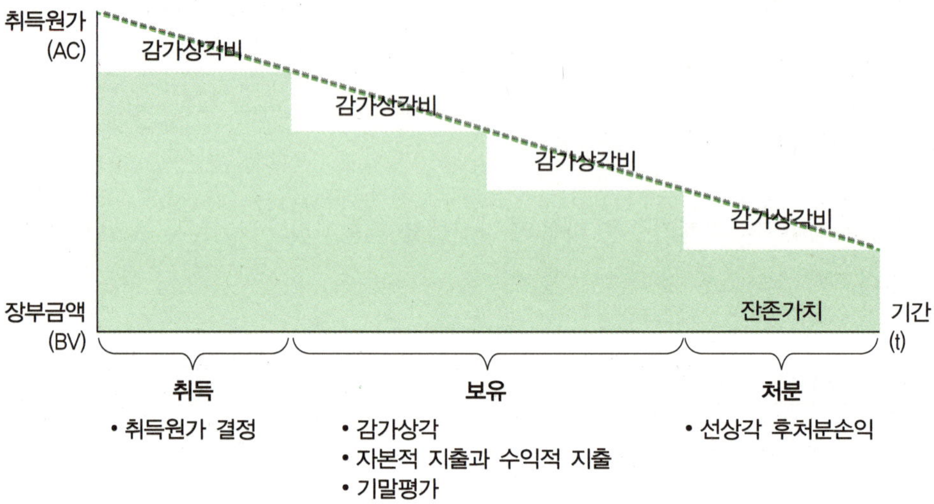

둘, 학교 앞 분식집의 에어컨

한 여름 학교 앞 분식집에 꿋꿋하게 앉아 땀 뻘뻘 흘리며 열심히 라면이나 김밥을 먹고 있는 학생들을 보고 있노라면 대단하다는 생각이 든다. 저렇게 절박한 심정(?)으로 공부에 전념한다면 어떨까 하고… 그래서 사장님께 부탁을 드렸다. 학생들을 위해 산뜻한 에어컨 한 대 설치하라고. 이때 사장님이 구입한 에어컨이라는 유형자산은 얼마짜리로 장부상에 기록할 것인가? 최초 전자랜드에서 산 가격을 구입원가 또는 구입가격(purchase price)이라고 한다. 여기에다 분식집 내부에 설치하고 시험 가동하는 추가적인 지출이 있었다면 이를 직접관련원가(부대원가)라고 한다. 이 부대원가는 대부분 유형자산의 취득과 직접적으로 관련된 원가들인데 회계에서는 매우 중요한 개념이다. 왜냐하면 대부분의 자산은 최초 취득시 구입원가에 이러한 부대원가를 합산하여 취득원가를 결정하기 때문이다.

2.1 취득원가 결정

유형자산을 포함하여 자산의 '취득원가(acquisition costs)'를 결정하는 대원칙은 다음과 같이 결정된다. 좀 더 쉽게 생각하면 내 주머니에서 나간 돈(지출)의 총합 정도로 이해하면 된다(유일한 예외는 9강에서 설명한 '단기매매증권' 정도라고 보면 된다). 여기서 직접관련원가(부대원가)란 설치장소 준비비, 외부 운송비(택배비), 설치비, 취득세 등 취득관련 제세공과금, 시운전비 등을 포함한 일체의 직접적인 관련성 있는 지출을 말한다. 단, 현물출자, 증여 및 무상취득 등으로 취득한 자산은 공정가치를 취득원가로 한다.

유형자산 취득원가

취득원가 = 구입원가(또는 제작원가) + 직접관련원가

2.2 취득유형별 취득원가

회계에서는 취득원가의 결정(최초 장부상에 기록되는 금액)이 매우 중요하다. 이것이 어떻게 결정되느냐에 따라 기간손익이 달라지고 당연히 기말의 재무상태표상 평가금액도 달라지기 때문이다. 특히 유형자산은 다른 자산과 달리 취득하는 상황에 따라 '취득원가 결정방법'이 매우 중요하고도 어렵다.

① 일괄구입

가장 일반적인 취득유형은 개별 유형자산을 외부에서 구입하는 방법이다. 학교 앞 분식집의 에어컨처럼 구입원가에 직접관련원가를 더하여 결정하면 된다. 그러나 가스레인지와 가스통이라는 유형자산을 함께 묶어서 한꺼번에 구입하는 경우 이를 '일괄구입(basket purchase)'이라고 한다. 이때는 어쩔 수 없이 각 개별자산의 공정가치에 따라 안분한 금액으로 각각의 취득원가를 결정해야 한다.

② 현물출자

주식을 발행하여 유형자산을 구입할 수 있다. 이를 '현물출자'라고 한다. 이 경우에는 원칙적으로 대가로 발행하는 주식의 공정가치를 취득하는 유형자산의 취득원가로 삼아야 한다. 주식을 팔아 그 대금으로 유형자산을 사는 이원적 거래로 보면 될 것이다. 앞에서 설명한 것처럼 취득원가란 내 주머니에서 나간 돈(주식을 팔아 생긴 돈)의 합이니까…

예제 10-1 | 유형자산 취득원가

(주)유형은 기계장치를 구입하면서 구입대금 600,000원, 운송비 10,000원, 설치비 및 시운전비 20,000원, 보험료 5,000원 등의 직접관련원가가 발생하였다.

1. (주)유형은 구입대금은 현금 지급하고 나머지는 차후에 지급하기로 하였다.
2. 위 기계장치를 공구세트와 함께 취득하면서 현금 900,000원을 지급하였다. 취득당시 기계장치와 공구세트의 공정가치는 각각 700,000원, 300,000원이며 나머지 비용은 발생하지 않았다.

풀이

1. (차) 기계장치	635,000	(대) 현금	600,000
		미지급금	35,000
2. (차) 기계장치	630,000	(대) 현금	900,000
비품	270,000		

③ 무상취득

간혹 마음씨 좋은 주주 등 제3자로부터의 기증으로 유형자산을 '무상취득'할 수 있다. 이 경우에는 내 주머니에서 나간 돈이 없기 때문에 취득원가는 원칙적으로 영(0)이 되어야 한다. 그러나 분명히 자산이 증가했다는 경제적 실질을 무시할 수 없으므로 어쩔 수 없이 무상으로 기증받은 자산의 공정가치를 유형자산의 취득원가로 할 수밖에 없다. 이에 따라 자산수증이익이라는 특별한 영업외수익이 발생한다.

예제 10-2 | 유형자산 무상취득

(주)무상이 공정가치 5,000,000원의 건물을 무상으로 기증받으면서 소유권 이전과 관련된 제비용 300,000원을 현금으로 지출한 경우 회계처리하시오.

풀이

(차) 건물	5,300,000	(대) 자산수증이익	5,000,000
		현금	300,000

④ 교환취득

사용하던 유형자산을 다른 유형자산과 교환으로 취득할 수 있다. 이를 교환취득이라고 하는데 다음과 같은 두 가지 유형이 있다.

㉠ 동종자산 간 교환

학교 앞 가빈분식이 사용하던 에어컨을 바로 옆 맘마분식의 에어컨과 서로 맞바꾸는 경우를 말한다. 이러한 취득을 '동종자산 간 교환'이라 한다. 이 경우 가빈분식은 자기가 사용하던 에어컨의 장부금액(book value)을 교환으로 받은 에어컨의 취득원가로 기록해야 한다. 좀 어려운 내용인데 동종자산 간의 교환에서는 유형자산처분손익의 인식을 허용하지 않는다.[1)] 따라서 '제공한 자산의 장부금액'을 교환으로 취득하는(받는) 자산의 취득원가로 처리한다. 그 이유는 만약 동종자산의 교환시 처분손익을 인정한다면 분식(재고자산)은 팔 생각은 하지도 않고 매일 돈 되는 유형자산 간 교환만을 생각할 수 있기 때문이다. 무엇보다도 유형자산의 사용목적에 충실하라는 의미로 보면 될 것이다. 이러한 거래를 '상업적 실질이 없는' 교환거래라고도 한다.

ⓛ 이종자산 간 교환

그러나 가빈분식의 에어컨과 맘마분식의 가스레인지를 서로 바꾸었다면 가빈분식은 에어컨을 장부상에서 제거하고 교환으로 받은 가스레인지의 취득원가를 결정해야 한다. 이러한 유형자산 간 교환을 '이종자산 간 교환'이라 한다. 이러한 교환에서는 유형자산처분손익을 인정하고 있다. 따라서 자산취득의 대원칙에 따라 내 주머니에서 나간 돈, 즉 '제공한 자산의 공정가치'를 교환으로 취득하는(받는) 유형자산의 취득원가로 기록한다. 즉, 가빈분식의 가스레인지 취득원가는 가지고 있던 에어컨의 공정가치가 되는 것이다. 이러한 거래를 '상업적 실질이 있는' 교환거래라고 부른다.

표 10-1 교환취득시 취득원가

구분	교환취득자산의 취득원가
동종자산 간 교환 (상업적 실질 없음)	**제공한 자산의 장부금액** + 현금지급액(또는 − 현금수령액)
이종자산 간 교환 (상업적 실질 있음)	**제공한 자산의 공정가치** + 현금지급액(또는 − 현금수령액)

1) 일반기업회계기준에서는 동종자산 간 교환이라 하더라도 교환시 유의적인 현금 수수가 있는 경우에는 이종지산 간 교환으로 간주하여 처분손익을 인식할 수 있도록 허용하고 있다.

예제 10-3 | 유형자산의 교환취득

(주)서울은 보유 중이던 유형자산을 (주)부산의 유형자산과 교환하였다. 교환시 (주)서울의 유형자산 장부금액은 1,000,000원, 공정가치는 1,500,000원이었다. 단, 교환시 주고받은 현금은 유의적이지 않다고 가정한다.

1. 위 거래가 동종자산 간 교환이며 교환시 현금 50,000원을 받은 경우
2. 위 거래가 이종자산 간 교환이며 교환시 현금 50,000원을 지급한 경우

풀이

	차변	금액	대변	금액
1.	(차) 유형자산(신)	950,000	(대) 유형자산(구)	1,000,000
	현금	50,000		
2.	(차) 유형자산(신)	1,550,000	(대) 유형자산(구)	1,000,000
			현금	50,000
			유형자산처분이익	500,000

셋, 타다 남은 초

3.1 감가상각의 개념

나는 처음 회계 공부를 시작하였을 때 자산이라는 개념에 대해 무척 어려워했던 기억이 난다. 뭐 재산이면 재산이지 자산이라니! 하여튼 자산의 정의도 책마다 엄청 많았고 그 정의도 무척이나 어려웠다. '기업이 보유하고 있는 경제적 자원', '미래 경제적 효익', '미소멸 원가' 등등… 다음의 예로서 자산에 대해 한번 설명해 보기로 한다. 비상시 사무실의 불을 밝힐 목적으로 온라인에서 10,000원짜리 초 한 자루를 샀다고 하자. 최초 장부상 기록될 취득원가는 구입가격에 택배비(부대원가) 2,000원을 더한 12,000원이다. 즉, 내가 가지고 있는 기초 재무상태는 유형자산(초)이 12,000원이라는 것이다. 만약 이번 연도에 1/4에 해당하는 초를 사용(불을 밝혀 수익창출을 위해 소멸)하였다면 3,000원만큼의 가격이 다운(down)되었을 것이다. 앞의 8강에서 배운 재고자산이 매출원가라는 비용으로 소멸(판매)하듯이. 이렇게 유형자산의 가치가 소멸하는 것을 '감가(減價)'라고 한다. 다만 유형자산 중 '토지'와 '건설중인자산'은 감가상각 대상이 아니다.

학교 앞 분식집의 에어컨을 포함하여 세상의 어떠한 자산도 천년만년 사용할 수는 없다. 즉, 언젠가는 그 수명을 다하여 소멸하는 것이 자산의 본질이다. 이렇게 자산의 사용기간을 내용연수(useful life)라고 한다. 그리고 자산의 내용연수가 다하였을 때 남아 있는 장부금액을 잔존가치(residual value)라고 한다. 내용연수를 다하여도 자산의 잔존가치가 있을 수 있지만 실무나 세법 등에서는 보통 영(0)으로 처리한다.

그렇다면 기말재무제표는 어떻게 작성되어야 하는가? 소멸한 3,000원의 유형자산 취득원가는 가치감소분만큼 감가상각비라는 비용으로 처리되어 손익계산서에 기록되어야 하고, 남아 있는 9,000원의 취득원가는 계속하여 기말재무상태표상에 자산으로 보고될 것이다. 이처럼 유형자산의 취득원가를 내용연수에 걸쳐 점차로 장부상에서 제거해 나가는 과정(원가배분)을 '감가상각(depreciation)'이라고 한다.[2)]

2) 일반기업회계기준에서는 유형자산의 취득 후 원가모형이나 재평가모형 중 하나를 회계정책으로 선택하여 인식시점 이후의 측정, 즉 감가상각을 하도록 하고 있다. '원가모형'에서는 취득원가에서 감가상

감가상각비 회계처리(간접법)[3]

(차) 감가상각비	×××	(대) 감가상각누계액 (유형자산 차감계정)	×××

3.2 감가상각비 결정과 감가상각방법

그런데 자산이 소멸하면서 내용연수 동안 매년 일정하게 소멸하는지 아니면 처음에 많이 소멸하고 나중에 적게 소멸하는지는 사람이 알 수 있는 소관이 아니다. 즉, 신(god)들의 소관이다. 따라서 기업은 합리적이고 체계적인 방법으로 소멸분(감가상각비)을 결정해야 한다. 합리적인 방법이라는 것이 고작해야 회계기준이나 법인세법 등의 규정을 따르는 것이다. 앞서 살펴본 ㉠ 감가상각대상금액(=취득원가−잔존가치), ㉡ 내용연수 이외 ㉢ 감가상각방법 등을 '감가상각비 결정요소'라고 한다. 이들 세 가지 요소로서 감가상각비를 계산하게 된다.

일반기업회계기준에서 규정하고 있는 감가상각방법에는 다음과 같은 것들이 있다.

① 정액법

정액법(straight-line method)은 매 기간 동일한 금액을 상각하는(비용처리하는) 방법이다. 취득원가에서 잔존가치(residual value)를 차감한 금액(이를 '감가상각대상금액'이라고 한다)을 내용연수로 나누는 방법으로 매 기간 일정한 감가상각비를 계산한다. 즉, 초가 매년 일정하게 탄다고 보는 방법이다. 계산상의 간편성 때문에 실무상 건물 등의 유형자산에 널리 이용되고 있다. '직선법'이라고도 한다.

정액법 감가상각비

$$\text{연간 감가상각비} = \frac{\text{취득원가} - \text{잔존가치}}{\text{내용연수}}$$

각누계액과 손상차손누계액을 차감한 금액을 장부금액으로 한다. 재평가모형에 대한 내용은 기초회계의 범위를 벗어나므로 중급회계 과목을 참조하기 바란다.

3) 감가상각비를 유형자산의 장부금액에서 직접 차감하지 않고, 감가상각누계액이라는 유형자산의 차감계정을 사용하는 방법을 '간접법'이라고 한다.

② 정률법

정률법(fixed percentage method)은 유형자산이 제공하는 경제적 효익, 즉 수익창출 능력이 시간이 경과함에 따라 체감(기계장치, 차량운반구 등)한다고 가정한다. 따라서 '기초장부금액(=취득원가-감가상각누계액)'에 일정한 상각률을 곱하여 감가상각비를 계산하는 체감잔액법(가속상각법)을 말한다. 그 이유는 매년 감소하는 기초장부금액에 일정한 상각률을 곱하므로 감가상각비는 체감하게 되는 것이다. 즉, 초가 초반에 많이 타고 시간이 경과할수록 적게 탄다고 보는 것이다. 이 방법은 감가상각비와 수선유지비의 합계액을 매년 비슷하게 유지시킬 수 있는 장점이 있다. 통상 상각률은 잔존가치를 고려하여 쉽게 계산할 수 있다(상각률은 세법 등에 이미 계산되어 있어 우리가 굳이 계산할 필요는 없음).

정률법 감가상각비

감가상각비 = 기초장부금액 × 상각률

$$r = 1 - \sqrt[n]{\frac{S}{C}}$$

r = 상각률, n = 내용연수, C = 취득원가, S = 잔존가치

③ 연수합계법

연수합계법(sum of the year's digits method)은 '감가상각대상금액(=취득원가-잔존가치)'에 상각률을 곱하여 감가상각비를 계산한다. 상각률은 당해연도 초의 잔존내용연수를 내용연수의 합으로 나누어 구한다. 상각률이 매년 감소하기 때문에 정률법과 비슷하게 가속상각법의 일종으로 볼 수 있다.

연수합계법 감가상각비

감가상각비 = 감가상각대상금액 × 상각률

$$\text{상각률} = \frac{\text{당해연도 초의 잔존내용연수}}{\text{내용연수 합계}}$$

④ 생산량비례법과 작업시간비례법

생산량비례법(units-of-production method)과 작업시간비례법(activity method)은 감가상각대상금액을 예상생산량 또는 예상조업도(작업시간)에 대한 실제생산량의 비율에 따라 감가상각비를 계산한다. 즉, 초가 실제생산량과 실제작업시간의 비율만큼 탔다고 보는 것이다. 통상 조업도(일하는 정도 또는 생산량 정도)의 변동이 심한 삼림, 유전, 광산 등에 적용하는 방법이다.

생산량비례법 감가상각비

$$\text{감가상각비} = \text{감가상각대상금액} \times \frac{\text{실제생산량(작업시간)}}{\text{총예상생산량(작업시간)}}$$

예제 10-4 | 유형자산 감가상각

(주)감가상사는 20×1년 초 기계장치를 2,000,000원에 취득하였는데 내용연수는 5년, 잔존가치는 200,000원이라고 한다. 다음의 각 방법에 따른 감가상각비를 계산하고 회계처리하시오.

1. 정액법(연간 감가상각비)
2. 정률법(20×2년 감가상각비, 상각률 0.369)
3. 연수합계법(20×2년 감가상각비)

풀이

1. (차) 감가상각비 360,000 (대) 감가상각누계액 360,000
   * 연간 감가상각비=(2,000,000−200,000)÷5년=**360,000**

2. (차) 감가상각비 465,678 (대) 감가상각누계액 465,678
   * 20×1년 감가상각비=2,000,000×0.369=738,000
     20×2년 감가상각비=(2,000,000−738,000)×0.369=**465,678**
     20×3년 감가상각비=(2,000,000−738,000−465,678)×0.369=293,843

3. (차) 감가상각비 480,000 (대) 감가상각누계액 480,000
   * 20×1년 감가상각비=(2,000,000−200,000)×5/15=600,000
     20×2년 감가상각비=(2,000,000−200,000)×4/15=**480,000**
     20×3년 감가상각비=(2,000,000−200,000)×3/15=360,000

3.3 재무제표 표시

앞서 말한 것처럼 자산은 언젠가는 비용으로 소멸되는 운명을 타고난 것이다. 그러나 이렇게 자신을 희생(소멸)시키면서 기업의 수익창출에 공헌(기여)하니 또한 기쁘지 아니한가? 이때 자산의 소멸분은 차변에 '감가상각비'라는 비용으로 처리하고, 대변에는 '감가상각누계액'이라는 자산의 차감계정을 사용한다([예제 10-4] 참조할 것). 우리가 앞에서 배웠던 자산의 차감계정인 충당금계정(대손충당금, 재고자산평가손실충당금 등)과 유사한 계정이라고 보면 된다. 이러한 방법을 간접법이라고 한다.

만약 취득원가 2,000,000원의 기계장치를 정액법으로 상각한 1차 연도 감가상각비가 360,000원이었다면 기말재무상태표와 손익계산서에는 다음과 같이 표시된다.

재무상태표

(주)감가상사	20×1년 12월 31일 현재	(단위 : 원)
유형자산		1,640,000
기계장치	2,000,000	
감가상각누계액	(360,000)	

이때 재무상태표에 표시된 감가상각누계액은 지금까지 비용처리된 감가상각비의 누계액으로 점차 증가(1차 연도 360,000원, 2차 연도 720,000원)함으로써 기계장치의 '장부금액(Book Value : BV)'은 점차 감소하게 되는 것이다. 한편 매년 계산된 감가상각비는 손익계산서에 당기의 판매비와관리비라는 비용으로 처리된다.

손익계산서

(주)감가상사	20×1년 1월 1일부터 12월 31일까지 현재	(단위 : 원)
판매비와관리비		
감가상각비	360,000	

넷, 어! 이럴 땐 어떻게 처리해야 하나?

유형자산을 사용하다 보면 유리창의 파손 보수, 도색, 수선유지비 등의 간단한 수선에서부터 엘리베이터의 설치를 위해 커다란 공사를 할 수도 있다. 이러한 지출을 어떻게 처리하느냐는 회계상 중요한 문제가 될 수 있다. 물론 이러한 지출을 자산의 '취득원가'에 포함시키느냐 아니면 당기의 '수선비'로 처리하느냐는 감가상각비의 측면에서만 본다면 내용연수에 걸쳐 동일한 결과를 가져올 것이다. 왜냐하면 어떻게 처리하든 결국은 내용연수에 걸쳐 비용화(자본적 지출)되든지 아니면 즉시 소멸되어 비용화(수익적 지출)될 것이기 때문이다.

4.1 자본적 지출과 수익적 지출

유형자산의 사용 중 발생하는 지출에 대하여 회계담당자는 '어! 이것 어떻게 처리해야 하지?' 하고 고민에 빠질 수 있다.

① 자본적 지출

자산으로부터 발생하는 미래 경제적 효익이 기업에 유입될 가능성이 매우 높은 경우 유형자산의 취득원가에 포함시키는 방법을 '자본적 지출(capital expenditures)'이라고 한다. 예를 들어 생산능력의 증대, 내용연수의 연장, 상당한 원가절감 및 품질향상을 가져오는 경우에는 자본적 지출로 처리한다.

② 수익적 지출

유형자산의 원상을 회복하거나 지출의 효과가 당기에만 미치는 수선유지를 위한 경상적 지출이라든가 일정금액 이하의 소액지출 등은 당기의 비용으로 처리하는데, 이를 '수익적 지출(revenue expenditures)'이라고 한다.[4)]

4) 법인세법에서는 개별자산별로 수선비로 지출한 금액이 300만원 미만이거나 직전 사업연도 종료일 현재 장부금액 5%에 미달하는 경우, 3년 미만의 주기적인 수선을 위한 수선비는 수익적 지출로 처리하고 있다.

조금 전 말한 것처럼 이러한 지출은 결국 비용화 될 것인데 자본적 지출이니 수익적 지출이니가 뭐가 그리 중요하냐고 의문을 가질 수도 있다. 그건 그렇지 않다. 어떻게 처리하느냐에 따라 지출연도와 이후 연도의 기간손익과 재무상태에 중대한 영향을 미칠 수 있기 때문이다. 즉, 자본적 지출은 당해 연도 이후의 감가상각비가 증가하므로 같은 크기만큼 당기순이익이 감소하게 된다. 수익적 지출의 경우에는 지출 당해 연도에 전액 비용처리하므로 지출연도의 기간손익이 작게 계상된다. 이처럼 지출의 회계처리방법에 따라 기간손익과 재무상태에 커다란 영향을 주게 되는 것이다.

언젠가 뉴스에서 물 먹인 소를 도축하여 거액의 부당이득을 챙긴 일당이 구속되었다는 기사를 본 적이 있다. 이것은 실제보다 더 큰 몸집의 소를 도축하여 살이 더 많아 보이도록 속이는 행위이다. 비슷하게 회사의 실제 재무상태나 이익보다 더 크게 보이도록 장부를 조작할 수도 있다. 만약 수익적 지출로 처리해야 할 것을 자본적 지출로 처리할 경우 회사의 순자산이 과대평가(비용으로 처리하지 않고 자산으로 처리한 결과임)될 것이다. 이처럼 회사의 장부상 자본가치가 실제가치보다 더 높게 평가되는 것을 혼수자본(watered capital)이라고 한다. 억지로 물을 먹인 소처럼 물 먹은 자본이 생기게 되는 것이다. 반대로 자본적 지출로 처리해야 할 것을 수익적 지출로 잘못 처리하게 되면 사용 가능 내용연수 동안 자산이 과소평가되어 실제보다 장부상 기업가치가 더 낮게 나타나게 된다. 이 경우에는 비밀적립금(secret revenue)이라는 것이 발생하게 된다. 요컨대 유형자산의 사용기간 동안 발생하는 지출분류의 오류는 기업에 중대한 영향을 미칠 수 있다는 점을 명심해야 한다.

지출분류 오류

- 수익적 지출 → 자본적 지출 : 혼수자본 발생(비용과소, 자산과대, 이익과대)
- 자본적 지출 → 수익적 지출 : 비밀적립금 발생(비용과대, 자산과소, 이익과소)

4.2 기중 구입한 자산의 감가상각

기업은 유형자산을 기초나 기말에만 구입하는 것은 아니다. 만약 회계기간 중 유형자산을 구입한 경우 1차 연도(취득연도) 감가상각비는 월할기준 또는 일할기준을 채택하여 결정한다. '월할기준'은 취득한 달을 포함하여 회계연도의 남은 기간을 월기준으로 감가상각비를 인식하는 방법이다. 예를 들어 12월 결산기업이 5월 2일 유형자산을 취득하였다면 연간 감가상각비의 8개월분을 감가상각하면 된다. '일할기준'은 구입일로부터 회계연도의 잔여기간에 해당하는 감가상각비를 계산하는 방법을 말한다. 당연히 일할기준으로 계산하는 것이 가장 정확할 것이다. 다만 실무에서는 편의상 월할기준이 많이 활용되고 있다.

4.3 유형자산의 처분

유형자산을 처분하는 경우에는 다른 자산과 마찬가지로 처분금액과 장부금액을 비교하여 처분금액이 장부금액보다 크면 유형자산처분이익의 과목으로 영업외수익으로 처리하고, 반대로 처분금액이 장부금액보다 작은 경우에는 유형자산처분손실의 과목으로 하여 영업외비용으로 처리한다. 유형자산의 처분시 주의해야 할 점은 회계기간 중의 처분이다. 이때에는 기초부터 처분시까지의 감가상각비를 먼저 계산하여 새로운 장부금액을 결정한 후, 이를 처분금액과 비교하여 유형자산처분손익을 계산해야 한다. 즉, '선상각 후처분손익'으로 처리해야 한다는 것이다.

감가상각의 유래

산업혁명 이전까지 미국을 비롯한 대부분의 국가에서는 감가상각의 중요성을 인식하지 못하였다. 19세기경 미국의 동서횡단 철도회사들은 막대한 수익을 창출하였으나 철로 및 기관차에 대한 감가상각을 하지 않았다.

따라서 이렇게 창출된 이익을 모두 배당한 회사들은 대부분 파산하고 말았는데 이유는 결국 자기자본을 몽땅 배당해 버린 결과가 되었기 때문이었다. 이러한 사건 이후 감가상각의 필요성과 중요성이 인식되기 시작하였던 것이다.

예제 10-5 | 유형자산의 기중취득과 처분

(주)서울은 20×1년 4월 중 기계장치를 1,200,000원에 현금취득(내용연수 5년, 잔존가치 200,000원)한 후 정액법으로 감가상각을 하고 있다. 만약 20×2년 3월 말 동 기계장치를 950,000원에 매각한 경우 다음의 시점별 회계처리하시오. 단, 기중 취득한 자산에 대한 감가상각은 월할상각한다.

1. 20×1년 4월 중 취득시
2. 20×1년 12월 말 결산시
3. 20×2년 3월 말 처분시

풀이

1. (차) 기계장치 1,200,000 (대) 현금 1,200,000
2. (차) 감가상각비 150,000 (대) 감가상각누계액 150,000
   * 20×1년 감가상각비 = [(1,200,000 − 200,000) ÷ 5] × 9/12 = 150,000
3. (차) 감가상각비 50,000 (대) 감가상각누계액 50,000
   * 20×2년 3월 말까지의 감가상각비 = [(1,200,000 − 200,000) ÷ 5] × 3/12 = 50,000
4. (차) 현금 950,000 (대) 기계장치 1,200,000
   감가상각누계액 200,000
   유형자산처분손실 50,000

다섯, 봉이 김선달과 원조 안흥찐빵

조선 후기의 대표적인 풍자적 인물로는 봉이 김선달(본명 김인홍, 자호는 낭사)을 들 수 있다. 평양출신의 재사(才士)로서 자신의 경륜을 펼치기 위해 한양에 왔다가 서북인에 대한 차별정책과 낮은 문벌 때문에 뜻을 이루지 못하였다. 자신의 뜻을 제대로 이루지 못한 그는 세상을 휘젓고 다니며 권세 있는 양반과 부유한 상인, 위선적인 종교인들을 재치 있는 기지로 골탕 먹이는 여러 가지 일화를 남겼다.

김선달이 '봉이'라는 별호를 얻게 된 연유는 다음과 같다. 하루는 장 구경을 갔다가 닭 가게 옆을 지나게 되었다. 마침 닭장 안에 있던 유달리 크고 모양이 좋은 닭 한 마리를 보고 주인에게 저 닭이 봉(鳳)이 아니냐고 물었다. 김선달이 짐짓 모자라는 체하고 계속 묻자 처음에는 아니라고 부정하던 닭 장수가 봉이라고 대답했다. 비싼 값을 주고 그 닭을 산 김선달이 원님에게 그것을 봉이라고 바치자 화가 난 원님이 볼기를 쳤다. 원님에게 자기는 닭 장수에게 속았을 뿐이라고 하자 그를 잡아오라는 불호령이 떨어졌다. 결국 김선달은 닭 장수로부터 닭 값과 볼기 값으로 많은 배상을 받았다. 이후 닭 장수에게 닭을 봉이라 속여 큰 이득을 보았다 하여 그는 '봉이 김선달'이라 불리게 되었다.

또 다른 유명한 일화로는 대동강 물을 팔아먹은 재미있는 이야기가 있다. 어느 날 김선달이 대동강 나루터에서 사대부 집에 물을 길어다 주는 물장수들을 만났을 때 기발한 아이디어가 생각났다. 이들을 주막에 데리고 가서 얼큰하게 한잔을 사 주며 "내일부터 물을 지고 갈 때마다 자기에게 한 닢씩을 던지라!"고 하면서 동전을 물장수들에게 나누어 주었다. 그리고 이튿날 의관을 차려입고 대동강가에 의젓하게 앉아서 물장수들이 던져 주는 엽전을 점잖게 받고 있었다. 주변의 사람들이 이 광경을 수군대며 살피고 있었는데 엽전을 내지 못한 물장수가 선달로부터 호되게 야단을 맞고 있었다. 이를 본 한양 상인들은 대동강 물의 주인이 선달인데 물값을 내지 못하여 야단을 맞고 있는 줄 알고 엽전 준비로 야단들이었다. 한양 상인들은 "어수룩한 노인네 하나 다루지 못할 것인가!" 하면서 능수능란한 말솜씨로 꼬드겨 그를 주막으로 데려온다. 술잔이 오가고 물의 흥정이 시작되었다. 선달은 조상 대대로 내려온 것이므로 조상님께 면목이 없어 못 팔겠다고 버티면서 이를 물려줄 자식이 없음을 한탄까지 하였다.

한양 상인들은 집요하게 흥정을 하였다. 처음 1천 냥이었던 거래금액이 2천 냥, 4천 냥으로 올라가 결국 4천 냥에 낙찰되었다. 당시 황소 60마리를 살 수 있는 돈이었다.

이야기의 주제를 달리 돌려보자! 인천에서 강릉을 가로지르는 영동고속도로를 달리다 보면 가장 눈에 띄는 간판 중의 하나는 아마도 '원조 양평해장국'과 '원조 안흥찐빵'일 것이다. 비단 원조라는 말이 이것만은 아니다. 이 원조 때문에 일어난 분쟁도 끊이지 않는다. 서울 ○○동의 원조 간장게장 상표권 분쟁 폭력사건, 원조 경주 황남빵, 원조 충무김밥과 꿀빵, 원조 숯불갈비 분쟁 등등…

언젠가 신문에서 본 원조 안흥찐빵 할머니(심○○ 할머니)의 내용을 정리해 보면 다음과 같다. 아주 가난한 시댁으로 시집을 와 어린 나이에 두 아이의 엄마가 된 주인공은 모진 고생을 하였다고 한다. 여러 가지 장사를 하다 안흥 지서(支署) 앞에서 좌판을 깔고 분식과 호떡장사를 시작한 것이 인생 역전의 계기가 되었다고 한다. 주변 식당의 엄청난 눈총과 욕을 먹으로면서 7년간 각고의 노력 끝에 밀가루 반죽의 달인이 되었다. "세상에, 찐빵이 그렇게 맛있는 줄은 몰랐다!" 손님들로부터 전국 각지로 입소문이 퍼지고 품목을 찐빵으로 단일화하면서 오늘날의 '안흥찐빵'이 탄생했다고 한다.

이렇게 탄생한 안흥찐빵은 1990년대 중반부터 전국적인 명성을 얻었다. 초등학교도 못 나온 주인공은 '신(新)지식인'으로 뽑혀 청와대까지 초청을 받았다. 그 무렵 한 손님이 심각한 표정으로 "아줌마, 상표등록을 하셔야 할 텐데요"라고 권하자 "이까짓 찐빵을 가지고 무슨 상표예요?"라고 웃어넘겼다고 한다. 그런데 이때부터 안흥찐빵 간판을 건 집들이 하나둘 생기기 시작했다. "아이고, 그 아저씨 말이 맞았구나!" 그제서야 무릎을 치고 특허청에 상표출원을 했지만 받아들여지지 않았다. 오히려 서울에 사는 사람이 '안흥왕찐빵'이란 상표를 등록해 지루한 소송을 벌이기까지 했다. 이제 안흥찐빵이란 이름은 전국 도처에 널린 흔한 이름이 되었다. 고속도로 휴게소는 물론 어디에서든 곧잘 눈에 띄고 미국 한인타운에서는 중국산 짝퉁까지 등장했다고 한다. 주인공은 이런 짝퉁 찐빵을 먹고 실망했다는 말을 들을 때 가장 속이 상한다고 한다. 만약 주인공이 제대로 상표권을 등록했더라면 어떻게 되었을까?

비슷하게 최근 가장 핫한 TV 프로그램 중 하나인 '백○○ 골목식당'에서 어느 출연자가 개발한 '덮죽'이라는 음식의 레시피(recipe)를 도용당해 울고 있는 장면을 보았다. 당연히 상표권 등록을 했어야 했다. 그래야만 손해배상 청구가 가능한 것이다. 요즘에는 아예 상표권 전문사냥꾼들이 존재한다고 하니 이러한 무형의 자산에 특별히 신경을 써야 할 시대라 생각된다. "권리 위에 잠자는 자는 보호받지 못한다!"라는 말이 새삼 더 느껴지는 사례라 할 수 있다.

5.1 무형자산의 의의와 분류

앞서 우리는 자산을 '기업이 보유한 경제적 자원' 정도로 정의한 바 있다. 그리고 자산은 기업 내부에 보유 중인 가치 있는 자원으로서 언젠가는 비용으로 소멸하게 될 운명을 지녔다고 하였다. 그런데 자산의 정의 중 가장 중요한 것 중 하나가 '기업의 통제(control of entity)'라는 개념이다. 유형자산처럼 눈에 보이는 물리적 실체가 있든 없든 기업이 자신의 통제하에 두어야만 자산으로 인정받을 수 있다는 개념이다. 공중에 떠다니는 '공기'라는 물질은 기업에 있어 또는 인간이 삶을 살아가는 과정에서 아마 가장 중요한 자원일 것이다. 이것이 없다면 바로 죽기 때문이다. 그러나 누구도 이 중요한 자원을 자신의 자산이라고 주장하는 사람은 없을 것이다. 이것이 바로 통제라는 개념이다. 만약 봉이 김선달처럼 공기를 자신의 소유라고 주장하는 사람이 있다면 세계 제일의 갑부가 될 것이다. 1분 숨 쉬는데 1만원… 안흥진빵 원조 할머니가 상표권이라는 무형(無形)의 자산에 대한 통제권(상표권 등록)을 행사할 수 있다면 어떻게 되었을까? 아쉬운 대목이라 아니할 수 없다.

앞에서 예시한 것처럼 자산의 정의에 있어 물리적 실체의 유무는 결정적이지 않다. 상표권과 같이 물리적 실체가 없는 자산들도 있는 것이다. 무형자산(intangible assets)은 '사용목적'의 '장기성 자산'으로 '물리적 실체가 없는' 비화폐성자산을 말한다. 우리나라 일반기업회계기준에서 예시하고 있는 무형자산에는 다음의 것들이 있다.

무형자산 분류

- 영업권
- 산업재산권(특허권, 실용신안권, 의장권, 상표권 등)
- 개발비(제조비법, 공식, 모델, 디자인 및 시작품의 개발)
- 라이선스(특정 권리자가 자신의 권리를 타인에게 사용하도록 하는 권리)
- 프랜차이즈(특별한 상품상호에 따라 상품이나 용역을 판매할 수 있는 권리)
- 기타(저작권, 컴퓨터소프트웨어, 임차권리금, 광업권, 어업권 등)

5.2 취득원가와 상각

무형자산의 취득원가 역시 유형자산처럼 외부로부터 유상으로 취득한 금액(취득원가=유상구입가격+직접관련원가)으로 한다. 무형자산이라고 해서 경제적 효익(기업의 수익창출에 공헌하는 기간)이 무한할 수는 없다. 따라서 내용연수는 관계법령(특허법, 상표법 등)에 정해진 기간을 제외하고는 최대 20년을 초과할 수 없다. 즉, 무형자산의 원가배분(이를 '상각(amortization)'이라고 한다)을 정해진 기간 내에 하라는 의미이다. 잔존가치는 원칙적으로 영(0)으로 한다. 상각은 정액법, 체감잔액법(정률법 등), 연수합계법, 생산량비례법 등 합리적인 방법을 선택하여 상각한다. 만약 합리적 방법의 선택이 어려운 경우 정액법을 사용한다. 재무제표에는 직접법에 따라 상각누계액을 차감한 미상각잔액을 표시하거나 무형자산상각누계액을 차감하는 형식으로 간접표시할 수도 있다.

예제 10-6 | 무형자산의 취득과 상각

(주)개발은 20×1년 중 신제품 개발과 관련하여 1,000,000원의 지출이 발생하였고 특허등록을 위해 200,000원의 현금이 추가로 발생하였다. 개발된 신제품은 20×2년 초부터 수익이 발생하며 내용연수는 10년(잔존가치 0)으로 예상하고 있다.

1. 20×1년 특허권 취득과 관련된 회계처리를 하시오.
2. 20×2년 결산시 회계처리(정액법, 직접법)를 하시오.

풀이

	차변	금액	대변	금액
1.	(차) 특허권	1,200,000	(대) 현금	1,200,000
2.	(차) 무형자산상각비	120,000	(대) 특허권	120,000

* 20×2년 상각비=1,200,000÷10=120,000원

5.3 영업권

영업권(goodwill)이란 어떤 기업이 동종의 경쟁업체에 비해 '초과수익률'을 창출할 수 있는 크기를 화폐액으로 표시한 것이다. 이러한 초과수익의 창출은 단골손님, 좋은 입지적 조건, 영업 노하우(know-how) 등으로 인해 발생할 수 있다. 우리가 장사를 하려고 기존의 가게를 인수하려고 할 때 초과지급하는 권리금과 같은 개념이다. 하지만 영업권과 같은 무형자산은 눈에 보이지 않는 경제적 자원이므로 이를 자산으로 인식하기가 매우 까다롭다. 따라서 영업권은 인수 · 합병(M&A)과 같은 외부로부터 구입한 것만 인정되며, 내부적으로 창출한 영업권은 절대 자산으로 인식할 수 없다. 요컨대 영업권은 합병 등으로 지급하는 대가가 취득하는 순자산의 공정가치를 초과하는 경우에 발생한다.

예를 들어 자산 공정가치가 100억원, 부채의 공정가치가 40억원인 기업을 인수하려고 할 때 지불해야 할 금액은 60억원(100억원－40억원)이 된다. 그런데 60억원 이상의 금액인 70억원을 지불하고 이 기업을 인수하였다면 추가로 지불한 10억원을 영업권이라고 한다. 일반기업회계기준에서는 영업권은 그 내용연수(미래에 경제적 효익이 유입될 것으로 기대되는 기간) 걸쳐 '정액법'으로 상각하되 상각기간은 20년을 초과하지 못하도록 규정하고 있다.

영업권 산식

영업권＝취득(합병)기업의 지급대가－피취득(피합병)기업의 순자산 공정가치

위의 내용을 기초로 영업권에 대한 회계처리를 하면 다음과 같다.

(차)	제자산	100억	(대) 제부채	40억
	영업권	**10억**	현금	70억

5.4 산업재산권

산업재산권이란 법률에 의하여 일정기간 독점적 · 배타적으로 이용할 수 있는 권리가 부여된 특허권, 상표권, 실용신안권, 의장권 등을 말한다.

① 특허권

정부가 특수한 기술적 발명이나 사실에 대하여 그 발명인과 소유자를 보호하려는 취지에서 일정기간 동안 그 발명품의 제조 및 판매에 관하여 부여하는 권리를 말한다. 특허법에 의하여 등록함으로써 취득된다.

② 실용신안권

특정한 고안이 실용신안법에 의해 등록되어 이를 일정기간 독점적 · 배타적으로 이용할 수 있는 권리를 말한다.

③ 의장권

특정한 의장이 의장법에 의해 등록되어 이를 일정기간 독점적 · 배타적으로 이용할 수 있는 권리를 말한다. 실용신안권이 미감을 무시하고 물품의 형상 및 구조 등의 고안적 가치에 중점을 두는데 반해 의장권은 전적으로 미감에 중점을 두고 있다.

④ 상표권

특정한 상표가 상표법에 의해 등록되어 이를 일정기간 독점적 · 배타적으로 이용할 수 있는 권리를 말한다.

5.5 개발비

개발비란 새로운 제품, 용역 및 기술 등을 창조·개발하기 위해 연구 및 개발활동에 지출된 비용을 말한다. 이러한 지출비용을 무형자산으로 인식하기 위해서는 매우 신중을 기해야 한다. 따라서 일반기업회계기준에서는 내부적으로 창출한 무형자산이 자산의 인식기준을 충족하는지 평가하기 위하여 연구단계와 개발단계로 구분하도록 하고 있다.

① 연구단계

연구단계(research phase)는 새로운 지식을 얻고자 하는 활동, 연구결과 또는 기타 지식을 탐색, 평가, 최종 선택 및 응용하는 활동, 재료나 장치 등에 대한 여러 가지 대체안을 탐색하는 활동 등을 포함하며 개발단계의 사전단계로 볼 수 있다. 따라서 연구단계에 있는 지출비용은 자산성이 존재한다는 것을 입증하기 어렵기 때문에 금액의 크기에 관계없이 무조건 '연구비'의 과목으로 하여 당기비용으로 처리하도록 하고 있다.

② 개발단계

개발단계(development phase)란 연구단계보다 훨씬 진전된 단계로서 무형자산을 어느 정도 인식할 수 있는 단계를 말한다. 따라서 개발단계에서 발생한 지출은 기술적 실현가능성, 판매하려는 기업의 의도 및 능력 등 일정한 요건을 모두 충족하는 경우 '개발비'라는 무형자산으로 인식할 수 있다.[5] 다만 개발단계라 하더라도 미래 경제적 효익의 제공과 지출의 신뢰성 있는 측정이 어려운 경우 '경상개발비'의 과목으로 하여 당기비용으로 처리해야 한다.

요약하자면 연구개발비는 당장의 수익창출보다는 기업의 미래를 위한 지출비용이다. 이러한 지출비용으로 바로 수익이 발생할 수 없지만 이를 자산으로 인식한 후 미래 관련 매출이 발생할 때 비용처리하려는 것이다. 즉, 수익·비용대응의 원칙을 말한

5) 일반기업회계기준에서는 무형자산으로 인식하기 위한 구체적인 6가지 요건을 제시하고 있으나 세부내용보다는 무형의 자산에 대한 인식의 엄격성에 대해 다시 한번 생각해 보기 바란다. 예를 들어 미래 경제적 효익 창출을 위한 내부지출이 영업권을 창출할 수도 있지만 창출한 영업권 원가의 신뢰성 있는 측정, 기업의 통제, 식별가능한 자원 등의 문제로 인해 자산성을 인정받지 못하는 것이다.

다. 개념상으로는 단순하지만 현실적으로는 판단하기가 쉽지 않다. 따라서 연구개발비가 연구단계에서 발생한 것인지 개발단계에서 발생한 것인지 구분할 수 없는 애매한 경우에는 전부 연구단계의 지출로 처리해야 하는 것이다.

그림 10-2 **내부창출 무형자산**

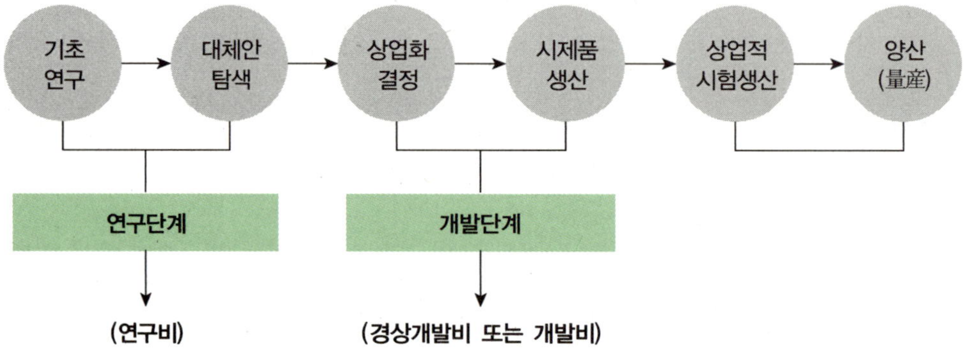

5.6 기타의 무형자산

기타의 무형자산으로는 다음과 같은 것들이 있다. '라이선스(license)'는 특정한 상표권, 특허권, 소프트웨어, 음반저작권, 영화필름 등을 계약을 통해 일정기간 동안 사용할 수 있는 권리를 말한다. '프랜차이즈(franchise)'는 특정지역에서 독점적 · 배타적으로 사업을 영위할 수 있는 권리나 계약을 말한다. 마지막으로 '광업권(mining right)'이란 광업법에 의해 등록된 일정한 광구에서 일정기간 동안 독점적으로 채굴할 수 있는 권리이며, '어업권(fishing right)'은 수산업법에 의해 등록된 일정한 수면에서 일정기간 동안 어업을 할 수 있는 권리를 말한다.

믿거나 말거나?

우리가 잘 알고 있는 코카콜라(CocaCola)는 세계 최고의 브랜드 가치를 가지고 있다는 사실은 누구나 다 알고 있다. 이 브랜드 가치의 중심은 바로 코카콜라의 병이다. 초창기 가맹점별로 병 모양이 달라 어려움을 겪던 회사는 디자인 공모전을 열었는데 루드라는 가난한 농부의 아들이 이 엄청난 곡선 모양의 디자인을 고안하였다고 한다. 현재 정확하게 알려진 정설은 아니나 당시 유행하던 통이 좁은 주름치마를 입고 있던 여친 주디의 모습에서 아이디어를 얻었다는 설이 있다. 믿거나 말거나…

여섯, 불쌍한 기타비유동자산!

지금까지 우리는 자산에 관한 회계처리를 학습하기 위해 열심히 달려왔다. 6강과 7강의 당좌자산, 8강의 재고자산(이상 유동자산), 9강의 투자자산 그리고 10강의 유형자산 · 무형자산(이상 비유동자산) 등에 대해 살펴보았다. 우리나라 일반기업회계기준에서는 비유동자산 중 투자자산 및 유 · 무형자산에 속하지 않는 자산을 '기타비유동자산'이라 규정하고 있다.

6.1 이연법인세자산

미래 차감할 일시적 차이로 인해 법인세 절감효과가 실현될 것으로 기대되는 경우에 인식하는 자산을 말한다. 다만 미래 과세소득의 발생이 거의 확실한 경우에만 인식한다.

6.2 임차보증금

타인의 부동산 또는 동산을 월세 등의 조건으로 사용하기 위하여 지급하는 보증금을 말한다.

6.3 장기매출채권

주된 영업활동에서 발생하여 회수기일이 보고기간종료일로부터 1년 이후에 도래하는 장기성 채권을 말한다.

6.4 장기미수금

주된 영업활동에서 이외 유 · 무형자산 및 투자자산 등의 처분으로 발생한 채권으로 회수기일이 보고기간종료일로부터 1년 이후에 도래하는 장기성 채권을 말한다.

10강
복습

1. 일괄구입
   개별 유형자산 여러 가지를 한꺼번에 묶어서 구입하는 것

2. 유형자산 교환취득
   동종자산 간 또는 이종자산 간 교환으로 유형자산을 취득하는 것

3. 감가상각비 결정요소
   감가상각대상금액, 내용연수, 감가상각방법 등 감가상각비 계산의 세 가지 요소

4. 감가상각방법
   정액법, 정률법, 연수합계법, 생산량비례법 등의 감가상각비 계산방법

5. 영업권(goodwill)
   동종의 경쟁업체에 비해 초과수익률을 창출할 수 있는 크기를 화폐액으로 표시

6. 산업재산권
   법률에 의해 일정기간 독점적·배타적 사용권리가 부여된 특허권, 상표권 등

7. 개발비
   신제품 등의 개발에 성공하여 미래 경제적 효익이 가능한 경우의 무형자산

8. 기타비유동자산
   이연법인세자산, 임차보증금, 장기매출채권, 장기미수금 등의 비유동자산

연습문제

01 유형자산의 특징에는 어떤 것들이 있는가?

02 동종의 유형자산 교환시 취득원가 결정은 어떻게 하는가?

03 이종의 유형자산 교환시 취득원가 결정은 어떻게 하는가?

04 감가상각비를 결정하는 세 가지 요소는 무엇인가?

05 감가상각방법을 두 가지만 예시해 보시오.

06 자산을 정의하는데 있어 가장 중요한 것 중의 하나는?

07 무형자산의 특징에는 어떤 것들이 있는가?

08 일반기업회계기준의 무형자산을 두 가지만 예시해 보시오.

09 영업권을 한마디로 정의해 보시오.

10 신제품과 신기술 등의 개발을 위한 내부지출은 단계별로 어떻게 처리하는가?

11 유형자산의 취득원가에 포함되지 않는 것은?

① 취득세 ② 설치비
③ 재산세 ④ 시운전비

12 기계장치 취득시 구입대금 3,000원, 운송비 200원 및 설치비로 100원을 지출하였다면 취득원가는?

① 3,000원 ② 3,100원
③ 3,200원 ④ 3,300원

13 정액법으로 감가상각하는 것이 가장 적합한 자산은 어느 것인가?

① 기계장치 ② 건물
③ 차량운반구 ④ 광산

14 시간의 경과에 따라 감가상각비가 감소하는 체감상각법은?

① 정액법 ② 생산량비례법
③ 작업시간비례법 ④ 정률법

15 다음의 괄호 안 (가)와 (나)에 해당하는 것은?

$$정액법 = \frac{취득원가 - (\quad 가 \quad)}{(\quad 나 \quad)}$$

① (가) 잔존가치 (나) 내용연수 ② (가) 내용연수 (나) 잔존가치
③ (가) 처분가액 (나) 수리비 ④ (가) 부대비용 (나) 구입연도

16 20×1년 초 건물을 5,000원(내용연수 5년, 잔존가치 1,000원, 정액법)에 취득한 경우 20×4년 말 감가상각비는?

① 700원 ② 800원
③ 900원 ④ 1,000원

17 서울상사의 20×1년과 20×2년의 부분재무상태표이다. 틀린 것은?

자산	20×2년 말	20×1년 말
……	……	……
건물	10,000	10,000
(감가상각누계액)	(4,500)	(3,700)

① 이 건물의 취득원가는 10,000원이다.
② 20×2년도의 감가상각비는 800원이다.
③ 서울상사 유형자산의 감가상각비 표시방법으로 직접법을 사용한다.
④ 20×2년 말 이 건물을 5,200원에 처분한다면 처분손실이 발생한다.

18 내용연수 7년, 잔존가치 6,000원의 건물을 정액법으로 감가상각을 한 결과 3차 연도 말의 감가상각비가 12,000원이었다. 취득원가는 얼마인가?

① 60,000원　　② 70,000원
③ 80,000원　　④ 90,000원

19 영업권에 대한 설명 중 틀린 것은?

① 상각기간은 최대 20년을 초과하지 못한다.
② 동종 산업의 다른 기업에 비하여 정상적 투자수익률 이상의 초과수익력을 화폐가치로 표시한 것이다.
③ 내부창출 영업권도 신뢰성 있는 측정이 가능한 경우 자산인식이 가능하다.
④ 영업권의 잔존가치는 없는 것을 원칙으로 한다.

20 (주)한국은 사용 중인 유형자산(취득원가 5,000원, 감가상각누계액 2,000원, 공정가치 2,500원)을 (주)대한의 유형자산과 교환하였다. 단, 교환시 두 회사 간 현금수수는 없었다.

① 위의 교환이 종류가 같은 자산(동종자산) 간의 거래인 경우 분개하시오.
② 위의 교환이 종류가 다른 자산(이종자산) 간의 거래인 경우 분개하시오.

기출문제

01 유형자산의 취득원가 결정에 관한 사항 중 틀린 것은?

① 토지 취득시 납부한 토지관련 등록세는 토지의 취득원가이다.
② 기계장치 구입시 발생한 설치비는 기계장치 취득원가이다.
③ 3대의 기계를 동시에 일괄구입한 경우에는 각 기계의 취득원가는 각 기계의 시가를 기준으로 안분 계산한다.
④ 무상으로 증여받은 비품은 취득원가를 계상하지 않는다.

02 유형자산으로 분류할 수 없는 것은?

① 구축물 ② 판매목적의 트럭
③ 건설중인자산 ④ 기계장치

03 본사사옥 신축용으로 부속토지를 취득하면서 납부한 취득세 및 등록세를 지출한 경우 적절한 계정과목은?

① 세금과공과 ② 취득세
③ 지급수수료 ④ 토지

04 (주)아이티가 지방자치단체로부터 컴퓨터 10대(공정가치 5,000,000원)를 증여받은 경우 대변 계정과목은?

① 채무면제이익 ② 감자차익
③ 보험차익 ④ 자산수증이익

05 감가상각 대상이 아닌 유형자산으로 짝지어진 것은?

① 건물, 토지 ② 토지, 건설중인자산
③ 차량운반구, 건설중인자산 ④ 구축물, 선박

06 감가상각방법 중 유형자산의 내용연수 동안 매기 동일한 금액의 감가상각비를 인식하는 방법은?

① 생산량비례법 ② 정액법
③ 정률법 ④ 연수합계법

07 서울상사는 20×1년 초 기계장치를 200,000원에 취득하여 정액법으로 상각하고 있다. 내용연수 3년, 잔존가치가 20,000원인 경우 1차 연도의 감가상각비는?

① 40,000원 ② 50,000원
③ 60,000원 ④ 70,000원

08 유형자산의 사용 초기에는 효율성이 높아 현금유입액이 많고 수선유지비가 적게 발생한다. 이러한 이유로 수익·비용대응의 원칙에 부합하는 상각방법을 적용할 수 있는데 이에 해당하지 않는 방법은?

① 정액법 ② 연수합계법
③ 이중체감법 ④ 정률법

09 (주)한성은 20×1년 4월 1일 에어컨을 1,500,000원에 구입하였다. 내용연수 5년 정률법(0.3)으로 감가상각할 경우 기말 감가상각비는?

① 300,000원 ② 337,500원
③ 350,000원 ④ 387,500원

10 유형자산의 취득 후 지출에 대한 내용 중 잘못된 것은?

① 본사건물에 대한 단순한 도색작업은 수익적 지출에 해당한다.
② 허름한 건물의 개축 또는 증축은 자본적 지출에 해당한다.
③ 수익적 지출을 자본적 지출로 잘못 처리하면 당기순이익이 과대계상된다.
④ 내용연수의 증가는 정상적 처리시 자산을 과소계상하게 한다.

11 다음 내용을 설명한 것으로 올바른 것은?

• 본래의 용도변경을 위한 생산라인의 대규모 개보수비용 • 건물의 엘리베이터 설치

① 당사의 업무와 관련 없이 발생한 비용으로 손익계산서에 나타낸다.
② 취득 후 발생한 비용으로 차후 감가상각을 하지 않는다.
③ 수익적 지출에 속하므로 수선비로 처리한다.
④ 자본적 지출에 속하므로 해당 자산의 취득원가에 포함한다.

12 (주)상주산업이 자본적 지출을 수익적 지출로 회계처리하였을 경우 재무제표에 미치는 영향으로 올바른 것은?

① 자산의 과대계상 ② 비용의 과소계상
③ 부채의 과대계상 ④ 당기순이익의 과소계상

13 수익적 지출을 자본적 지출로 회계처리하였을 경우 기업의 재무상태 또는 경영성과에 미치는 영향을 바르게 설명한 것은?

① 자산의 과대계상 ② 자본의 과소계상
③ 비용의 과대계상 ④ 수익의 과소계상

14 무형자산에 속하지 않는 것은?

① 산업재산권 ② 개발비
③ 임차보증금 ④ 프랜차이즈

15 다음 중 영업권에 대한 설명으로 옳지 않은 것은?

① 내부창출 영업권도 신뢰성 있는 측정의 가능시 자산으로 인식할 수 있다.
② 매수기업결합으로 취득한 무형자산의 취득원가는 매수일의 공정가치로 한다.
③ 영업권의 상각은 법령 등에 정해진 경우 외는 20년을 초과할 수 없다.
④ 영업권의 잔존가치는 없는 것을 원칙으로 한다.

16 20×1년 9월 1일 (주)한성은 1,740,000원에 특허권을 매입하면서 특허등록비 60,000원을 지급하였다. 내용연수 6년, 정액법으로 직접상각할 경우 20×1년 말 재무상태표에 특허권은 얼마로 계상되어 있는가?

① 1,400,000원 ② 1,500,000원
③ 1,600,000원 ④ 1,700,000원

17 (주)서울은 20×1년 5월 1일 (주)부산을 합병하면서 합병대가로 10,000,000원을 현금 지급하였다. (주)부산의 합병일 현재 자산의 공정가치는 13,000,000원, 부채의 공정가치는 7,000,000원이라고 할 때 합병시 계산할 영업권은 얼마인가?

① 4,000,000원 ② 7,000,000원
③ 10,000,000원 ④ 13,000,000원

11강

내 돈으로 장사하면 바보? 두 얼굴의 부채

쉬운 이야기로 풀어 쓴
회계의 이해

하나, 세상은 넓고 돈은 많다!

한때 우리나라 최고 재벌 중의 하나였던 D그룹은 회장님의 저서 "세상은 넓고 할 일은 많다!"라는 책 제목처럼 승승장구하였다. 외부로부터 막대한 자금을 빌려 사업을 확장하던 계열사들은 IMF 외환위기 이후 감당하기 힘든 자금압박(차입금 이자비용 등)으로 인하여 1999년 말 결국 도산하고 말았다. 이 과정에서 드러난 D그룹의 분식회계(회계장부 조작) 사건은 무려 41조 원에 달해 정부와 온 국민을 엄청난 충격에 빠뜨렸다. 앞서 본 한국판 엔론사 분식회계 사건이었다. D그룹의 도산원인은 여러 가지가 있지만 그중에서도 외환위기 이후 경기침체에 따른 계열사의 자금압박이 가장 큰 이유였다. 대그룹이나 학교 앞 분식집이나 외부로부터 빌려 온 돈의 원리금 상환에 어려움을 겪다 보면 망하는 것은 같은 이치일 것이다.

만약 경기가 매우 좋아 장사가 잘된다면 D그룹처럼 외부로부터 돈을 빌려 장사하는 것도 괜찮은 방법이다. 다시 말해 내 돈으로 장사하면 바보(?)인 것이다. 기업이 장사를 위해 사용하는 돈은 자기의 주머니, 즉 자기자본이나 아니면 외부로부터 타인자본을 빌려 올 수 있다. 이때 이러한 돈의 사용에 대한 대가를 '자본비용(cost of capital)'이라고 한다. 일반적으로 타인자본비용은 자기자본비용보다 낮다.[1] 더불어 타인자본비용은 이자비용의 법인세 절감효과에 따른 이익확대 효과(이를 '재무레버리지 효과'라고 한다) 때문에 자기자본이익률보다 훨씬 더 높은 투자수익률을 올릴 수 있는 메리트(merit)가 있다. 따라서 경기가 좋고 장사가 잘될 때는 자기자본을 가지고 장사하기보다는 외부로부터 빌려 온 돈, 즉 차입금으로 장사를 하는 것이 훨씬 유리할 수 있다. 따라서 차입금의 이자비용을 충분히 감당할 수 있을 정도로 장사가 잘될 때에는 내 돈으로 장사를 하면 바보(?)가 될 수 있는 상황이 발생하기도 한다.

---

1) 이전의 연구결과에 의하면 타인자본비용이 자기자본비용보다 더 낮게 나타나고 있다. 다시 말해 주주의 최소요구수익률이 타인자본에 비해 높다는 말이다. 당연한 이야기다. 높은 위험에 더 높은 수익률을 요구하는 것은 불변의 진리이기 때문이다.

하지만 세상의 일이 다 좋을 수 있는가? 다 좋다면 누가 못하리? 세상만사는 동전의 양면과 같다. 호사다마(好事多魔)라고 했던가! 좋은 일에는 항상 마(안 좋은 일)가 끼인다는 의미이다. 그래서 좋은 일이 있을 때는 더욱 근신하고 몸조심을 해야 한다. 더군다나 최근의 세상은 단지 경제적 요인만 불경기에 영향을 미치고 있는 것인가? 조류인플루엔자(AI), 아프리카돼지열병(ASF), 구제역(FMD) 등등… 또 중세의 흑사병처럼 전 세계 지구촌을 강타한 코로나(COVID-19)까지. 조류인플루엔자로 졸지에 만두회사가 폭망하고 자영업 통닭집들이 느닷없이 문을 닫는다는 뉴스를 보면 그저 막막할 따름이다. 이처럼 잘되던 장사가 갑작스런 불경기와 엉뚱한 외부요인의 영향으로 장사가 잘되지 않는 상황이 발생하면 차입금에 대한 이자비용을 감당하지 못해 자금압박을 받고 결국은 도산하는 사례를 우리는 주변에서 얼마나 많이 봐 왔던가! 앞서 본 D그룹의 사례도 바로 그것 중의 하나라 할 수 있다.

둘, 초저금리 시대의 비극! 하우스 푸어

지금의 '하우스 푸어(house poor : 집을 가진 가난뱅이)'로 불리는 사람들은 앞서 본 D그룹과 비슷한 사례이다. 2000년대 집값이 급속도로 상승하던 시절(호경기) 이들은 은행으로부터 막대한 돈을 빌려 닥치는 대로 집을 샀다. 사실 부동산 투자가 좋은 시절에는 집값이 천정부지로 치솟는다. 이 정도라면 은행으로부터 빌려 온 돈(차입금)의 이자비용 부담은 오르는 집값에 비하면 어쩌면 껌값이었는지도 모른다. 그러나 앞서 6강에서 살펴본 미국발 서브프라임 모기지(sub-prime mortgage) 사태와 같은 상황(이러한 상황을 '블랙 스완(black swan)'이라고 한다)이 발생해 부동산 거품이 빠지면 은행대출을 받아 두세 채의 집을 산 중산층들은 대출금의 원리금 상환에 대한 부담으로 엄청난 고통 속에 빠지게 된다.

2000년대 초 · 중반 이처럼 어려움을 겪었던 사람들로 인해 나온 말이 하우스 푸어라는 것이다. 집이 없어 어쩔 수 없었던 사람들이 대부분이지만 일부는 사람의 욕심이 부른 인재(人災)가 아닌가 하는 생각이 들 때도 있다. 다시 한번 부동산 광풍이 불고 있지만 언제 또 다른 하우스 푸어들이 양산될지 알 수 없는 하수상한(?) 시절이다. 유동성 놀음으로 엄청나게 풀린 자금을 유동성 축소정책으로 다시 거둬들이기 시작하면서 금리가 오른다고 하니 소위 '영끌'이니 '빚투'로 한껏 레버리지를 높였던 사람들의 앞날이 살짝 걱정되는 시점이다. 세상에 공짜는 없다!

셋, 부담 부담! 유동부채

3.1 부채의 분류기준

부채는 두 개의 얼굴을 가지고 있다. 잘 쓰면 약(藥)이 되고 잘못 쓰면 독(毒)이 될 수도 있기 때문이다. 두 얼굴의 부채는 다양하게 구분할 수 있다. 가장 일반적으로는 '유동부채'와 '비유동부채'로 대별된다. 이들의 구분은 통상 기말 결산시점(이를 보고기간종료일 또는 재무상태표일이라고 한다)으로부터 12개월(1년)의 기간기준(또는 정상적 영업주기기준)에 따른다. 보고기간종료일로부터 12개월 이내에 갚아야 하는 부채를 유동부채(또는 단기부채)라 하며, 12개월을 초과하여 갚아야 하는 부채를 비유동부채라고 한다.

3.2 유동부채

일반기업회계기준에서 분류하고 있는 '유동부채(current liabilities)'로는 다음과 같은 것들이 있다.

① 단기차입금

보고기간종료일로부터 1년 이내에 상환할 차입금과 금융기관으로부터의 당좌차월(overdrafts)을 포함한다. 1년을 초과하는 경우 장기차입금이라고 한다.

② 매입채무

정상적 영업활동(일반적인 상거래)에서 발생한 외상매입금과 지급어음을 말한다. 일반적 상거래 이외의 채무는 미지급금으로 처리한다.

③ 미지급금

정상적 영업활동 이외에서 발생한 채무로서 미지급비용이 아닌 것을 말한다. 예를 들어 상품 이외 비품 등을 외상으로 취득한 경우에 미지급금으로 처리한다.

④ 미지급비용

발생된 비용이나 결산일 현재 미지급한 것으로서 주로 기말결산수정분개시에 나타난다. 미지급급여, 미지급임차료, 미지급이자 등이 있다.

⑤ 선수금

수주공사, 수주품 및 기타 정상적 영업활동 결과 발생한 선수액, 즉 계약금을 말한다. 반대의 경우 유동자산인 선급금이 나타난다.

⑥ 선수수익

이미 받은 수익 중 차기 이후에 속하는 금액을 말한다. 역시 기말결산수정분개시에 주로 나타나며 당기의 수익이 아닌 선수임대료, 선수이자 등이 있다. 즉, 차기의 수익이므로 수익을 취소(이연)함으로써 부채가 나타나게 된다.

⑦ 예수금

정상적 영업활동 이외에서 발생한 일시적 제 예수액을 말한다. 종업원의 급여지급시 소득세를 원천징수한 경우 소득세, 지방세, 4대 보험의 종업원 부담분(4대 보험의 회사 부담분은 세금과공과, 복리후생비, 보험료 등으로 처리)을 말한다. 회사는 일정기한 내 원천징수한 예수금을 관련기관에 납부해야 하므로 유동부채로 분류한다.

⑧ 가수금

회사가 무통장 입금 등 출처불명의 금전을 받았을 경우 받았을 때 일시적으로 기록해 두는 임시부채를 말한다. 기말결산시까지 반드시 출처를 찾아내서 적절한 계정으로 대체해야 한다. 반대의 임시자산은 가지급금이라 한다.

⑨ 유동성장기부채

보고기간종료일로부터 상환기한이 1년 이내에 도래한 장기부채를 말한다. 비유동부채를 유동부채로 대체할 때 나타나는 계정이다.

표 11-1 | 단기채권 · 채무계정 비교

회계사건	채권(당좌자산)	채무(유동부채)
일반적인 상거래에서 발생	매출채권	매입채무
일반적인 상거래 이외에서 발생	미수금	미지급금
상품 등의 매매를 위한 계약금 수수	선급금	선수금
당기의 수익 또는 비용을 인식	미수수익	미지급비용
당기의 수익 또는 비용을 이연(취소)	선급비용	선수수익
단기금전대차거래에서 발생	단기대여금	단기차입금
일시적 금전수수로 발생(임시계정)	가지급금	가수금

예제 11-1 | 매입채무

다음의 거래에 대한 회계처리를 하시오.

1. 상품 500,000원 매입하면서 순수외상으로 처리하였다(실지재고조사법).
2. 판매자의 요청으로 위의 외상대금에 대해 약속어음을 발행해 주었다.
3. 위 약속어음의 만기일에 당좌수표를 발행하여 외상대금을 지급하였다.

풀이

1.	(차) 매입	500,000	(대) 외상매입금	500,000
2.	(차) 외상매입금	500,000	(대) 지급어음	500,000
3.	(차) 지급어음	500,000	(대) 당좌예금	500,000

예제 11-2 | 예수금

다음의 거래에 대한 회계처리를 하시오.

1. 종업원에 대한 급여지급시 총급여 1,800,000원 중에서 근로소득세 120,000원과 건강보험료 80,000원을 차감한 후 1,600,000원을 현금지급하였다.
2. 다음 달 10일 예수하고 있던 금액을 세무서와 건강보험공단(건강보험료 회사부담분 80,000원 포함)에 현금납부하였다.

풀이

1.	(차) 급여	1,800,000	(대) 현금	1,600,000
			예수금	200,000
2.	(차) 예수금	200,000	(대) 현금	280,000
	복리후생비	80,000		

예제 11-3 | 유동성장기부채

다음의 거래에 대한 회계처리를 하시오.

1. 20×1년 초 3년 만기의 조건으로 3,000,000원을 차입하였다.
2. 20×2년 말 1년 이내 만기가 도래하여 위 차입금의 계정대체를 하였다.

풀이

1.	(차) 현금	3,000,000	(대) 장기차입금	3,000,000
2.	(차) 장기차입금	3,000,000	(대) 유동성장기부채	3,000,000

넷, 이상야릇한 부채, 강물에 똥물을 흘린 기업주

부채의 또 다른 중요한 특성 중 하나는 지출시기와 지출금액이 불확실한데도 불구하고 부채로 인식(장부상에 기록)하는 것들이 있다. 회계에서는 이를 '충당부채(provision)'라고 부른다. 우리가 보통 부채라 함은 언제 얼마만큼의 돈을 누구에게 갚아야 하는지 확정(이를 '확정부채'라고 한다)되어 있다. 그러나 충당부채는 지출시기 및 금액이 확정되어 있지 않지만 ㉠ 과거사건이나 거래로 인한 기업의 현재의무(부담)이며, ㉡ 지출의 시기나 금액이 불확실하지만 미래 자원의 유출(예를 들어 현금 등의 지출) 가능성이 매우 높고, ㉢ 그 금액을 신뢰성 있게 측정(화폐액으로 표시)할 수 있는 경우(이를 '충당부채의 인식요건'이라 한다) 장부상에 기록해야 하는 부채를 말한다. 만약 이러한 충당부채의 인식요건을 갖추지 못한 경우에는 '우발부채(예 지급보증)'로서 주석에 기재하여 공시한다. 충당부채의 대표적인 예는 다음과 같다.

충당부채 종류

- 제품보증충당부채
- 경품충당부채
- 퇴직급여충당부채
- 기타 마일리지부채 등

4.1 제품보증충당부채

냉장고나 TV 등 전자제품을 판매하는 회사는 제품을 판매한 연도 이후 일정기간의 보증기간을 둔다. 일부의 주유소들은 경품 지급조건의 쿠폰(coupon)으로 운전자들을 유혹한다. 그 결과 당해 회계연도(제품의 판매연도) 이후 언젠가는 제품보증비 또는 경품비라는 비용이 발생할 것이다. 우리는 7강에서 회계의 매우 중요한 원칙 중 하나인 수익·비용대응의 원칙이라는 것을 배웠다. 즉, 바늘(수익) 가는데 실(비용)이 따라가야 한다는 원칙이다. 이때 전자제품이나 기름을 판 금액은 판매연도의 매출수익으로 처리될 것이다. 하지만 이 수익과 관련된 비용은 판매연도 이후에 발생할 수 있다.

따라서 판매연도의 매출과 관련된 비용도 어쨌든 판매연도의 비용으로 처리해야 한다. 이것이 바로 수익 · 비용대응의 원칙이다.

그러나 판매연도 이후 얼마의 비용(제품보증비 또는 경품비)이 발생할지는 아무도 모른다. 이때 합리적인(?) 추정에 의해 차변에 기록하는 비용만큼 대변에 동일하게 기록해야 하는 부채가 바로 충당부채인 것이다. 회계상의 비용이 차변에 발생하면 반드시 대변에 자산이 감소하거나 또는 부채가 증가한다. 이것이 바로 복식부기의 원리라는 것도 이미 배웠다. 이미 5강의 기말결산수정분개에서 배웠던 것처럼 차변에 급여라는 비용이 발생하였는데, 대변에 현금의 지출(자산의 감소)이 없었다면 달리 미지급급여라는 부채를 설정(기말결산수정분개시)해 두어야 한다. 가끔 강물에 똥물을 흘린 기업주가 환경단체의 고발로 재판을 받고 있다는 뉴스를 본 적이 있다. 이때 재판에서 질 것이 거의 확실하다면 예상되는 최선의 벌금액을 추정하여 충당부채(미래의 빚)로 기록해야 한다. 또 언젠가는 어느 TV 프로그램에서 경품쿠폰을 너무 많이 발행해 고의폐업을 하고 도망가는 업주들 그리고 기간 제한이 없던 항공 마일리지의 사용기간을 축소해 전 국민을 분노하게 하였던 항공사들 역시 충당부채와 무관하지 않다. 어쨌든 충당부채의 인식요건이 존재하는 경우 기말결산시 다음과 같은 기말결산수정분개를 해야 한다.

충당부채 설정분개

(차) 제품보증비	×××	(대) 제품보증충당부채	×××
(차) 경품비	×××	(대) 경품충당부채	×××

예제 11-4 | 제품보증충당부채

(주)보증은 20×1년 초 5,000,000원의 제품을 판매하면서 2년간 제품보증을 하였다. 과거 경험으로 볼 때 매출액의 약 2%에 상당하는 무상수리비가 발생할 것으로 예상된다.

1. 20×1년 말 결산일의 회계처리를 하시오.
2. 20×2년 중 제품보증비용으로 80,000원의 현금지출이 발생하였다.
3. 위 2번의 제품보증비용 80,000원이 아닌 120,000원의 현금지출이 발생하였다.
4. 위 2번의 제품보증비용 80,000원 지출 후 보증기간이 종료하였다.

풀이

1. (차)	제품보증비	100,000	(대) 제품보증충당부채	100,000
2. (차)	제품보증충당부채	80,000	(대) 현금	80,000
3. (차)	제품보증충당부채 제품보증비	100,000 20,000	(대) 현금	120,000
4. (차)	제품보증충당부채	20,000	(대) 제품보증충당부채환입	120,000

4.2 퇴직급여충당부채

충당부채의 또 다른 예를 들어보기로 한다. 임직원이 퇴직할 때 한꺼번에 퇴직금을 지급한다면 회사는 거액의 퇴직금 부담을 지게 된다. 이는 자금의 부담뿐만 아니라 회계측면에서도 수익·비용대응의 원칙에도 어긋난다. 왜냐하면 퇴직금은 매년 제공하는 근로의 대가이므로 근속기간(발생기간)에 걸쳐 매년 퇴직급여라는 비용을 계상하는 것이 논리적이다. 이때 매년 발생하는 '퇴직급여'라는 비용계정에 대응하여 부채로 설정되는 상대계정을 '퇴직급여충당부채'라고 한다.

퇴직급여충당부채 설정시 회사는 사내 퇴직금지급규정(최소한 근로기준법이 보장하는 하한선을 상회해야 함)에 따라야 한다. 이를 위해 회사는 먼저 결산시점에서 기초 퇴직급여충당부채 잔액에서 당기에 지급한 퇴직금을 차감한 잔액, 즉 기말시점의 퇴직급여충당부채 잔액을 확인해야 한다. 다음으로 당기 말 퇴직금추계액을 추계액을 계산한 후 기말시점의 퇴직급여충당부채 잔액을 차감한 차액만큼 추가로 퇴직급여(I/S)와 퇴직급여충당부채(B/S)로 장부상에 계상해야 한다.

퇴직급여 설정액

퇴직급여(I/S) = 당기말 퇴직금추계액
− (퇴직급여충당부채 기초잔액 − 당기 중 퇴직금지급액)

여기서 당기말 퇴직금추계액은 결산일 현재 '전 임직원'이 일시에 퇴직한다고 가정할 경우 지급해야 할 퇴직금 상당액(추계액)을 말한다. 이 금액이 결산일 현재 기말재무상태표상 퇴직급여충당부채의 최종 잔액이 되어야 한다. 퇴직급여는 결산시 추가로 손익계산서에 설정해야 할 퇴직비용을 말한다.

예제 11-5 | 퇴직급여충당부채

(주)한국의 20×1년 기초 퇴직급여충당부채 대변잔액은 12,000,000원이며, 기중 퇴직한 임직원에게 지급한 퇴직금은 2,500,000원이다. 당해 연도 말 전 임직원이 일시에 퇴직한다고 가정할 경우 지급해야 할 퇴직금 총액은 15,000,000원으로 추산된다.

1. 기중 퇴직금 지급시의 회계처리를 하시오.
2. 기말결산시 추가 설정할 퇴직급여충당부채에 대한 회계처리를 하시오.
3. 20×1년 말 (주)한국의 퇴직급여충당부채 잔액은 얼마인가?

풀이

1.	(차) 퇴직급여충당부채	2,500,000	(대) 현금	2,500,000
2.	(차) 퇴직급여	5,500,000	(대) 퇴직급여충당부채	5,500,000

3. 20×1년 말 퇴직급여충당부채 잔액 : 15,000,000원

* 20×1년 말 퇴직급여충당부채 추가 설정액=15,000,000−(12,000,000−2,500,000)=**5,500,000원**

4.3 퇴직연금제도

1961년부터 시행되어 왔던 우리나라의 퇴직금 제도(퇴직금을 사내에 별도 적립한 후 퇴직시 일시금 지급)는 기업의 부도시 종업원의 퇴직금 수급을 제대로 보장해 주지 못하였다. 즉, 퇴직금 제도하의 퇴직급여충당부채는 장부상의 숫자에 불과한 부채일 뿐이라는 점이다.[2] 이에 종업원의 퇴직금 수급권을 좀 더 확실하게 보장하기 위해 종업원퇴직적립보험(1976년) 및 퇴직보험(1999년) 등의 제도를 시행하였으나 이마저도 수급권의 보장을 완전하게 해결하지 못하였다.

이처럼 기존의 불안정한 상황을 해소하고 새로운 금융 및 경제환경의 변화에 대응하기 위해 정부는 2005년 12월 '근로자퇴직급여보장법'을 제정하기에 이르렀다. 이에

2) 퇴직금의 수급권 보장을 권장하는 차원에서 세법에서는 퇴직급여충당부채누계액의 일정비율까지만 손금으로 인정하고, 나머지 부분에 대해서는 회사가 퇴직보험 등에 가입한 경우 손금을 인정해 주고 있다. 그러나 이마저도 의무사항이 아니어서 종업원의 퇴직금 수급에 대한 불안을 완전히 해소해 주지 못하였다.

따라 기존의 퇴직보험제도(2011년 완전 폐지)와 병행하여 '퇴직연금제도'가 도입되었다. 퇴직연금제도의 도입은 종전의 퇴직금제도와 퇴직보험제도로는 사용자와 종업원 모두에게 유효한 수단이 아니라는 인식에서 출발하였다고 보여진다. 이리하여 2012년부터 퇴직연금제도가 전 사업장에 의무도입되기에 이르렀다.

그림 11-1 **퇴직연금제도**

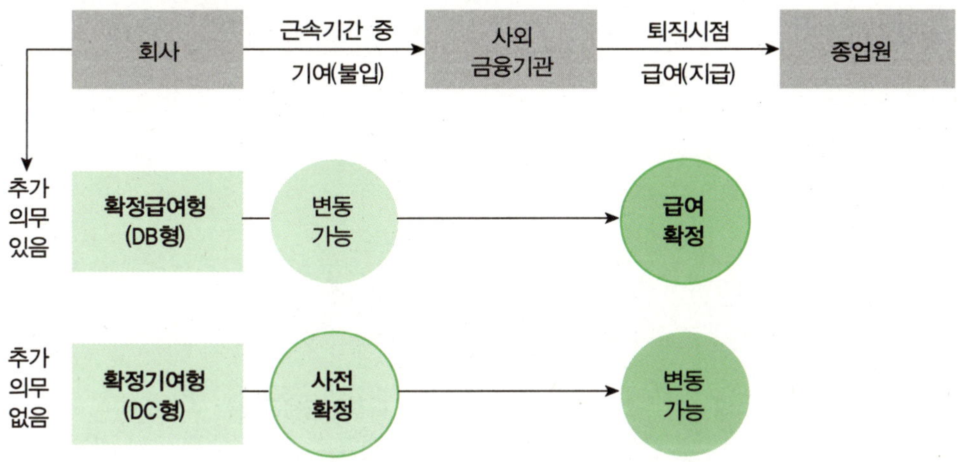

퇴직연금제도는 기업이 외부에 기금을 맡겨 운용한 뒤 근로자가 퇴직할 때 일시금이나 연금으로 주는 제도를 말한다. 한마디로 종업원의 퇴직금 지급재원을 안전하게 보장하기 위해 회사가 외부의 금융기관에 일정액을 적립한 후 퇴직급여의 지급을 위탁하는 제도라고 할 수 있다. 이것은 크게 확정급여형과 확정기여형으로 구분된다.[3)]

① 확정급여형 퇴직연금

노사 간 약정에 의해 퇴직 후 가입자가 받을 퇴직급여를 미리 확정한 후 이에 대한 지급을 회사가 보증하는 연금제도를 '확정급여형(Defined Benefit : DB형)'이라 한다. 따라서 퇴직연금 적립금의 운용실적에 따른 위험부담은 회사가 추가로 부담하게 된다. 한마디로 회사책임형 연금이라고 할 수 있다. 이때 회사가 불입하여 외부에 적립

3) 2014년 정부가 발표한 안에 따르면 모든 기업은 2022년까지 퇴직연금제도의 도입을 의무화해야 한다. 우선 2016년부터 300인 이상의 사업장부터 단계적으로 의무화되고, 2022년부터는 국내의 모든 사업장(근로자 1인 이상)은 의무적으로 퇴직연금제도를 시행하도록 발표하였다. 퇴직연금제도를 도입하지 않는 기업에 대해서는 과태료를 부과할 예정이다.

된 적립액을 '퇴직연금운용자산(사외적립자산)'이라고 한다. 확정급여형 퇴직연금은 회사부담금의 납입만으로 회사의 퇴직금 지급의무가 소멸되는 것이 아니므로 회사의 장부에 퇴직급여충당부채를 계상해야 한다.

확정급여형(DB형) 퇴직연금 회계처리

• 전 임직원의 일시퇴직에 상당하는 퇴직급여충당부채 계상시

(차) 퇴직급여	×××	(대) 퇴직급여충당부채	×××

• 회사가 외부에 부담금 납부시

(차) 퇴직연금운용자산	×××	(대) 현금	×××
수수료비용	×××		

• 퇴직연금운용자산 운용수익 발생시

(차) 퇴직연금운용자산	×××	(대) 이자수익	×××

• 종업원이 퇴사한 경우

(차) 퇴직급여충당부채	×××	(대) 퇴직연금운용자산	×××
		(현금	×××*)

* 회사가 퇴직연금운용자산의 부족분을 추가로 현금지급하는 경우

확정급여형 퇴직연금은 기존의 퇴직금제도와 거의 동일하다고 보면 된다. 다만 기존의 퇴직금제도는 퇴직금을 회사 내에 적립하였으나, 확정급여형의 경우는 사외에 퇴직연금운용자산의 형태로 적립하여 수급권의 측면에서 보다 안전하다고 할 수 있다. 그러나 기업에 따라 사외적립 의무비율이 낮은 경우 재정악화로 인한 파산, 부도 등으로 인해 퇴직금의 수급권이 안전하지 않을 수도 있다. 다시 말해 기업이 파산할 경우 여전히 퇴직급여의 일부는 받지 못할 위험성이 있다는 점이다. 이러한 측면에서 본다면 기업의 재무상태가 그다지 건실한 편이 아니라면 확정기여형이 오히려 나을 수도 있다. 따라서 기업은 사외적립비율을 100%까지 올려 연금수급권을 강화해야 할 것이다.

확정급여형 퇴직연금제도 채택시 재무상태표상 공시는 다음과 같다. 퇴직연금운용자산의 금액만큼 회사의 퇴직금 지급의무가 감소하므로 재무상태표 작성시 퇴직연금운용자산은 퇴직급여충당부채에서 차감하는 형식으로 표시한다. 만약 퇴직연금운용

자산이 퇴직급여충당부채를 초과하는 경우에는 그 초과액을 투자자산의 과목으로 표시한다.

부분재무상태표

비유동부채	
퇴직급여충당부채	×××
(퇴직연금운용자산)	(×××)

② 확정기여형 퇴직연금

회사가 확정된 부담금(기여금)만 납부하고 퇴직연금 적립금의 운용은 종업원이 책임지는 형태의 연금제도를 '확정기여형(Defined Contribution : DC형)'이라 한다. 한 마디로 근로자책임형 연금이라고 할 수 있다. 기업은 약정된 기여금(회사부담분 금융기관 납입액)을 종업원 개별계좌로 납입(매년 1회 이상)하고 이에 대한 회계처리만 하면 된다. 즉, 차변에 퇴직급여(I/S)로 처리하고 대변에 현금 등의 감소로 처리하기만 하면 된다.

확정기여형(DC형) 퇴직연금 회계처리

(차) 퇴직급여	×××	(대) 현금	×××

따라서 종업원에게 지급되는 퇴직금은 확정기여금과 그 투자수익(변동가능)에 의존한다. 회사는 기여금의 운용실적이 저조하더라도 추가적인 부담금 납부의무는 없으며 종업원이 그 손실을 부담한다. 통상 위험선호형의 공격적인 종업원들이 좋아하는 연금형태라고 보면 된다. 따라서 확정기여형의 경우 확정급여형보다 좀 더 공격적이고 위험이 클 수가 있다.

기존의 퇴직금제도와 퇴직연금제도(확정급여형(DB형), 확정기여형(DC형))의 주요 내용을 비교해 보면 다음과 같다.

표 11-2 | 퇴직금제도와 퇴직연금제도 비교

구분	퇴직금제도	퇴직연금제도
퇴직금 적립	회사 내부	회사 외부(금융기관)
적립금 운용	회사	회사(DB형) 또는 근로자(DC형)
중간정산	원칙적 불가능	원칙적 불가능
수령방법	일시금	일시금 또는 연금
퇴직금 크기	퇴직시점 월평균 임금 × 근속연수	DB형 : 퇴직금제도 동일 DC형 : 매년 임금총액 × 1/12 ± 투자손익
수급권 보장	불완전	보장(금융기관 적립분)

예제 11-6 | 퇴직연금

다음의 퇴직연금에 대한 회계처리를 하시오. 각각의 상황은 독립된 거래이다.

1. 한국상사는 확정급여형(DB형) 퇴직연금상품에 가입하고 회사부담금 5,000,000원과 운용수수료 10,000원을 현금으로 납부하였다.
2. 위 1번의 퇴직연금운용자산에 대한 이자 30,000원이 회사의 퇴직연금계좌로 입금되었다.
3. 회사는 확정기여형(DC형) 퇴직연금을 추가로 가입한 후 회사부담금 2,000,000원을 보통예금계좌에서 이체하였다.

풀이

1.	(차) 퇴직연금운용자산	5,000,000	(대) 현금	5,010,000
	수수료비용	10,000		
2.	(차) 퇴직연금운용자산	30,000	(대) 이자수익	30,000
3.	(차) 퇴직급여	2,000,000	(대) 보통예금	2,000,000

11강 복습

1. 재무레버리지 효과
타인자본 이용시 이자비용의 법인세 절감효과에 따른 이익확대 효과

2. 유동부채
보고기간종료일로부터 12개월 이내 상환해야 하는 단기부채

3. 유동성장기부채
보고기간종료일로부터 1년 이내에 상환일이 도래한 비유동부채의 대체계정

4. 충당부채
자원이 유출가능성이 매우 높고, 그 금액을 신뢰성 있게 추정할 수 있는 부채

5. 확정급여형(DB형) 퇴직연금
노사 간 약정에 의해 퇴직시 예상 퇴직급여를 확정 후 퇴직급여의 지급을 보장하는 회사책임형 퇴직연금

6. 퇴직연금운용자산(사외적립자산)
확정급여형 퇴직연금의 채택시 회사가 사외에 납부하는 적립금 자산

7. 확정기여형(DC형) 퇴직연금
회사가 사전에 약정된 기여금을 종업원 계좌에 기여(납부)하고 종업원이 기여금의 운용을 책임지는 종업원책임형 퇴직연금

연습문제

01 자본비용(cost of capital)이란?

02 유동부채와 비유동부채의 일반적인 구분기준은 무엇인가?

03 유동부채의 대표적인 예를 두 가지만 들어보시오.

04 충당부채의 인식요건은 무엇인가?

05 충당부채에는 어떤 것이 있는지 한 가지만 들어보시오.

06 장부상 충당부채를 인식하는 근본적인 이유(원칙)는?

07 확정급여형(DB형)과 확정기여형(DC형) 연금의 가장 큰 차이는 무엇인가?

08 (주)보증은 20×1년 초 50,000원의 제품을 판매하면서 2년간 제품보증을 하였으며, 과거의 경험으로 볼 때 2% 정도의 보증비용 발생이 예상되고 있다. 다음의 요구사항에 대한 회계처리를 하시오.

① 20×1년 말 기말결산시

② 20×2년 중 보증비용으로 현금 800원을 지출한 경우

③ 20×2년 말 보증비용의 추가지출 없이 보증기간이 종료한 경우

09 확정급여형 퇴직연금을 채택하고 있는 (주)DB사가 외부의 금융기관에 부담금 1,000원을 납부하였을 때 회계처리는?

10 확정기여형 퇴직연금을 채택하고 있는 (주)DC사가 외부의 금융기관에 기여금 1,000원을 납부하였을 때 회계처리는?

기출문제

01 부채에 관한 설명으로 옳지 않은 것은?

① 부채의 정의를 만족하기 위해서는 금액이 반드시 확정되어야 한다.
② 부채는 과거의 거래나 사건의 결과로 현재 기업실체가 부담하고 있고 미래에 자원의 유출 또는 사용이 예상되는 의무이다.
③ 부채는 기업실체가 현재시점에서 부담하는 경제적 의무이다.
④ 미래에 발생이 예상되는 대규모 수선비의 경우와 같이 장래에 자원의 유출 또는 사용이 기대된다 하더라도 과거의 거래나 사건으로부터 기인하지 않은 의무는 부채의 정의를 충족하지 못한다.

02 유동부채에 관한 설명으로 옳지 않은 것은?

① 매입채무와 미지급금의 구분기준은 일반적인 상거래에서의 발생 여부이다.
② 금융기관으로부터의 당좌차월 잔액은 당좌차월에 대한 한도가 남아 있다면 유동부채로 분류하지 않는다.
③ 미지급금 등과 같이 일반적 상거래 이외에서 발생하여 보고기간종료일로부터 지급기일이 1년 이내인 경우 유동부채로 분류한다.
④ 비유동부채 중 결산일로부터 1년 이내 상환기일이 도래하는 경우 유동성장기부채라는 계정과목을 이용하여 유동부채로 분류한다.

03 부채로 계상할 수 없는 것은?

① 기계장치의 외상 구입금액　　② 은행으로부터 빌린 금액
③ 상품판매 전 미리 받은 계약금　　④ 종업원에게 빌려준 금액

04 다음 주어진 자료에 의한 부채총액은 얼마인가?

• 현금	14,000원	• 건물	20,000원
• 재고자산	5,000원	• 자본금	7,000원
• 받을어음	3,000원		

① 27,000원　　② 30,000원
③ 32,000원　　④ 35,000원

05 유동부채에 해당하는 금액의 합계는 얼마인가?

• 외상매입금	50,000원	• 미지급비용	70,000원
• 선수금	90,000원	• 퇴직급여충당부채	80,000원
• 단기차입금	200,000원		
• 장기차입금	1,000,000원(유동성장기부채 200,000원 포함)		

① 410,000원　　② 520,000원
③ 530,000원　　④ 610,000원

06 판매용 TV 10대(단가 1,000,000원)를 구입하면서 3개월 만기 어음을 발행하여 교부한 경우 올바른 분개는?

① (차) 비품 10,000,000　(대) 지급어음 10,000,000
② (차) 비품 10,000,000　(대) 미지급금 10,000,000
③ (차) 상품 10,000,000　(대) 지급어음 10,000,000
④ (차) 상품 10,000,000　(대) 미지급금 10,000,000

07 부채계정으로만 짝지어진 것은?

① 선급금, 선수금　　② 미지급금, 미수금
③ 선급금, 미수금　　④ 선수금, 미지급금

08 다음 계정과목 중 유동부채에 해당하는 것은?

① 미지급금　　② 선급금
③ 가지급금　　④ 장기차입금

09 부채의 분류항목 중 그 분류가 가장 다른 것은?

① 매입채무　　② 퇴직급여충당부채
③ 미지급비용　　④ 단기차입금

10 부채에 대한 설명으로 올바른 것은?

① 순재산이다.　　② 자기자본이라고도 한다.
③ 타인자본이라고도 한다.　　④ 손익계산서 항목이다.

11 다음 선수금계정에서 10월 2일 거래의 설명으로 올바른 것은?

선수금

10/5	매출	20,000	10/2	현금	20,000

① 상품을 주문받고 계약금을 받다.
② 상품을 주문하고 계약금을 지급하다.
③ 상품을 매출하고 계약금을 차감하다.
④ 상품을 매입하고 계약금을 차감하다.

12 거래처의 외상매입금을 현금상환시 재무제표에 미치는 영향으로 옳은 것은?

ㄱ. 유동자산이 감소한다. ㄴ. 당기순이익이 감소한다.
ㄷ. 유동부채가 감소한다. ㄹ. 재고자산이 증가한다.

① ㄱ, ㄴ ② ㄴ, ㄷ
③ ㄱ, ㄷ ④ ㄷ, ㄹ

13 다음 ( ) 안에 기입할 계정과목으로 옳은 것은?

한국상사는 20×1년 초 주거래은행으로부터 장기차입금 10,000,000원을 빌리고 3년 후 일시 상환하기로 하였다. 20×2년 말 결산시 한국상사는 위의 장기차입금을 대체하기로 하고 다음의 분개를 하였다.
(차) 장기차입금 10,000,000 (대) ( ) 10,000,000

① 미지급금 ② 유동성장기부채
③ 미지급어음 ④ 당좌차월

14 급여지급일에 총급여 4,000,000원을 지급하면서 근로소득세, 주민세, 건강보험료 등 350,000원을 차감한 잔액을 현금으로 지급한 경우 올바른 분개는?

① (차) 급여 4,000,000 (대) 현금 4,000,000
② (차) 급여 4,000,000 (대) 예수금 4,000,000
③ (차) 급여 4,000,000 (대) 현금 3,650,000
예수금 350,000
④ (차) 예수금 350,000 (대) 현금 350,000

15 충당부채에 해당하는 것이 아닌 것은?

① 퇴직급여충당부채　　② 제품보증충당부채
③ 경품충당부채　　④ 대손충당금

16 다음 퇴직급여충당부채의 자료로 기말 추가로 설정해야 할 퇴직급여충당부채는?

- 기초 퇴직급여충당부채의 잔액은 16,000,000원이다.
- 기중 퇴직한 퇴직자에게 지급한 퇴직금은 3,500,000원이다.
- 기말 현재 전 임직원이 퇴직할 경우 지급해야 할 퇴직금추계액은 20,000,000원이다.

① 3,500,000원　　② 5,000,000원
③ 7,500,000원　　④ 20,000,000원

17 근로자퇴직급여보장법에 의한 퇴직연금제도에는 확정급여형제도와 확정기여형제도가 있다. 만약 퇴직연금을 100,000원을 납부할 경우 확정급여형에 따른 회계처리로 알맞은 것을 고르시오.

①	(차) 퇴직급여	100,000	(대) 현금	100,000
②	(차) 선급퇴직급여	100,000	(대) 현금	100,000
③	(차) 퇴직연금운용자산	100,000	(대) 현금	100,000
④	(차) 퇴직급여충당부채	100,000	(대) 현금	100,000

18 일반기업회계기준의 충당부채 인식요건에 해당하지 않는 것은?

① 과거 사건이나 거래의 결과로 현재의무가 존재해야 한다.
② 당해 의무를 이행하기 위한 자원의 유출가능성이 매우 높아야 한다.
③ 현재의무에 대한 거래 상대방이 명확하고 분명해야 한다.
④ 당해 의무를 이행하는데 소요되는 금액을 신뢰성 있게 추정할 수 있다.

19 다음 (　　) 안에 들어갈 용어로 알맞은 것은?

회사가 임직원이 퇴직하는 경우에 지급해야 할 퇴직금은 실제 퇴직시에 비용으로 처리하기보다는 매 회계연도 말 퇴직금추계액을 추산하여 이를 비용처리하면서 퇴직급여충당부채를 설정하는데, 이는 (　　　)에 부합하기 위함이다.

① 구분표시의 원칙　　② 1년 기준
③ 총액주의　　④ 수익 · 비용대응의 원칙

20 퇴직급여충당부채의 회계처리에 대하여 옳지 않게 설명한 사람은 누구인가?

① 보경 : 퇴직금은 근로기준법이나 회사의 내부규정에 따라 지급되는 금액 중 큰 금액을 기준으로 한다.

② 고은 : 퇴직급여충당부채는 기말 결산일 현재 절반 이상의 임직원이 퇴직한다고 가정할 때 지급해야 할 추계액을 산정한다.

③ 희정 : 기말 퇴직급여의 계상은 수익 · 비용대응의 원칙에 부합한다,

④ 민정 : 기말 퇴직급여충당부채 추계액과 기초의 퇴직급여충당부채에서 기중 퇴직금 지급 후의 잔액을 비교하여 그 차액을 퇴직급여로 계상한다.

12강

사채와 사채

쉬운 이야기로 풀어 쓴
회계의 이해

하나, 사채(私債) 빌려 드립니다!

최근 정부가 서민들을 옥죄는 대부업 금리상한선 규제를 강화하여 서민들의 생활고를 펴주게 한다는 뉴스가 자주 오르락내리락한다. 제1금융권(은행)보다 터무니없이 비싼 사채(私債)의 고금리에 대한 상한선을 규제하여 서민들에게 숨통을 틔워 준다는 것이다. 사채(대부업)라는 단어를 보면 여러분들의 뇌리에는 무엇이 떠오르는가? 터무니없이 비싼 이자를 제때 갚지 못해 정체불명의 사람들로부터 갖은 협박을 받는 장면이 떠오르는가? 사채를 쓰다 집안이 풍비박산 난 사람들을 떠올리는가? 의외로 우리는 사채에 대한 오해가 많다. 그렇다고 여기서 사채를 옹호하려는 의도는 아니다. 그러나 실제로 지방자치단체 등에 신고하지 않고 운영되는 불법 사채업자들에 의한 서민들의 폐해가 적지 않은 것도 사실이다.

The Merchant of Venice

이처럼 사채에 대하여 사람들이 부정적인 이미지를 가지게 된 것은 '베니스의 상인(The Merchant of Venice)'이라는 셰익스피어 희극의 영향(?)도 큰 것이 아닌가 하는 개인적인 생각도 해 본다. 베니스의 악덕 고리대금업자 샤일록(Shylock)은 미워하지 않는 사람이 없을 정도로 악명 높았다. 샤일록은 평소 고리대금업을 멸시하던 젊은 상인 안토니오(Antonio)에게 남모를 분노를 가지고 있었다. 어느 날 안토니오는 그의 절친한 친구 바사니오(Bassanio)를 위해 샤일록에게 돈을 빌리게 된다. 샤일록은 이번이 안토니오에게 복수할 절호의 기회라 생각하고 "대금을 기한 내 갚지 못할 경우 1파운드의 살을 내어놓으라!"고 제안한다. 안토니오는 곧 배가 입항하게 되면 빌린 돈을 충분히 갚을 수 있다고 생각하고 이 기괴한 제안을 수락하고 돈을 빌리게 된다. 그러나 베니스로 입항하기로 했던 물건들이 모두 난파당하면서 안토니오는 샤일록에게 돈을 갚는 날짜를 넘겨버리고 만다. 재판장의 중재에도 불구하고 샤일록이 기어이 안토니오의 살, 즉 생명을 요구하자 재판장은 계약서에 오로지 '살'만 적혀있을 뿐 '피'는 명시되어 있지 않다는 점을 근거로 살을 가져가되 피를 내서는 안 되며, 피를 한

방울이라도 흘리면 모든 재산을 몰수하고 사형에 처해질 것이라고 선언한다. 궁지에 몰린 샤일록은 결국 패소하고 파산하고 만다. 이처럼 베니스의 상인은 사람들에게 고리대부업에 대하여 매우 나쁜 인상을 심어주었다는 생각이 든다. 물론 전적으로 개인적인 생각이지만… 과연 대부업자 샤일록은 악인이었을까?

많은 사람들이 고리대부업에 대하여 부정적인 인식과 함께 신용등급이 매우 낮은 사람들이 이용하는 사금융(私金融) 정도로 오해하는 경우가 많지만 실제로는 그렇지 않은 측면도 많다. 일반인들이 자주 이용하는 카드사의 현금서비스, 자동차 할부서비스도 알고 보면 고리대부업의 일종이다. 일부 선진국(일본 등)의 경우 기업들의 대부업체를 통한 조달금리는 제1금융권의 금리와 크게 차이가 나지 않는다. 이들 국가에서 대부업체가 안정적이고 낮은 금리로 대출이 가능한 이유는 장기자금을 은행 등으로부터 조달해 오기 때문이다. 이처럼 대부업은 개인(또는 기업)과 제1금융권의 중간에서 원활한 자금조달 및 운용의 매개체 역할을 수행하기도 한다.

둘, 자금의 직접조달 사채(社債)

회사가 운영자금이나 투자자금이 부족한 경우 돈을 빌리는 수단은 크게 두 가지 방법이 있다. 조금 전 설명한 것처럼 대부업체 또는 제1금융권(은행) 등으로부터 빌리거나 아니면 증권시장 등을 통하여 직접 주식 또는 회사채(會社債)를 발행할 수 있다. 앞의 경우를 간접금융(間接金融)이라 하며, 뒤의 경우를 직접금융(直接金融)이라고 한다. 우리는 기업이 발행하는 회사채를 줄여서 '사채(社債 : corporate bonds)'라고도 한다. 즉, 사채는 대규모의 자금이 필요한 기업이 일반대중으로부터 돈을 빌리는 경우에 발행하는 채무증권을 말한다. 따라서 기업이 간접금융을 이용하여 은행 등에서 돈을 빌릴 경우에는 차입금(borrowings)이라는 장 · 단기부채가 발생하지만, 직접금융의 이용시는 사채라는 비유동부채가 발생하게 되는 것이다.

그림 12-1 **기업의 자금조달방법**

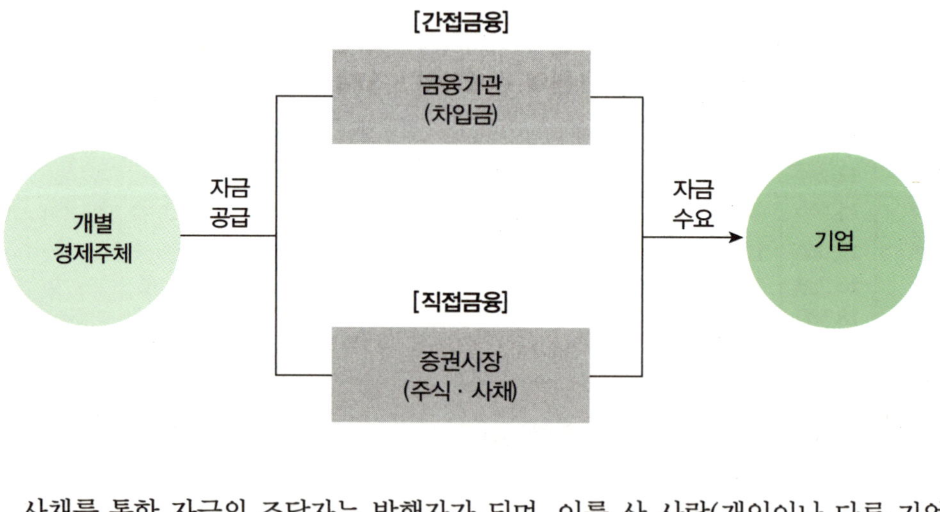

사채를 통한 자금의 조달자는 발행자가 되며, 이를 산 사람(개인이나 다른 기업)은 투자자가 되는 것이다. 따라서 발행자가 사채라는 종이쪽(유가증권)을 통하여 돈을 빌린다면 산 사람에게 돈의 사용대가(이자)를 지급해야 한다. 은행으로부터 돈을 빌리는 경우 이자비용을 지급하는 것처럼. 단지 돈을 빌리는 주체가 금융기관에서 일반대중으로 바뀌었을 뿐이다. 사채는 사채권(종이쪽)의 앞면과 뒷면에는 여러 가지 약정들이 쓰여져 있다. 다음의 세 가지는 사채가 발행되기 위해 반드시 필요한 약정들이다.

사채권의 약정

① 액면금액(약정된 기간이 지난 후 회사가 투자자에게 갚아야 할 원금)
② 액면이자율(얼마의 금리로 돈을 빌리겠다는 회사의 약속, 즉 표시이자율)
③ 만기일(회사가 돈을 빌리는 기간의 종료시점)

따라서 사채는 주식(수요와 공급의 논리에 의해 가격이 결정됨)과 달리 어느 시점에서든 가격평가(사채가격의 결정)가 가능하다. 이는 사채권면에 위의 세 가지 약정이 표시되어 있기 때문이다. 이에 대해서는 잠시 후 다시 설명하기로 한다.

셋, 손안의 새

여기서 잠깐 이야기를 다른 곳으로 돌린 후 다시 돌아오기로 한다. 여러분은 공중에 날아다니는 다섯 마리의 새보다 손안에 든 한 마리의 새(a bird in one's hand)를 훨씬 좋아할 것이다. 그 이유는 불확실한 것보다는 확실한 것을 더 좋아하고, 미래의 소비보다는 현재의 소비를 더 좋아하는 인간의 본성 때문일 것이다. 만약 사람이 현재의 소비를 줄이고 대신 미래로 소비를 이전한다면 반드시 그 대가를 요구할 것이다. 즉, 오늘 쓸 수 있는 현금 10,000원을 미래에 소비하기 위하여 은행에 예금하는 경우 이에 대한 대가를 요구한다는 것이다. 따라서 은행은 오늘 쓸 10,000원을 포기하는데 대한 대가(돈의 사용대가), 즉 이자(interest)를 예금한 사람에게 지급하게 된다. 이때 이자(1,000원이라고 가정)와 예금한 돈 10,000원(원금)과의 비율을 이자율(interest rate)이라고 한다.

3.1 단일금액의 미래가치

만약 오늘 10,000원을 이자율 10%로 은행에 예금하여 1년 후 찾는 경우 얼마의 돈(원금과 이자의 합, 이를 '원리금'이라고 한다)이 우리의 손에 들어오는가? 이 원리금을 계산하는 방법에는 단리와 복리가 있는데 여기서는 복리로 구해 보기로 한다. 이를 1년 후 미래가치(Future Value : FV) 또는 1년 후 종가(terminal value)라고도 한다.

$$FV_1 = \text{원금} + \text{이자} = C + C \times r = C(1 + r)^1$$

FV_1 = 1년도 말 원리금, C = 원금, r = 이자율

이 식에 의하면 1년 후 원리금은 11,000원(원금 10,000원, 이자 1,000원)이 된다. 이를 회수하지 않고 1년 더 예금한다면 2년도 말의 원리금 합계 FV_2(2년 후 미래가치)는 $C(1+r)^2$이 된다. 이러한 방법으로 현재 단일금액(목돈) C원을 이자율 r%로 투자한 n년도 말의 미래가치(FV_n)는 다음과 같이 구한다.

단일금액 C원의 미래가치

$$FV_n = C(1+r)^n \qquad \text{(식 12-1)}$$

(식 12-1)의 $(1+r)^n$은 이자율(r)과 기간(n)이 커질수록 계산이 어려워지게 되는데, 이것을 계산해 놓은 표가 [부표 1] 단일금액 1원의 미래가치표이다. 만약 현재 10,000원의 돈을 은행에 3년간 연 이자율 10%로 복리예금하는 경우 3년 후의 미래가치를 계산해 보면 다음과 같다. 즉, $FV_3 = 10,000(1+0.1)^3$이 된다. 여기서 기간 3년, 이자율 10%의 미래가치계수, 즉 $(1+0.1)^3$의 값을 [부표 1]에서 아주 편안하게 찾아보면 **1.3310**이므로 FV_3(3년 후 원리금)은 10,000×1.3310=13,310원이 된다. 요컨대 현재의 10,000원을 연 이자율 10%로 은행에 복리예금해 두면 3년 후 13,310원을 받게 된다는 것이다.

단리와 복리

이자의 계산법에는 단리(simple interest)와 복리(compound interest)가 있다. 단리란 예치기간의 이자를 원금에 가산하지 않고 만기에 한꺼번에 지급하는 방식이며, 복리는 원금뿐만 아니라 이자에 대한 이자도 계산하는 방법을 말한다. 예를 들어 10,000원을 연리 10%로 3년간 예금하는 경우 3년 후 원리금은 다음과 같다.

단리의 원리금 = 10,000 + (10,000 × 0.1) × 3 = 13,000원
복리의 원리금 = $10,000(1 + 0.1)^3$ = 10,000 × 1.3310 = 13,310원

우리나라의 경우 1980~90년대까지만 해도 복리상품을 많이 판매했지만 아쉽게도 최근에는 복리로 계산하는 금융상품이 많지는 않다.

3.2 단일금액의 현재가치

미래의 일정금액을 현재의 화폐가치로 환산하는 것을 '현재가치(Present Value : PV)'라고 하며, 현재가치를 구하는 과정을 할인계산과정(discounting process)이라고도 한다. 현재의 이자율이 10%인 상황에서 3년 후 받게 될 13,310원을 현재가치로 환산(할인)해 보면 얼마가 되는가? 조금 전 현재의 10,000원을 3년간 10%의 이자율로 예금할 경우 3년 후 원리금(미래가치)은 13,310원이 된다고 계산하였다. 따라서 그 답은 당연히 10,000원이다.

다시 한번 이 과정을 살펴보자. $FV_3 = 10{,}000(1+0.1)^3 = 13{,}310$에서 현재가치 10,000원은 $13{,}310 \div (1+0.1)^3$을 계산한 값이다. 다시 말해 (식 12-1)로부터 현재가치(PV(C))의 값을 구하기 위해서는 양변을 $(1+r)^n$으로 나누면 된다.

단일금액 C원의 현재가치

$$PV(C) = \frac{FV_n}{(1+r)^n} \qquad \text{(식 12-2)}$$

(식 12-2)에서 $1 \div (1+0.1)^3$의 값을 계산해 놓은 표가 [부표 2] 단일금액 1원의 현재가치표이다. 기간 3년, 이자율 10%의 현재가치계수 $\mathbf{1 \div (1+0.1)^3}$의 값을 [부표 2]에서 편안하게 찾아보면 **0.7513**이므로 3년 후 13,310원(FV_3)의 현재가치(PV(C))는 $13{,}310 \times 0.7513 = 10{,}000$원으로 계산된다. 요컨대 이자율이 10%일 때 3년 후 13,310원의 현재가치는 10,000원이라는 의미이다.

그림 12-2 **미래가치와 현재가치 관계**

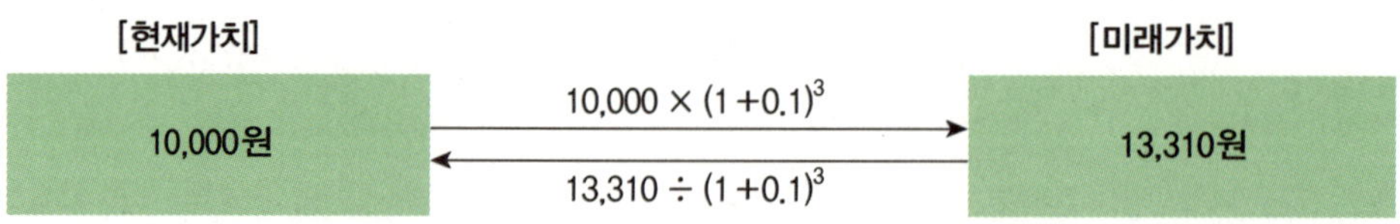

3.3 연금의 미래가치

일정기간 동안 연속적으로 생기는 돈을 '연금(annuity)'이라고 한다. 매년 말 일정금액 C원이 n기간 동안 발생하는 연금의 미래가치(FV_n)는 다음과 같이 구한다.[1)]

연금 C원의 미래가치

$$FV_n(\text{연금}) = C(1+r)^{n-1} + C(1+r)^{n-2} + \cdots + C$$

$$= C\left[\frac{(1+r)^n}{r} - \frac{1}{r}\right] \qquad \text{(식 12-3)}$$

(식 12-3)의 [ ] 값을 계산해 놓은 표가 [부표 3] 정상연금 1원의 미래가치표이다. 이 표는 단일금액 1원의 미래가치를 기간별로 합산하여 계산된 표이다. 예를 들어 이자율이 10%일 때 매년 1,000원씩 발생하는 연금의 3년 후 미래가치를 구하기 위해서는 1,000원에 $(1+0.1)^2$, $(1+0.1)^1$, 1의 세 개 값을 모두 합산한 수치(3.31), 즉 연금의 미래가치계수를 곱하면 된다. 너무도 편안하게 [부표 3]을 찾아보면 기간 3년, 이자율 10% 연금의 미래가치계수는 **3.3100**이다. 따라서 FV_3(연금)의 미래가치는 1,000×3.3100=3,310원으로 계산된다. 요컨대 3년간 연금의 명목가치 합은 3,000원이지만 10% 이자율로 복리계산한 미래가치는 3,310원이 된다는 의미이다.

1) 연금의 현재가치와 미래가치를 구하는 계산과정은 여기서 생략하기로 한다. 수학에서 수열의 합을 구하는 것으로 어렵지 않지만 굳이 알 필요도 없다. 이미 만들어진 [부표]를 활용하면 된다.

3.4 연금의 현재가치

1년도 말부터 일정금액의 C원이 n기간 동안 계속하여 발생하는 연금의 현재가치(PV_n)를 구하는 식은 다음과 같다.

연금 C원의 현재가치

$$PV_n(\text{연금}) = \frac{C}{(1+r)} + \frac{C}{(1+r)^2} + \cdots + \frac{C}{(1+r)^n}$$
$$= C\left[\frac{1}{r} - \frac{1}{r(1+r)^n}\right] \qquad \text{(식 12-4)}$$

(식 12-4)의 [ ] 값을 계산해 놓은 표가 [부표 4] 정상연금 1원의 현재가치표이다. 이 표는 단일금액 1원의 현재가치를 기간별로 합산하여 계산된 표이다. 예를 들어 이자율이 10%일 때 매년 1,000원씩 3년간 발생하는 연금의 현재가치를 구하기 위해서는 1,000원에 $1\div(1+0.1)^1$, $1\div(1+0.1)^2$, $1\div(1+0.1)^3$이라는 세 개의 값을 모두 합산한 수치(2.4868), 즉 연금의 현재가치계수를 곱하면 된다. 너무도 편안하게 [부표 4]를 찾아보면 기간 3년, 이자율 10%의 연금의 현재가치계수는 **2.4868**이므로, PV_3(연금)의 현재가치는 1,000×2.4868=2,487원이 된다. 요컨대 3년간 연금의 명목가치 합은 3,000원이지만 10%의 이자율로 할인한 현재가치는 2,487원이라는 의미이다([그림 12-3]을 참조할 것).

넷, 이 사채는 도대체 얼마짜리인가? 얼마에 발행되는가?

우리는 앞에서 고리대부업자의 사채(私債)도 배웠고 회사가 일반 투자자들로부터 돈을 빌리기 위해 사채(社債)를 발행한다는 것도 배웠다. 회사가 사채를 발행한다는 의미는 사채권이라는 증서(일종의 차용증서)를 시중에 뿌리면서 "우리 회사에 돈 좀 빌려주세요! 이자 드릴게요. 이 사채권이 그 증서입니다"라는 말이다. 여기서 중요한 것은 이 사채가 얼마짜리인가를 결정해야 한다는 점이다. 이는 시장이자율(예를 들어 시중은행의 금리)과 사채의 이자율(이를 '액면이자율' 또는 '표시이자율'이라고 한다)과 밀접한 관련이 있는데 차근차근 알아보자.

4.1 사채의 발행유형

현재 시장이자율(시중금리)이 10%인데, S전자가 동일한 10%의 액면이자(매년 말 지급조건)를 줄테니 3년간 10,000원을 빌려달라고 한다면 우리는 은행이나 S전자나 어느 쪽에 투자해도 같은 이자와 원금을 받게 된다.[2] 만약 우리가 S전자에 10,000원을 투자한다고(사채를 산다고) 하자. 이 경우 S전자의 사채는 얼마에 발행되는가? 다시 말해 현재 이 사채는 얼마짜리인가?

만약 우리가 위의 조건(액면금액 10,000원, 액면이자율 10%, 만기 3년)대로 S전자에 돈을 빌려준다고 하자. 즉, 현재의 시장이자율 역시 10%인 상황에서 S전자가 발행하는 사채에 투자한다고 하자. 그러면 향후 3년간(만기까지) 얼마의 돈이 우리 손에 들어오는가? 다시 말해 사채 투자로부터 발생하게 될 미래현금흐름이 얼마인가 알아야 한다. 우리도 뭔가 대가가 있어야 투자를 하지 않나?

2) 엄밀히 말하면 사람들은 S전자보다는 은행에 예금할 것이다. 왜냐하면 아무리 S전자가 세계 최고의 기업이라 할지라도 일반기업보다는 그래도 은행이 더 안전하기 때문이다. 그러나 여기서는 서로의 위험이 같다고 가정한다.

사채 미래현금흐름

하나, 3년간 매년 말 액면이자 10%인 1,000원씩 받는다.
둘, 3년도 말, 즉 만기가 되면 S전자로부터 원금 10,000원을 돌려받는다.

위에서 3년간 받게 될 액면이자는 연금(3년간 매년 말 이자를 받음)이고, 3년도 말에 돌려받는 원금은 단일금액(목돈)이다. 따라서 이들 금액을 현재가치로 계산하는 방법은 서로 다르다.

그림 12-3 **사채발행금액의 결정구조**

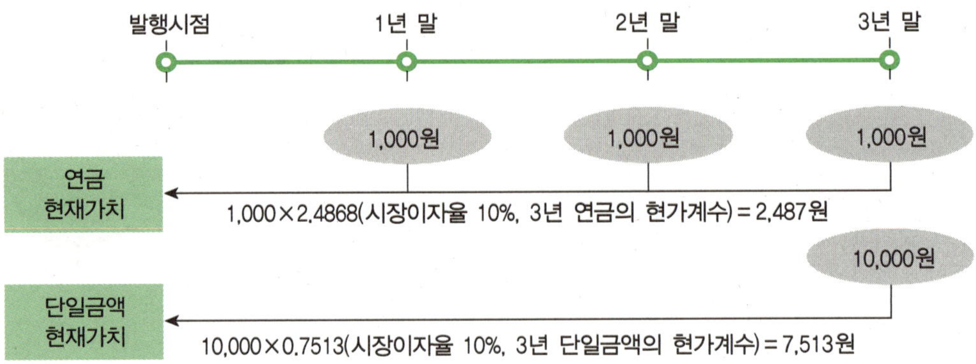

[그림 12-3]에 따라 액면이자(연금)의 현재가치인 2,487원과 만기시점에서 돌려받는 액면금액(단일금액)의 현재가치인 7,513원의 합 10,000원이 사채의 현재가치, 즉 사채의 발행금액이 되는 것이다.

① 액면발행

위에서 살펴본 것처럼 액면이자율과 시장이자율이 10%로 동일한 상황에서 S전자의 사채를 사는 경우 3년간 우리의 손에는 10,000원(2,487원+7,513원)의 돈이 들어온다. 따라서 이 금액이 사채의 현재가격, 즉 발행금액이 되는 것이다.

사채 발행금액(액면발행)

이자의 현재가치(연금, 3년, 10%) = 1,000 × 2.4868 = 2,487원
원금의 현재가치(목돈, 3년, 10%) = 10,000 × 0.7513 = 7,513원

이처럼 사채의 액면금액과 동일한 금액으로 사채가 발행되는 경우 이를 '액면발행(issued at face)'이라고 한다. S전자는 발행시점, 매년 말 이자지급시 그리고 만기시점에 다음과 같이 분개한다.

액면발행 분개

[사채발행시]	(차) 현금	10,000	(대) 사채	10,000
[이자지급시]	(차) 이자비용	1,000	(대) 현금	1,000
[만기상환시]	(차) 사채	10,000	(대) 현금	10,000

② 할인발행

이제 조금 다른 조건을 살펴보자. 만약 현재의 시장이자율은 12%인데, S전자가 액면이자율 10%인 상태 그대로 사채를 발행하는 경우를 생각해 보자. 이 경우 앞에서 본 사채의 발행금액, 즉 사채의 현재가격 10,000원에 살(투자할) 사람이 있는가? 답은 '없다'이다. 왜냐하면 은행에 예금하면 연간 1,200원(시장이자율 12%)의 이자를 받게 되는데, 연간 1,000원(액면이자율 10%)의 이자를 주는 S전자의 사채를 사는 바보는 없을 것이다. 따라서 S전자가 취할 수 있는 행동(action)은 두 가지밖에 없다.

하나, 사채의 액면이자율(10%)을 최소한 시장이자율(12%)로 고쳐서 발행한다.

둘, 사채의 발행금액을 깎아준다.

보통의 경우에는 두 번째 방법을 채택한다. 왜냐하면 이미 사채권을 찍어냈기 때문에 액면이자율을 다시 고치기가 쉽지 않기 때문이다. 그런데 사채의 발행금액을 깎아주면 어떻게 되는 걸까? 앞서 이자율(수익률)은 이자와 투자원금 간의 비율이라고 하였다. 즉, 이자율=이자÷투자원금이다. 그런데 이 이자율을 올리려면 이자를 높여주거나(위의 첫 번째 방법) 아니면 투자원금을 깎아주면(위의 두 번째 방법) 된다. 따라

서 S전자가 액면이자율을 올려주지 못하면 투자원금을 깎아주어야 투자자들의 이자율(수익률)이 올라가게 되는 것이다. 이처럼 사채의 발행금액을 액면금액보다 낮추어(즉, 투자원금을 깎아) 사채를 발행하는 방법을 '할인발행(issued at discount)'이라고 한다.

그렇다면 얼마까지 할인해 주어야 하는가? 최소한 시장이자율 12% 선까지는 맞추어 주어야 투자자들은 만족할 것이다. 따라서 사채의 발행금액을 결정하기 위하여 12%의 시장이자율로 할인해 보면 된다.

사채 발행금액(할인발행)

이자의 현재가치(연금, 3년, 12%) = 1,000 × 2.4018 = 2,402원
원금의 현재가치(목돈, 3년, 12%) = 10,000 × 0.7118 = 7,118원

결국 위 금액의 합, 즉 9,520원이 사채의 발행금액(현재가격)이 된다. 다시 말해 이 조건의 사채는 10,000원이 아닌 9,520원에 발행되어야 한다. 할인발행시의 분개는 다음과 같다. 여기서 사채할인발행차금은 사채의 차감계정이 된다.

할인발행 분개(발행시점)

[발행시점]	(차) 현금	9,520	(대) 사채	10,000
	사채할인발행차금	480		

위의 회계처리에서 보듯 S전자는 10,000원짜리 사채(비유동부채)를 발행하였지만 현금은 9,520원(10,000원에서 480원을 뺀 금액, 이를 사채의 '장부금액'이라고 한다)이 들어왔다. 그 이유는 480원을 깎아서 발행했기 때문이다. 결국 사채할인발행차금은 S전자가 12%의 이자율을 맞추어 주기 위하여 투자자들에게 부족한 2%의 이자를 미리 보상해 주는 성격, 즉 이자의 선급분이라고 할 수 있다.

따라서 투자자(사채를 산 사람)들은 연말시점에 비록 10%의 액면이자율을 받더라도 9,520원에 사채를 샀기 때문에 실질이자율(우리나라 일반기업회계기준은 이를 '유효이자율'이라고 한다)은 12%가 되는 것이다.[3)]

아울러 S전자는 이자지급과 장부금액의 조정을 회계처리를 하기 위해 다음의 사채할인발행차금상각표라는 표가 필요하다.

표 12-1 사채할인발행차금상각표

시점	유효이자(12%)	액면이자(10%)	상각액	장부금액
20×1년 초				9,520
20×1년 말	1,142	1,000	142	9,662
20×2년 말	1,159	1,000	159	9,821
20×3년 말	1,179	1,000	179	10,000
계	3,480	3,000	480	–

위 표를 잠깐 살펴보자. 장부금액은 9,520원에서 점차 증가하여 10,000원(9,520원을 12%의 이자율로 투자하여 3년 후 10,000원이 되는 개념)이 된다. 유효이자 12%는 실질이자(시장이자율)를 의미하며, 액면이자는 사채권에 약속한 매년 말 액면이자 지급액을 말한다. 따라서 20×1년 말 이자지급시 회계처리는 다음과 같다.

할인발행 분개(1년 말 이자지급 시점)

[이자지급시]	(차) 이자비용	1,142	(대) 현금	1,000
			사채할인발행차금	142

S전자는 연말에 비록 1,000원(10%)의 액면이자를 현금지급하지만, 손익계산서에는 12%의 실질이자비용 1,142원으로 표시해야 한다. 왜냐하면 사채의 발행으로 발생하는 실질이자율은 10%가 아니라 12%가 되어야 하기 때문이다. 즉, 사채가 아닌 다른 수단으로 돈을 빌리는 경우 당연히 12%의 시장이자율(시중금리)이 적용될 것이기 때문이다. 이렇게 1차 연도 분개가 끝나면 사채의 장부금액(BV)은 9,662원으로 증가하게 된다. 사채의 차감계정인 사채할인발행차금 차변금액이 대변에서 상계되었기 때문이다.

3) 유효이자율은 사채의 미래현금흐름과 발행금액을 일치시켜 주는 이자율, 즉 발행자가 부담하는 실질이자율을 의미한다. 사채의 현재가치평가는 시장이자율로 하기 때문에 발행시점의 유효이자율과 시장이자율은 일치한다. 다만, 사채발행비가 있을 경우 발행시점의 유효이자율은 시장이자율보다 더 커지게 된다.

S전자가 매년 말 이자지급 분개를 세 번하면 사채의 장부금액은 10,000원으로 조정된다. 왜냐하면 발행시 차변에 분개된 사채할인발행차금을 전부 대변에 기록하여 제거했기 때문이다. 이를 '사채할인발행차금의 상각'이라고 한다. 20×2년 말 이자지급시의 분개는 다음과 같다.

할인발행 분개(2년 말 이자지급 시점)

[이자지급시]	(차) 이자비용	1,159	(대) 현금	1,000
			사채할인발행차금	159

사채의 발행자는 발행 이후 매년 말 3년간의 이자지급 분개를 통해 사채할인발행차금을 전부 상각(제거)시킴으로써 사채의 장부금액은 만기시 10,000원으로 조정된다. 만기상환시 분개는 다음과 같다.

할인발행 분개(만기시점)

[만기상환시]	(차) 사채	10,000	(대) 현금	10,000

이렇게 만기시 사채투자자에게 원금 10,000원을 상환함으로써 사채 발행자인 S전자의 사채관련 모든 거래는 종결된다.

③ 할증발행

이제 액면이자율이 10%, 시장이자율이 8%인 반대의 상황을 생각해 보자. 이때는 사채를 사려는 사람들이 구름처럼 몰려들 것이다. 왜냐하면 사채로부터 얻을 수 있는 이자율이 시장이자율보다 높기 때문이다. 이러한 사채는 액면금액 10,000원짜리가 10,515원(미래현금흐름을 사채시장이자율 8%로 할인하여 계산)이라는 더 높은 가격에 발행될 수 있다. 한여름 수박을 사려는 사람들이 엄청 많으면 수박가격이 올라가는 것처럼. 이러한 발행을 '할증발행(issued at premium)'이라고 한다. 할증발행시 분개는 다음과 같다. 여기서 사채할증발행차금은 사채의 부가계정이 된다.

할증발행 분개(발행시점)

[발행시점]	(차) 현금	10,515	(대) 사채	10,000
			사채할증발행차금	515

위의 회계처리에서 보듯 10,000원짜리 사채를 발행하였지만 현금은 10,515원이 들어왔다. 이때 사채의 발행자는 액면금액보다 더 받은 사채할증발행차금 515원을 이자지급시 시장이자율 8%보다 더 높은 액면이자율 10%를 주는데 사용한다. 결국 사채할증발행차금은 나중에 더 높은 이자를 주기 위해 투자자들로부터 미리 받아 둔 이자의 선수분이라고 할 수 있다. 따라서 이자지급시의 분개는 사채할증발행차금상각표를 작성하여 할인발행과 반대로 처리하면 된다([예제 12-2]를 참조할 것).

예제 12-1 | 사채의 할인발행

(주)자금은 20×1년 1월 1일에 액면금액 10,000원, 액면이자율 10%, 3년 만기의 사채를 발행하려고 한다. 이자는 매년 말 지급조건이며 동 사채의 발행시 시장이자율은 12%이다(단일금액 및 연금의 현가계수는 [부표]를 참조할 것).

1. 사채의 발행금액을 구하시오.
2. 사채할인발행차금상각표를 작성하시오.
3. 사채발행일과 20×1년 말 회계처리를 하시오.

풀이

1. 사채의 발행금액 : (1,000×2.4018)+(10,000×0.7118)=**9,520원**
2. 사채할인발행차금상각표

시점	유효이자(12%)	액면이자(10%)	상각액	장부금액
20×1년 초				9,520
20×1년 말	1,142	1,000	142	9,662
20×2년 말	1,159	1,000	159	9,821
20×3년 말	1,179	1,000	179	10,000
계	3,480	3,000	480	–

3. 사채발행일과 20×1년 말 회계처리

발행일	(차) 현금	9,520	(대) 사채	10,000
	사채할인발행차금	480		
20×1년 말	(차) 이자비용	1,142	(대) 현금	1,000
			사채할인발행차금	142

예제 12-2 | 사채의 할증발행

(주)자금은 20×1년 1월 1일에 액면금액 10,000원, 액면이자율 10%, 3년 만기의 사채를 발행하려고 한다. 이자는 매년 말 지급조건이며 동 사채의 발행시 시장이자율은 8%이다(단일금액 및 연금의 현가계수는 [부표]를 참조할 것).

1. 사채의 발행금액을 구하시오.
2. 사채할증발행차금상각표를 작성하시오.
3. 사채발행일과 20×1년 말 회계처리를 하시오.

풀이

1. 사채의 발행금액 : (1,000×2.5771)+(10,000×0.7938)=**10,515원**
2. 사채할증발행차금상각표

시점	유효이자(8%)	액면이자(10%)	상각액*	장부금액
20×1년 초				10,515
20×1년 말	841	1,000	(−)159	10,356
20×2년 말	828	1,000	(−)172	10,184
20×3년 말	816	1,000	(−)184	10,000
계	2,485	3,000	(−)515	−

* 환입액이라는 용어를 사용하기도 하나 편의상 상각액이라는 용어를 그대로 사용함.

3. 사채발행일과 20×1년 말 회계처리

발행일	(차) 현금	10,515	(대) 사채	10,000
				사채할증발행차금	515
20×1년 말	(차) 이자비용	841	(대) 현금	1,000
	사채할증발행차금	159		

이제 슬슬 정리해 보자. 결국 말도 많고 탈도 많았던 '사채(社債)'라는 놈의 발행유형과 발행금액은 다음의 상황에 따라 결정된다.

표 12-2 | 사채발행유형

구분	이자율 간 관계	발행금액과 액면금액 관계
액면발행	시장이자율 = 액면이자율	발행금액 = 액면금액
할인발행	**시장이자율 > 액면이자율**	**발행금액 < 액면금액**
할증발행	시장이자율 < 액면이자율	발행금액 > 액면금액

마지막으로 유효이자율법을 적용에 따라 발행시점부터 만기까지 기간이 경과함에 따라 사채의 장부금액(BV), 실질이자비용, 액면이자, 사채발행차금상각액(절대값)의 크기가 어떻게 변동되는가를 살펴보기로 하자.

표 12-3 발행유형에 따른 관련금액 변화

구분	장부금액	이자비용	액면이자	차금상각액
액면발행	일정	일정	일정	-
할인발행	**증가**	증가	일정	**증가**
할증발행	**감소**	감소	일정	**증가**

먼저 할인발행의 경우 최초 장부금액(발행금액)은 사채할인발행차금의 상각으로 기간경과에 따라 증가하고, 장부금액의 증가로 이자비용(장부금액×유효이자율)도 증가하게 된다. 그 결과 차금상각액도에 계속 증가한다. 반대로 할증발행의 경우 기간의 경과에 따라 최초의 장부금액이 감소함으로써 이자비용도 감소하고, 그 결과 차금상각액의 절대값 역시 증가(감소하는 이자비용 감소－일정한 액면이자)하게 된다. 요컨대 할인발행이든 할증발행이든 '사채할인(할증)발행차금상각액'의 절대값은 증가한다는 사실은 꼭 기억하자!

4.2 투자사채(만기보유증권)

마지막으로 S전자의 사채(액면금액 10,000원, 액면이자율 10%, 시장이자율 12%, 발행금액 9,520원)를 산 사람은 어떻게 회계처리해야 하는가? 당연히 S전자의 반대로 회계처리를 하면 될 것이다. 다만 일반기업회계기준에서는 사채의 투자자는 발행자(S전자)와는 달리 순액(net amount)으로 처리하도록 하고 있다. 9강에서 만기까지 보유할 목적으로 채무증권에 투자한 경우 만기보유증권으로 분류하고 기말평가시 상각후원가법을 적용해야 한다고 배웠다. 앞에서 작성한 [표 12-1]의 사채할인발행차금상각표상 장부금액이 바로 상각후원가에 해당한다. 투자사채의 투자자는 다음과 같이 분개한다(9강으로 다시 돌아가 복습할 것).

투자사채 분개

[사채취득시]	(차) 만기보유증권	×××	(대) 현금	×××
[이자수령시]	(차) 현금	×××	(대) 이자수익	×××
	만기보유증권	×××		
[원금회수시]	(차) 현금	×××	(대) 만기보유증권	×××

위의 분개를 보면 최초 사채를 살 때 취득원가를 순액(9,520원)으로 기록한다(반대로 발행자는 사채할인발행차금을 사용하여 사채 10,000원이라는 총액으로 처리하였음). 그리고 매년 말 이자를 받을 때마다 상각후원가로 평가(장부금액을 조정)하기 위해 만기보유증권계정의 차변에 사채할인발행차금상각액만큼 더해 주는 회계처리를 해 준다([예제 12-3]을 참조할 것). 이렇게 함으로써 만기시점에서 최초의 장부금액 9,520원은 액면금액 10,000원으로 조정되고 거래가 종결되는 것이다.

예제 12-3 | 투자사채의 취득

(주)한국은 만기보유목적의 S전자 사채를 9,520원의 현금으로 할인취득하였다. 사채의 액면금액 10,000원, 액면이자율 10%, 3년 만기라고 할 때, 다음 요구사항에 답하시오.

1. 사채취득시 시장이자율이 12%라고 할 때 사채할인발행차금상각표를 작성하시오.
2. 각 시점별 회계처리를 하시오.

풀이

1. 사채할인발행차금상각표

시점	유효이자(12%)	액면이자(10%)	상각액	장부금액
20×1년 초				9,520
20×1년 말	1,142	1,000	142	9,662
20×2년 말	1,159	1,000	159	9,821
20×3년 말	1,179	1,000	179	10,000
계	3,480	3,000	480	–

2. 각 시점별 회계처리

취득일	(차) 만기보유증권	9,520	(대) 현금	9,520
20×1년 말	(차) 현금	1,000	(대) 이자수익	1,142
	만기보유증권	142		

20×2년 말	(차) 현금	1,000	(대) 이자수익	1,159
	만기보유증권	159		
20×3년 말	(차) 현금	1,000	(대) 이자수익	1,179
	만기보유증권	179		
	(차) 현금	10,000	(대) 만기보유증권	10,000

다섯, 사채 이외의 비유동부채는?

지금까지 배운 사채 이외의 비유동부채(보고기간종료일로부터 상환일이 1년 이후에 도래하는 할 부채)에는 어떤 것들이 있는가?

5.1 장기성매입채무

정상적 영업활동에서 발생한 매입채무 중 보고기간종료일로부터 1년 이후에 상환해야 하는 매입채무, 즉 유동부채에 속하지 않는 장기성외상매입금과 장기성지급어음을 말한다.

5.2 장기차입금

타인으로부터 빌린 차입금 중 보고기간종료일로부터 1년 이후에 상환해야 할 차입금을 말한다. 만약 보고기간종료일로부터 상환기간이 1년 이내에 도래하면 유동성장기부채로 계정대체해야 한다.

5.3 장기성충당부채

장기제품보증충당부채, 장기경품충당부채 및 퇴직급여충당부채 등을 말한다. 반면 단기성충당부채는 유동부채로 분류된다. 대체로 충당부채는 장기성항목에 해당된다.

5.4 이연법인세부채[4]

자산 · 부채의 장부금액과 세무기준액의 차이로 인해 미래 가산할 일시적 차이가 발생하는 경우의 미래 법인세부담액을 말한다.

---

4) 비유동부채 항목 중 이연법인세부채와 이외 전환사채 및 신주인수권부사채 등에 관한 내용들은 기초회계의 범위를 벗어나므로 중급회계를 참조하기 바란다.

12강 복습

1. 사채(corporate bonds)
일반대중으로부터 대규모의 장기자금을 빌리기 위해 회사가 발행하는 채무증권

2. 미래가치(FV)
현재의 원금을 일정한 이자율로 투자할 때 일정기간 후 원리금 종가

3. 현재가치(PV)
미래의 현금흐름을 일정 이자율로 할인한 현가

4. 액면발행
사채 발행시점의 액면이자율이 시장이자율과 같아 액면금액으로 사채를 발행

5. 할인발행
사채 발행시점의 액면이자율이 시장이자율보다 낮아 액면금액 이하로 사채를 발행

6. 할증발행
사채 발행시점의 액면이자율이 시장이자율보다 높아 액면금액 이상으로 사채를 발행

7. 투자사채
사채의 발행자(회사)가 발행한 사채를 투자목적으로 취득한 경우의 투자자산

8. 상각후원가
사채 장부금액을 유효이자율법에 따라 상각하여 조정한 새로운 장부금액

9. 장기성매입채무
정상적 영업활동에서 발생한 매입채무로 보고기간종료일로부터 1년 이후 상환해야 하는 장기성외상매입금과 장기성지급어음

10. 장기차입금
차입금 중 보고기간종료일로부터 1년 이후에 상환해야 할 차입금

11. 장기성충당부채
장기제품보증충당부채, 퇴직급여충당부채 등 장기간에 걸쳐 설정해야 할 충당부채

연습문제

01 사채(社債 : corporate bonds)란 한마디로 무엇인가?

02 현재가치(Present Value : PV)란?

03 사채의 발행금액을 결정하기 위한 세 가지 요소는?

04 사채의 발행금액은 어떻게 결정되는가?

05 사채를 할인발행하는 이유는 무엇인가?

06 사채할인발행차금은 한마디로 어떤 성격인가?

07 투자사채(만기보유증권)란?

08 사채 이외 비유동부채의 예를 한 가지만 들어보시오.

09 다음 사채에 대한 설명 중 틀린 것은?

① 사채할인발행차금은 사채의 차감계정이다.
② 사채의 액면금액에서 사채할인발행차금을 뺀 것을 장부금액이라고 한다.
③ 할인발행시 유효이자는 매년 감소한다.
④ 사채의 할인발행시 장부금액은 매년 증가한다.

10 다음 사채의 발행과 관련된 상황에서 분개의 차변에 나타나는 계정과목은?

액면이자율 10%, 시장이자율 12% (즉, 시장이자율 > 액면이자율)

① 현금, 사채할인발행차금　② 현금, 사채할증발행차금
③ 사채, 사채할증발행차금　④ 사채, 사채할인발행차금

11 다음의 분개를 보고 틀린 것을 고른다면 어느 것인가?

(차) 이자비용	8,000	(대) 현금	6,000
		사채할인발행차금	2,000

① 시장이자율이 액면이자율보다 높은 경우에 발행된 사채이다.
② 대변의 현금은 액면이자비용을 의미한다.
③ 차변의 이자비용은 실질이자비용을 의미한다.
④ 사채할인발행차금은 이자를 미리 받아둔 선수액을 의미한다.

12 비유동부채에 해당하는 것은?

① 선수금　② 미지급비용
③ 유동성장기부채　④ 장기차입금

13 현재 목돈 1,000,000원을 가지고 연리 12%의 정기예금에 가입하는 경우 3년 후 얼마의 돈이 내 수중에 생기는가?

① 1,200,100원　② 1,404,900원
③ 1,306,000원　④ 1,500,400원

14 올해 말부터 5년 동안 매년 1,000,000원의 현금이 들어오는데, 이 돈을 복리 12%의 정기예금에 투자하려고 한다. 5년도 말 총액은 얼마가 되는가?

① 5,120,000원　② 6,105,100원
③ 6,352,800원　④ 6,610,100원

15 3년 후 은행으로부터 받게 될 1,000,000원을 지금 현재 돈이 필요하여 일정한 이자율 10%로 할인하여 찾아 쓴다면 얼마를 받게 되는가?

① 750,000원　② 711,800원
③ 751,300원　④ 720,000원

기출문제

01 사채와 관련된 설명으로 잘못된 것은?

① 사채의 발행가격은 사채의 미래현금흐름을 발행당시 해당사채의 시장이자율(유효이자율)로 할인한 가치인 현재가치로 결정된다.
② 사채가 할인(할증)발행되어도 매년 인식하는 이자비용은 동일하다.
③ 사채의 액면이자율이 시장이자율보다 낮은 경우 할인발행된다.
④ 사채발행차금은 유효이자율법에 의하여 상각한다.

02 사채의 할인발행에 대한 설명으로 틀린 것은?

① 사채의 액면이자율이 시장이자율보다 낮은 경우 할인발행을 한다.
② 할인발행된 사채의 장부금액은 만기에 접근할수록 증가한다.
③ 할인발행된 할인발행차금상각액은 만기에 접근할수록 감소한다.
④ 사채할인발행차금의 상각은 유효이자율법을 적용한다.

03 20×1년도 사채발행시 액면이자율보다 시장이자율이 높았다면 20×2년도 사채장부금액, 사채이자비용, 사채발행차금상각액은 어떻게 달라지는가?

	사채장부금액	사채이자비용	사채발행차금상각액
①	감소한다	감소한다	감소한다
②	증가한다	증가한다	감소한다
③	감소한다	증가한다	증가한다
④	증가한다	증가한다	증가한다

04 다음 부채 중 비유동부채에 해당하지 않는 것은?

① 사채
② 퇴직급여충당부채
③ 장기차입금
④ 유동성장기부채

05 비유동부채의 증가를 가져오는 거래로 옳은 것은?

① 결산시 이자 미지급분 30,000원을 계상하다.
② 사채이자 200,000원을 당좌수표를 발행하여 지급하다.
③ 거래은행으로부터 3년 후 상환조건으로 20,000,000원을 차입하다.

④ 이사회의 결의에 의하여 주식발행초과금 중 5,000,000원을 자본에 전입하기로 하고 신주를 발행하여 주주에게 무상으로 교부하다.

06 사채의 액면이자율이 10%이고 시장이자율이 12%인 경우 사채발행시의 분개로 올바른 것은?

① (차)	현금	×××	(대)	사채	×××
② (차)	현금	×××	(대)	사채	×××
				사채할증발행차금	×××
③ (차)	현금	×××	(대)	사채	×××
	사채할인발행차금	×××			
④ (차)	현금	×××	(대)	장기차입금	×××

07 다음의 상황에서 사채를 발행할 경우 대변에 나타나는 계정과목은?

시장이자율 8%, 액면이자율 10% (시장이자율 < 액면이자율)

① 사채, 사채할증발행차금　② 현금, 사채할인발행차금
③ 현금, 사채할증발행차금　④ 사채, 사채할인발행차금

08 액면금액 10,000원의 사채를 10,515원에 발행하였을 경우의 분개로 맞는 것은?

① (차)	현금	10,000	(대)	사채	10,000
② (차)	현금	10,000	(대)	사채	10,515
	사채할인발행차금	515			
③ (차)	현금	10,515	(대)	사채	10,000
				사채할증발행차금	515
④ (차)	현금	10,515	(대)	장기차입금	10,515

09 사채의 액면금액 10,000원, 만기 3년, 액면이자율 10%이고 시장이자율 12%, 발행금액 9,520원인 사채의 발행시 투자자가 해야 할 분개로 올바른 것은?

① (차)	투자사채	10,000	(대)	현금	10,000
② (차)	만기보유증권	9,520	(대)	현금	10,515
	사채할인발행차금	480			
③ (차)	장기대여금	9,520	(대)	현금	9,520
④ (차)	만기보유증권	9,520	(대)	현금	9,520

10 서울상사의 20×1년 말 재무상태표에 보고할 비유동부채의 총합은?

• 사채	7,000,000원(만기 20×3년 12월 31일)
• 장기차입금	3,000,000원(상환일 20×5년 12월 31일)
• 유동성장기부채	1,500,000원
• 퇴직급여충당부채	5,000,000원

① 7,000,000원 ② 10,000,000원
③ 15,000,000원 ④ 16,500,000원

11 (주)경인상사는 20×1년 1월 1일 액면 10,000원, 액면이자율 10%, 만기 3년의 조건으로 사채를 발행하였다. 다음의 요구사항에 답하시오.

(12%의 현가계수)

기간	단일금액현가계수	연금현가계수
1	0.8929	0.8929
2	0.7929	1.6901
3	0.7118	2.4018

① 시장이자율이 12%라고 할 때 발행일의 사채의 발행금액을 구하시오.

② 다음의 사채할인발행차금상각표를 작성하시오.

일자	유효이자	액면이자	상각액	장부금액
20×1년 1월 1일				
20×1년 12월 31일				
20×2년 12월 31일				
20×3년 12월 31일				
계				

③ 사채발행과 관련된 각 연도별(위 표의 일자별) 회계처리를 해보시오.

13강

대청마루 처마에 걸린 옥수수자루

쉬운 이야기로 풀어 쓴
회계의 이해

하나, 우째~ 이런 일이?

지금이야 먹을 것이 넘쳐나는 세상이 되었지만 옛날에는 먹거리가 별로 없었던 것 같다. 내가 초등학교(당시 국민학교) 다니던 시절 가장 많이 먹고 인기 있었던 간식은 고구마와 감자 정도였다. 가끔은 학교 앞 구멍가게에서 파는 불량식품(?)이 꼬마들 먹거리의 유일한 낙(樂)이었던 같다. 그런데 당시 엄청 궁금했던 것 중 하나는 할머니 집 대청마루 처마 밑에 걸려 있는 옥수수자루였다. 지금이야 삶은 옥수수를 쳐다보지도 않지만 그때는 노랗게 삶은 옥수수는 그야말로 꿀맛 그 자체였다. "저 맛있는 옥수수를 왜 먹지도 않고 저기에 걸어 놓았지?" 이 궁금증을 푸는 것이 내 초등학교 시절 최대의 목표가 되었다. 그렇다고 아무도 그것에 대한 이야기를 해주지 않았다. 하여튼 다들 너무 바빠 그것을 물을 이유도 대답할 이유도 없었기에… 옛날 어른들은 왜 그리도 바빴는지?

하루는 아무도 없는 틈을 타 기어이 일을 저지르고 말았다. 긴 나무막대로 처마밑에 걸린 옥수수를 떨쳐 내어 부엌 아궁이에 열심히 구웠던 것이다. 저녁 무렵 할머니 집은 난리가 났다. '우째~ 이런 일이?' 알고 보니 그것은 올해 옥수수 농사에 뿌릴 씨앗으로 말리던 것이었다. 그야말로 중요한 집안 농사 밑천 중의 하나였다. 당시에는 작은 옥수수 한 자루가 뭐 그리 대단하다고 저런 난리를 피우나 생각했지만 지나고 보니 큰 잘못을 했다는 생각이 많이 든다. 옥수수 씨앗 하나하나가 여러 자루의 옥수수를 만들어 내니 한 자루의 옥수수에서는 얼마나 많은 옥수수를 만들어 낼 것인가? 결국 이 옥수수는 한 해의 집안 농사를 책임질 든든한 밑천이었으니까!

둘, 한 해의 농사 밑천

2.1 자본의 의의

이처럼 비록 작은 한 자루의 옥수수지만 그것은 한 집안의 농사를 책임질 중요한 농사 밑천 중의 하나였다. 이때 할머니가 최초로 뿌린 옥수수 씨앗은 '자본(equity)'의 일부가 된다. 앞에서 배운 것처럼 자본은 자산총액에서 부채총액을 차감하여 계산하기 때문에 순자산(net assets)이라고도 한다. 또한 출자한 소유주(또는 주식회사의 경우 주주라고 한다)에게 귀속된 청구권을 의미하므로 소유주지분(owner's equity)이라고도 한다. 자본등식은 다음과 같다.

자본등식

자본(순자산 또는 소유주지분) = 자산 − 부채

여기서 주주가 처음 납입한 밑천(할머니가 최초로 뿌린 옥수수 씨앗, 즉 할머니가 구멍가게 오픈을 위해 처음 출자한 5,000원)을 '자본금(capital stock)'이라고 한다. 만약 할머니가 옆집에서 덤으로 협찬받아 옥수수 씨앗을 뿌린 경우 이를 '자본잉여금(capital surplus)'이라고 한다. 한마디로 자본잉여금은 자본금을 초과하여 주주들이 출자한 부분을 말한다. 이처럼 자본금과 자본잉여금은 주주들의 주머니로부터 나온 것이므로 이들을 납입자본(paid-in capital)이라고 한다. 즉, 한 해 농사의 밑천(원본)이 되는 것이다. 이러한 납입자본을 밑천으로 벌어들인 이익, 즉 '이익잉여금'과 임시 자본항목인 '자본조정' 및 '기타포괄손익누계액' 등이 자본의 구성항목을 이룬다.

일반기업회계기준에서는 자본을 다음과 같이 구분하고 있다.

그림 13-1 자본의 구분[1]

자본	Ⅰ. 자본금	발행주식수 × 1주당 액면금액 합계
	Ⅱ. 자본잉여금	자본거래에서 발생한 잉여금
	Ⅲ. 자본조정	자본거래에서 발생한 임시적 자본항목
	Ⅳ. 기타포괄손익누계액	미확정된 포괄적 의미의 잠재적 손익
	Ⅴ. 이익잉여금	벌어들인 이익 중 회사에 유보된 잉여금

2.2 주식의 발행유형

자본주의 기업의 대표적 형태인 주식회사의 경우 납입자본은 주식을 발행하여 교부하고 현금을 납입받는 방법을 따른다. 주식 발행시의 자본금은 정관에 규정된 발행주식 총수에서 발행할 주식수에 주당 액면금액(주당 100원 이상으로 균일)을 곱한 금액(이를 상법에 규정된 '법정자본금'이라 한다)으로 하고 보통주와 우선주는 구분한다. 한편 주식발행비가 발생할 경우에는 주식발행초과금과 상계하거나 주식할인발행차금에 가산하여 처리한다. 주식의 발행방법은 다음의 세 가지 유형이 있다.

① 액면발행

주식 교부의 대가로 주주가 납입하는 현금이 주식의 액면금액과 동일하게 발행하는 유형을 액면발행(issue at par)이라고 한다.

② 할인발행

주식을 액면가 이하로 발행하는 방법을 할인발행(issue at discount)이라 한다. 상법상 자본충실의 원칙에 위배되기 때문에 특별한 경우에만 인정된다. 이때에는 '주식할

1) 우리나라 일반기업회계기준에서는 자본을 다섯 가지로 구분하고 있으나, 한국채택국제회계기준(K-IFRS)에서는 자본금과 자본잉여금을 '납입자본'으로 자본조정과 기타포괄손익누계액을 '기타자본'으로 구분하고 있어 이익잉여금을 포함하여 자본을 크게 세 가지로 구분하고 있다.

인발행차금'이라는 계정이 나타난다. 이는 정해진 밭에 옥수수 씨를 완벽하게 뿌리지 못하는 것이다. 따라서 언젠가는 부족한 부분만큼 이를 채워 넣어야 한다. 이렇게 부족한 자본을 보충할 때까지 일시적으로 표시해 두는 항목(자본에서 빼서 표시함)을 자본조정이라고 한다.

③ 할증발행

액면금액을 초과하여 주식을 발행하는 경우 할증발행(issue on premium)이라고 한다. 할증발행시 액면금액은 자본금계정에 기록하고 초과액은 '주식발행초과금'계정에 기록한다. 주식발행초과금은 감자차익 등과 함께 대표적인 자본잉여금 중의 하나이다. 만약 주식발행비가 발생하면 주식발행초과금과 상계한다. 액면금액 5,000원짜리 주식을 5,000원(액면발행), 4,500원(할인발행), 6,000원(할증발행)에 발행하는 경우의 분개는 다음과 같다.

주식발행 분개

[액면발행시]	(차)	현금	5,000	(대)	자본금	5,000
[할인발행시]	(차)	현금	4,500	(대)	자본금	5,000
		주식할인발행차금	500			
[할증발행시]	(차)	현금	6,000	(대)	자본금	5,000
					주식발행초과금	1,000

셋, 한여름 영글어 가는 옥수수자루

3.1 자본조정과 기타포괄손익누계액

이렇게 뿌려진 옥수수 씨앗은 많은 옥수숫대를 생산하고 또 하나의 옥수숫대에는 여러 자루의 옥수수가 여문다. 간혹 잘 여문 옥수수자루라도 태풍이나 병충해로 시들시들하다가 수확하기도 전에 녹아버리기도 한다. 즉, 옥수숫대에서 여물어 가는 옥수수는 수확되기도 하고 녹아버리기도 한다는 것이다. 이때 잠시 영글었다가 녹았다가 하는 옥수수자루를 '자본조정' 또는 '기타포괄손익누계액'이라고 한다. 즉, 자기자본이 일시적으로 증가했다가(영글었다가) 감소하고(녹아버리고), 다시 증가했다가 감소하기를 반복하기 때문에 발생시점에서 자본의 증감이 확정되지 않는 임시항목들을 말한다. 이들 두 가지는 자본의 일시적인 증감이라는 경제적 측면에서 본다면 본질적으로 차이가 없다. 다만, 자본거래에서 발생(예를 들어 주식의 할인발행, 자기주식의 취득과 처분, 주식배당으로 인한 미교부주식배당금 등)하였다면 자본조정으로, 시세변동 등에 의한 잠재적 손익(예를 들어 매도가능증권평가손익)인 경우 기타포괄손익누계액으로 구분할 뿐이다.[2)]

기타자본

- 자본조정
  주식할인발행차금(차감), 감자차손(차감), 자기주식(차감)
  자기주식처분손실(차감), 미교부주식배당금(가산), 주식선택권(가산)
- 기타포괄손익누계액
  매도가능증권평가이익(가산), 매도가능증권평가손실(차감)

2) 자본조정이나 기타포괄손익누계액은 모두 자본의 일시적인 증감을 나타내는 항목이다. 따라서 굳이 이렇게 구분하는 것은 큰 실익이 없다고 보여진다. 오히려 재무제표만 복잡하게 만들 뿐이라는 생각이 든다.

이러한 과정을 거쳐 최종적으로 수확한 옥수수를 우리는 당기순이익(net income)이라 한다. 물론 농사를 망쳐 비료값도 못 챙기는 당기순손실이 발생하기도 한다. 이렇게 매년 발생한 당기순이익의 누계액(창고 속에 보관 중인 옥수수자루들, 즉 장사하여 벌어들인 이익의 누계액)을 이익잉여금(earned earnings)이라 부른다. 따라서 최초 출자한 자본금으로 발생시킨 결과물들은 다양한 형태(자본조정 및 기타포괄손익누계액, 이익잉여금 등)로 나타나게 된다.

잠시 우리 동네 노처녀 이야기(8강)로 돌아가 보자! 할머니들의 성화에 못 이겨 결국 어느 집 아무개 처녀는 결혼하기로 마음먹고 결혼자금을 모으기 위해 취직을 하였다. 몇년 후 드디어 결혼자금 5천만원이 모였다. 이는 이 처녀의 자본금(결혼 밑천)이 된다. 결혼식 날 결혼 축의금으로 1천만원이 모였는데 이를 자본잉여금(즉, 손수 번 돈이 아닌 자본거래에서 발생)이라고 한다. 결혼 후 신랑이 열심히 일하여 번 돈 4천만원이 더 모여졌다. 즉, 이익잉여금(즉, 손익거래로부터 손수 번 돈)이 발생한 것이다. 이 1억원의 자기자본(5천만원+1천만원+4천만원)으로 집도 사고 주식도 사고하였는데 이들 자산이 올랐다 내리기를 반복하였다. 또 친구 집 결혼식에 참석하여 이전에 진 빚(축의금)도 갚았다. 이때 일시적으로 올랐다 내렸다 하는 자기자본의 증감분(집값과 주식가격 변동분 등)이 바로 자본조정과 기타포괄손익누계액이 되는 것이다.

3.2 재무상태표 표시방법

앞서 5강에서 살펴본 할머니 구멍가게의 기말재무상태표를 좀 더 구체적으로 살펴보면 기말자본 5,500원은 자본금 5,000원과 당기순이익(이익잉여금) 500원의 합이 된다.

재무상태표

할머니구멍가게　　20×1년 12월 31일 현재　　(단위 : 원)

차변		대변	
1. 자산		2. 부채	
현금	12,500	단기차입금	9,000
매출채권	2,500	미지급비용	500
		3. 자본	
		Ⅰ. 자본금	5,000
		Ⅱ. 자본잉여금	0
		Ⅲ. 자본조정	0
		Ⅳ. 기타포괄손익누계액	0
		Ⅴ. 이익잉여금	500
자산 총계	15,000	부채 및 자본 총계	15,000

만약 할머니 구멍가게가 여윳돈이 있어 20×1년 중 현금 10,000원으로 매도가능증권을 샀는데 기말시점에 12,000원으로 올랐다면 일시적인 자기자본의 증가분(매도가능증권평가이익, 즉 여물어 가고 있는 옥수수자루)이 발생하였을 것이다. 매도가능증권의 기말평가(6강과 9강에서 배운 공정가치법)는 다음과 같이 분개한다.

매도가능증권 기말평가(공정가치법)

(차) 매도가능증권　2,000　　(대) 매도가능증권평가이익　2,000
(B/S–기타포괄손익누계액)

여기서 매도가능증권평가이익은 단기매매증권평가이익처럼 바로 먹을 수 있는 옥수수(손익계산서에 반영되는 당기의 영업외수익)가 아니다. 이는 수년 동안 가격이 올랐다 또 내렸다를 반복하면서 여물어 가는 옥수수(바로 먹을 수 없는 옥수수)이다. 즉, 단기매매증권평가이익은 확정된 이익(당기순이익)이고, 매도가능증권평가이익은 일시적인 가격상승에 따른 임시적 자본증가항목인 셈이다. 따라서 처분시(확정시점)에 정산하여 영업외수익에 반영한다.

어쨌든 기말 결산시점에서 재무상태표 차변에 자산이 2,000원만큼 증가하였기 때문에 대변에 당기 영업외수익(손익계산서를 거친 이익잉여금)이 아닌 '기타포괄손익누계액'에 직접 표시하여 반영한다. 이렇게 된다면 앞에서 본 20×1년 말 재무상태표는 다음과 같이 차변(매도가능증권)과 대변(기타포괄손익누계액)에 각각 2,000원씩의 금액이 증가한 상태로 나타나게 될 것이다.

재무상태표

할머니구멍가게　　20×1년 12월 31일 현재　　(단위 : 원)

차변		대변	
1. 자산		2. 부채	
현금	2,500	단기차입금	9,000
매출채권	2,500	미지급비용	500
매도가능증권	**12,000**		
		3. 자본	
		Ⅰ. 자본금	5,000
		Ⅱ. 자본잉여금	0
		Ⅲ. 자본조정	0
		Ⅳ. 기타포괄손익누계액	**2,000**
		Ⅴ. 이익잉여금	500
자산 총계	17,000	부채 및 자본 총계	17,000

넷, 옥수수 삶는 날

4.1 이익잉여금

옥수수를 수확하고 난 여름날 밤 온 식구들이 모여 앉아 삶은 옥수수를 맛있게 먹는다. 자기 몫의 옥수수가 나누어진다. 이렇게 수확한 옥수수(당기순이익)는 일부는 이렇게 삶아서 먹고 또 일부는 춘궁기(春窮期) 등에 대비하여 창고 속에 보관하기도 하고 또 일부는 대청마루에 걸려 재투자되기도 한다. 이때 당기순이익(자기자본의 증가분)이 회사 밖으로 빠져나가지 않고 기업 내부에 누적되어 있는 상태를 '이익잉여금(또는 유보이익)'이라고 한다.

이익잉여금은 대부분의 경우 당기순이익에 의해 증가한다. 그리고 감소의 원인은 배당(옥수수를 삶아서 나누어 먹음), 미래 재투자(대청마루에 걸린 옥수수자루)를 위해 적립(예를 들어 사업확장적립금 등)되기도 한다. 이때 전년도에 삶아 먹지 않고 창고 속에 보관 중인 옥수수를 '전기이월미처분이익잉여금'이라 하고, 이것을 당기순이익(올해 수확한 옥수수) 및 임의적립금이입액(이전 재투자 등을 위해 처분되어 적립된 것을 다시 처분상태로 돌려놓는 것)과 더한 크기를 '처분가능이익잉여금'이라 한다. 즉, 처분가능이익잉여금＝전기이월미처분이익잉여금＋당기순이익＋임의적립금이입액의 합이 된다.

요약해 보면 전년도 수확하여 창고에 보관 중인 옥수수(전기이월미처분이익잉여금)와 당기에 수확한 옥수수(당기순이익) 및 전년도로부터 환원된 옥수수(임의적립금이입액)의 합이 처분가능이익잉여금이 된다는 것이다. 이들 처분가능이익잉여금으로 배당(삶아 먹음), 상각(주식할인발행차금 등의 자기자본을 메움), 적립(사업확장적립금 등)하는 것을 처분이라고 한다. 이렇게 처분하고 남은 이익잉여금은 다시 다음 연도로 넘어가는데 이를 '차기이월미처분이익잉여금'이라고 한다.

이익잉여금 증감원인

- 이익잉여금 증가 : 당기순이익, 결손전보(형식적 감자) 등
- 이익잉여금 감소 : 당기순손실, 배당(사외유출), 상각, 자본전입 등

4.2 이익잉여금의 처분

여기서 잠시 '처분(appropriation)'의 개념을 확실히 정리하고 가자! 이익잉여금의 처분이란 배당 등에 의해 현금 등이 회사 밖으로 빠져나가는 것뿐만 아니라 특정한 목적으로 이익의 사외유출을 보류시키는 적립(반드시 현금이 쌓이는 것은 아니고 숫자상 이익의 사내유보임), 자본조정항목을 메우는 상각 등을 포함하는 광의의 개념이라 할 수 있다.

① 배당

회사가 창출한 이익을 주주들에게 분배하는 것을 배당(dividend)이라 한다. 배당액은 결산시점, 즉 배당기준일 이사회에서 먼저 결정한다. 다만 이 시점에서는 회계처리를 하지 않는다. 회사는 다음 연도의 주주총회일, 즉 '배당결의일(또는 배당선언일)'에 미지급배당금의 과목으로 하여 유동부채를 계상한다. 이후 배당금 지급일에 배당금을 지급한다.[3)]

② 적립

이익의 사외유출을 억제하고 회사 살림을 튼튼하게 하기 위하여 이익잉여금의 분류변경(실제 현금지출은 없음)을 적립이라고 한다. 따라서 이익잉여금의 감소요인은 아니다. 이에는 법으로 정한 적립금과 임의적립금이 있다.

㉠ 법정적립금

상법의 규정에 따라 자본금의 1/2에 달할 때까지 현금에 의한 이익배당액의 1/10 이상의 금액을 이익준비금으로 적립해야 한다. 법령에 의해 강제되므로 법정적립금(legal reserve)이라고 한다.

㉡ 임의적립금

회사가 특정목적을 위해 임의로 적립(계정대체)하는 경우 임의적립금이라고 한다. 사업확장적립금, 감채적립금, 배당평균적립금, 결손보전적립금, 별도적립금 등이 있

3) 상법(제464조의2)에 따르면 이익배당의 지급시기는 따로 정하지 않는 한 주주총회 등에서 배당을 결의한 날로부터 1개월 이내에 지급해야 한다.

다. 다시 말해 적립은 수확해 놓은 창고 속의 옥수수를 삶아 먹지 않고 특정목적을 위해 잠시 창고 속의 위치만 다른 장소로 옮겨 놓는 것을 말한다.

③ 상각

주식의 할인발행시 나타나는 주식할인발행차금과 같은 자본의 일시적 차감항목 등을 이익잉여금으로 메우는 회계처리를 상각이라 한다. 이익잉여금의 감소요인이 된다.

그림 13-2 처분가능이익잉여금의 변동내역

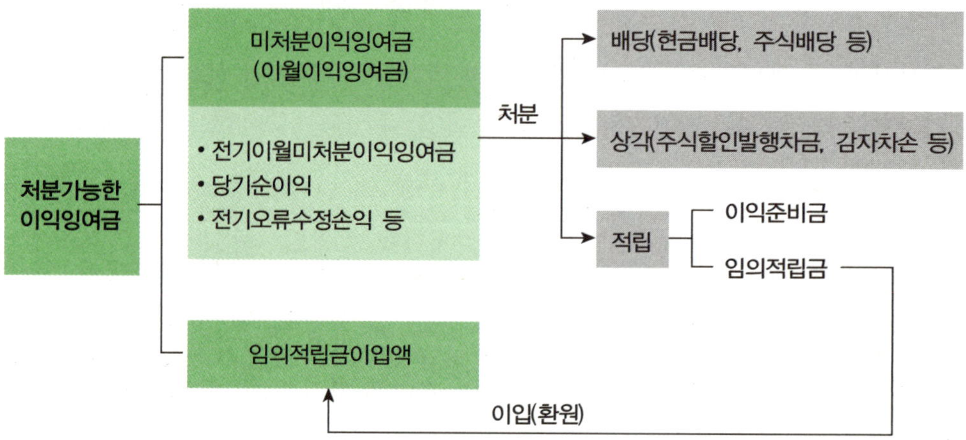

예제 13-1 | 배당

(주)배당의 다음 거래에 대한 회계처리를 하시오.

1. 회계연도 말 이사회에서 현금배당 2,000,000원을 하기로 결정하였다.
2. 다음연도 초 주주총회에서 이사회가 결정한 현금배당 외 사업확장적립금 300,000원을 적립하기로 결의(선언)하였다. 단, 법정적립금은 관련 법령에 따라 최소한으로 한다.
3. 주주총회 1개월 후 배당금을 지급하다.

풀이

1. 분개 없음(배당기준일)

	차변	금액	대변	금액
2.	(차) 미처분이익잉여금 (이월이익잉여금)[4]	2,500,000	(대) 이익준비금	200,000
			사업확장적립금	300,000
			미지급배당금	2,000,000
3.	(차) 미지급배당금	2,000,000	(대) 현금	2,000,000

4.3 이익잉여금처분계산서

지금까지 설명한 이익잉여금의 변동내역을 보여주는 재무보고서를 '이익잉여금처분계산서'라고 한다. 그 양식은 다음과 같다.

| 표 13-1 | 이익잉여금처분계산서 양식

이익잉여금처분계산서

제××기 20×1년 1월 1일부터 12월 31일까지
처분확정일 20×2년 2월 20일

(주)한국 (단위 : 원)

Ⅰ. 미처분이익잉여금		×××*
전기이월미처분이익잉여금	×××	
회계변경의 누적효과	×××	
전기오류수정손익	×××	
당기순이익	×××**	
Ⅱ. 임의적립금이입액		×××
사업확장적립금	×××	
감채적립금	×××	
Ⅲ. 이익잉여금처분액		(×××)
이익준비금	×××	
주식할인발행차금상각	×××	
현금배당	×××	
결손보전적립금	×××	
Ⅳ. 차기이월미처분이익잉여금(Ⅰ + Ⅱ − Ⅲ)		×××

* 당기말(20×1년) 재무상태표에 표시된 금액
** 당기(20×1년) 손익계산서에 표시된 당기순이익

4) 기말 결산일 당기순이익과 전기이월미처분이익잉여금을 미처분이익잉여금으로 집계한 후 이를 이월이익잉여금계정으로 대체시키면서 마감한 경우에는 다음 연도 배당결의일 이월이익잉여금계정이 나타난다.

다섯, 할머니 구멍가게는 얼마짜리?

마지막으로 할머니 구멍가게의 기말재무상태표를 살펴보자. 할머니는 처음에 5,000원의 현금을 출자(자본금)한 후 이번 연도에 장사를 잘한 결과 500원의 당기순이익을 올렸다. 그 결과 이제 자기자본이 5,500원으로 증가한 것이다. 그렇다면 할머니 구멍가게는 얼마짜리인가? 할머니 가게의 장부상 가치는 총자산에서 부채를 뺀 5,500원짜리(15,000원−9,500원)가 된다. 하지만 실무적으로는 10강에서 배운 것처럼 자산과 부채를 공정가치(시가)로 평가한 후의 차액이 될 것이다. 왜냐하면 이들 자산과 부채는 최초의 취득원가(이를 '역사적 원가(historical costs)'라고도 한다)로 평가된 것이지 현재의 시가를 반영하고 있지 않기 때문이다. 한편 자기자본의 평가는 자산에서 부채를 빼 결정하므로 별도의 평가를 하지 않는다.

5.1 자본변동표

이처럼 일정기간 동안 자기자본의 변동에 관한 정보(얼마짜리인가?)를 나타내는 기본 재무제표를 '자본변동표(statement of changes in owner's equity)'라고 한다. 다시 말해 자본변동표는 자본의 각 구성요소들이 일정기간 동안 어떻게 증감하였는지를 보여준다. 따라서 자본변동표에는 자본을 구성하는 자본금, 자본잉여금, 자본조정, 기타포괄손익누계액 및 이익잉여금 등이 총체적으로 나타난다. 이를 통하여 현재 자기자본의 상태를 알 수 있으며 동시에 장부상 가치도 자세하게 파악할 수 있게 된다. 그 양식은 다음과 같다.

표 13-2 자본변동표 양식

자본변동표

(주)변동 20×1년 1월 1일부터 20×1년 12월 31일까지 (단위 : 원)

구분	자본금	자본 잉여금	자본 조정	기타포괄 손익누계액	이익 잉여금	총계
20×1. 1. 1(보고금액)	×××	×××	×××	×××	×××	×××
회계정책변경누적효과					×××	×××
전기오류수정이익					×××	×××
수정후이익잉여금					×××	×××
기타이익잉여금처분액					(×××)	(×××)
처분후이익잉여금					×××	×××
중간배당					(×××)	(×××)
유상증자	×××	×××				×××
당기순이익					×××	×××
자기주식취득			(×××)			(×××)
매도가능증권평가이익				×××		×××
20×1. 12. 31(합계)	×××	×××	(×××)	×××	×××	×××

5.2 자본의 구성항목

자본변동표 첫 줄의 '보고금액'은 전기말 재무상태표에 보고된 자본의 기말잔액이 표시된다. 네 번째 줄 '수정후이익잉여금'이란 전기말 재무상태표에 보고된 이익잉여금의 기말잔액에서 당기의 회계정책변경누적효과 및 전기오류수정손익이 가감된 금액을 말한다.[5] 그리고 마지막 줄의 합계액은 당기말 재무상태표에 보고되는 기말잔액이 된다. 구체적으로 자본항목 각각에 대하여 살펴보면 다음과 같다.

① 자본금

자본금의 변동요인으로는 유상증자나 무상증자(자본을 늘리는 것) 또는 주식배당 등의 자본거래가 주요 변동요인이 된다. 만약 증자시 보통주와 우선주(보통주보다 배

5) 회계정책변경누적효과 등에 관한 내용들은 기초회계의 범위를 벗어나므로 중급회계를 참조하기 바란다.

당 등에 우선하는 주식)를 동시에 발행하였다면 보통주자본금과 우선주자본금으로 구분하여 표시한다.

② 자본잉여금

자본잉여금의 변동요인으로는 증자 및 감자 또는 결손금의 처리 등에 의해 발생한다. 자본잉여금은 자본금 다음으로 그 사용이 엄격히 제한된 출자원본이므로 무상증자나 결손금 처리 등으로만 사용이 가능하다. 이러한 자본잉여금에는 주식발행초과금, 감자차익, 기타자본잉여금(자기주식처분이익) 등이 있다.

③ 자본조정과 기타포괄손익누계액

이 두 가지 항목은 임시적 자본항목이라는 점에서는 같다. 다만 자본조정이 자본거래에 의해 발생하는 반면, 기타포괄손익누계액은 평가 등에 의한 미확정된 포괄적 의미의 잠재적 손익이란 차이점이 있을 뿐이다. 자본조정항목에는 주식할인발행차금, 감자차손, 자기주식, 자기주식처분손실, 미교부주식배당금, 주식선택권 등이 있다. 한편 기타포괄손익누계액의 대표적인 항목으로는 매도가능증권평가손익 등이 있다.

④ 이익잉여금

이익잉여금의 변동요인으로는 당기순손익, 배당, 상각, 적립 등이 있다. 자세한 내용은 바로 앞의 4절을 다시 한번 참조하기 바란다.

요컨대 우리나라 일반기업회계기준에서는 앞의 자본변동표에 나타난 것처럼 자본항목을 자본금, 자본잉여금, 자본조정, 기타포괄손익누계액 및 이익잉여금의 다섯 가지로 구분하고 있다. 앞서 설명한 내용을 복습하여 이들의 특징과 주요 계정과목을 확실하게 학습하길 바란다.

표 13-3 자본항목과 주요 계정과목

구분	계정과목
자본금	보통주자본금, 우선주자본금
자본잉여금	주식발행초과금, 감자차익, 자기주식처분이익
자본조정	주식할인발행차금, 감자차손, 자기주식, 자기주식처분손실 미교부주식배당금, 주식선택권
기타포괄손익누계액	매도가능증권평가이익, 매도가능증권평가손실
이익잉여금	이익준비금, 임의적립금, 미처분이익잉여금

13강 복습

1. 자본등식
   자산에서 부채를 차감하여 자기자본(순자산 또는 소유주지분)을 구하는 등식

2. 자본금
   발행주식 총수에 주당 액면금액을 곱한 금액으로 법정자본금이라고 함

3. 자본잉여금
   주주의 납입자본 중 법정자본금을 초과하여 출자한 주식발행초과금 등

4. 납입자본
   주주들이 최초로 출자한 자본금과 자본잉여금의 합

5. 자본조정
   자본거래에서 발생하는 자본의 일시적인 증감항목

6. 기타포괄손익누계액
   기말평가 등에 의하여 발생하는 자본의 일시적인 증감항목

7. 이익잉여금
   당기순이익이 외부로 유출되지 않고 기업 내부에 누적되어 있는 금액

8. 처분(appropriation)
   처분가능이익잉여금을 배당, 적립, 상각 등으로 사외유출 또는 대체하는 것

9. 법정적립금
   상법의 규정에 따라 현금배당액의 1/10 이상 적립하는 이익준비금

10. 임의적립금
    기업이 임의로 특정목적을 위해 이익잉여금의 재분류(계정대체)로 설정하는 적립금

11. 이익잉여금처분계산서
    미처분이익잉여금의 처분내역과 차기이월이익잉여금을 나타내는 재무보고서

12. 자본변동표
    일정기간 동안 자기자본의 변동내역에 관한 정보를 보여주는 재무제표

연습문제

01 일반기업회계기준의 다섯 가지 자본분류는?

02 납입자본을 간단히 설명하시오.

03 주식을 발행하는 세 가지 방법에 대해 간단히 설명하시오.

04 자본조정 예를 두 가지만 들어보시오.

05 대표적인 기타포괄손익누계액 한 가지만 예를 들어보시오.

06 이익잉여금의 대표적인 증가원인은 무엇인가?

07 이익잉여금의 처분(appropriation)에는 어떤 것들이 있는가?

08 임의적립금 이입의 의미를 간단히 설명하시오.

09 자본변동표에 대해 간략히 설명하시오.

10 다음 자료로 한국상사의 20×1년도 이익잉여금처분계산서를 완성하시오.

① 전년도 이익잉여금처분계산서에 계상된 차기이월미처분이익잉여금은 300원으로 나타났다.

② 당기말 손익계산서의 당기순이익은 2,000원이다.

③ 20×2년 초 주주총회에서 감채적립금 100원을 이입하고, 현금배당 1,000원, 주식배당 500원, 사업확장적립금 600원을 처분하고 법정적립금은 상법규정에 따른 최소한으로 결의하였다.

이익잉여금처분계산서

제××기 20×1년 1월 1일부터 12월 31일까지

처분확정일 20×2년 2월 20일

한국상사 (단위 : 원)

Ⅰ. 미처분이익잉여금		
전기이월미처분이익잉여금		
당기순이익		
Ⅱ. 임의적립금이입액		
감채적립금		
Ⅲ. 이익잉여금처분액		
이익준비금		
현금배당		
주식배당		
사업확장적립금		
Ⅳ. 차기이월미처분이익잉여금		

11 (주)변동의 20×1년 말 자본금은 1,000,000원(액면금액 1,000원), 자본잉여금 100,000원, 이익잉여금 300,000원이다. 20×2년에 다음과 같은 거래가 있었는데, 이를 이용하여 다음의 자본변동표를 완성하시오.

① 20×2년 3월 10일 보통주 500주를 1,000,000원에 발행하였다.

② 20×2년 5월 15일 10%의 주식배당(액면금액법)을 선언하고 7월 18일 주식을 발행하여 교부하였다.

③ 20×2년 11월 1일 자기주식 100주를 주당 800원에 취득하면서 회계처리는 원가법으로 기록하였다.

④ 20×2년 말 매도가능증권의 공정가치가 50,000원 증가하였다.

⑤ 20×2년 12월 31일 결산시점의 당기순이익은 140,000원이었다.

자본변동표

(주)변동 20×2년 1월 1일부터 12월 31일까지 (단위 : 원)

구분	자본금	자본잉여금	자본조정	기타포괄 손익누계액	이익잉여금	자본 총계
20×1. 12. 31 (보고금액)	1,000,000	100,000	0	0	300,000	1,400,000
20×2. 3. 10 (유상증자)						
20×2. 5. 15 (주식배당선언)						
20×2. 7. 18 (주식배당)						
20×2. 11. 1 (자기주식취득)						
20×2. 12. 31 (자산평가이익)						
당기순이익						
20×2. 12. 31						

기출문제

01 자본에 대한 설명으로 옳지 않은 것은?

① 주식발행시 자본금은 주식의 총납입금액으로 표시한다.
② 자본금은 보통주자본금과 우선주자본금으로 구분표시한다.
③ 주식발행의 유형에는 액면발행, 할인발행, 할증발행 등이 있다.
④ 일반기업회계기준의 자본은 다섯 가지로 구분하고 있다.

02 자본의 분류 중 바르게 연결되지 않은 것은?

① 자본금 : 보통주자본금, 우선주자본금
② 자본잉여금 : 주식발행초과금
③ 자본조정 : 자기주식, 주식할인발행차금, 감자차익
④ 기타포괄손익누계액 : 매도가능증권평가손익

03 보통주식 50주(주당 액면금액 10,000원)를 주당 11,000원에 발행하면서 주식발행비 30,000원이 발생한 경우 올바른 분개는?

①	(차) 현금	550,000	(대)	자본금	550,000
②	(차) 현금	550,000	(대)	자본금	500,000
				주식발행초과금	50,000
③	(차) 현금	520,000	(대)	자본금	500,000
				주식발행초과금	20,000
④	(차) 현금	520,000	(대)	자본금	550,000
	배당금	30,000		현금	50,000

04 기업회계기준상 자본은 발생원천에 따라 크게 다섯 가지로 구분한다. 주주와의 자본거래에서 발생한 항목이 아닌 것은?

① 자본금 ② 자본잉여금
③ 자본조정 ④ 이익잉여금

05 자본구성 요소에 관한 설명을 바르게 짝지은 것은?

> ㉠은 1주의 액면금액에 발행한 주식수를 곱한 금액
> ㉡은 영업활동과 직접적인 관계가 없는 자본거래에서 생긴 잉여금
> ㉢은 회사의 영업활동 결과로 발생한 순이익을 원천으로 하는 잉여금

	㉠	㉡	㉢
①	적립금,	자본잉여금,	이익잉여금
②	자본금,	자본잉여금,	이익잉여금
③	자본금,	이익잉여금,	자본잉여금
④	적립금,	이익잉여금,	자본잉여금

06 주식을 할증발행하는 경우 발행금액이 액면금액을 초과하는 부분은 재무상태표상 자본항목 중 어디에 표시되는가?

① 자본금　② 자본잉여금
③ 자본조정　④ 기타포괄손익누계액

07 다음 거래의 (　　) 안에 기입할 계정과목으로 가장 옳은 것은?

> 경기침체로 경영이 악화되어 사업의 규모를 축소하기로 하고 발행주식 1,000주(액면금액 1주당 5,000원)를 1주당 4,000원에 소각하다.
>
> | (차) 자본금 | 5,000,000 | (대) 현금 | 4,000,000 |
> |---|---|---|---|
> | | | (　　　) | 1,000,000 |

① 감자차익　② 주식할인발행차금
③ 자기주식처분이익　④ 이월결손금

08 액면금액 10,000원의 보통주 100주를 8,000원에 할인발행하여 현금으로 납입받은 경우의 올바른 분개는?

	차변	금액	대변	금액
①	(차) 현금	800,000	(대) 자본금	800,000
②	(차) 현금	1,000,000	(대) 자본금	1,000,000
③	(차) 현금	800,000	(대) 자본금	1,000,000
	주식할인발행차금	200,000		
④	(차) 현금	800,000	(대) 자본금	1,000,000
	감자차익	200,000		

09 다음에서 설명하는 것으로 옳은 것은?

제1법정적립금이라고도 하며 상법규정에 의하여 자본금의 1/2에 도달할 때까지 매 결산기 현금배당액의 일정비율 이상(10% 이상)의 금액을 적립하는 것으로 결손보전과 자본전입 이외에는 처분할 수 없다.

① 주식발행초과금 ② 이익준비금
③ 배당평균적립금 ④ 결손보전적립금

10 기업회계기준에 의한 이익잉여금 처분사항이 아닌 것은?

① 이익준비금의 적립 ② 사채할인발행차금의 상각
③ 주식배당의 결의 ④ 주식할인발행차금의 상각

11 자본의 분류가 다른 하나는?

① 미교부주식배당금 ② 감자차손
③ 매도가능증권평가손실 ④ 자기주식처분손실

12 전기이월미처분이익잉여금 10,000원, 당기순이익 80,000원, 주총에서 40,000원의 현금배당과 20,000원의 주식배당 결의시 적립해야 할 최소 이익준비금은?

① 2,000원 ② 4,000원
③ 6,000원 ④ 8,000원

13 다음 중 그 성격이 다른 것은?

① 이익준비금 ② 자기주식처분손실
③ 감자차손 ④ 주식할인발행차금

14 자본항목의 분류로 틀린 것은?

① 매도가능증권평가이익-이익잉여금 ② 감자차익-자본잉여금
③ 결손보전적립금-이익잉여금 ④ 감자차손-자본조정

15 대표적인 기타포괄손익누계액 항목은?

① 주식할인발행차금 ② 매도가능증권평가손익
③ 감자차익 ④ 이익준비금

16 미처분이익잉여금의 법정적립금 및 임의적립금으로의 적립에 따른 자본변동의 결과로 올바른 것은?

	이익잉여금	자본잉여금	자본금	자본총계
①	증가	감소	불변	불변
②	불변	증가	불변	증가
③	불변	불변	불변	불변
④	증가	불변	감소	불변

14강

일 년의 마무리 결산하기

쉬운 이야기로 풀어 쓴
회계의 이해

하나, 우리의 일 년 성과는 어떠한가?

기업은 영업활동, 투자 및 재무활동을 통하여 수익을 창출하고 이를 통하여 계속 성장해 나간다. 이 중 영업활동은 빈번히 일어나며 상품의 매출과 같은 주요한 활동이라고 할 수 있다. 앞에서 본 할머니 구멍가게의 영업활동은 판매목적의 상품을 사고파는 행위라고 할 수 있다. 이렇게 영업활동이 발생하면 자산과 부채의 증감이 나타나며 동시에 그 상대계정으로 수익과 비용이라는 명목계정(자산과 부채의 발생에 대응하는 이름뿐인 계정)이 나타나게 된다.

1.1 성과측정

한 해의 마지막 성과측정을 하기 위한 수익과 비용은 다음과 같이 정의할 수 있다.

수익과 비용

- 수익(revenue)은 '자산의 증가 또는 부채의 감소'에 따른 자기자본의 증가분이다.
  단, 지분 참여자의 출연과 관련된 것은 제외한다.
- 비용(expense)은 '자산의 감소 또는 부채의 증가'에 따른 자기자본의 감소분이다.
  단, 지분 참여자에 대한 분배와 관련된 것은 제외한다.

앞서 우리는 총수익과 총비용을 비교하여 경영성과(당기순이익)를 산출해 냈다. 이렇게 순손익을 산출하는 방법을 손익법이라는 것도 5강에서 이미 배웠다. 이러한 경영성과는 손익계산서를 거쳐 이익잉여금으로 기말재무상태표의 자본에 보고된다.

1.2 수익

수익은 주된 영업활동으로부터 창출된 수익(revenue)과 일시적이거나 우연적인 거래로부터 발생한 차익(gain)으로 구분된다. 두 가지 모두 종국적으로는 순자산(자기자본)의 증가를 가져오므로 기간손익에 미치는 영향은 동일하다. 우리나라 일반기업회계기준에서는 수익을 영업수익(매출액)과 영업외수익으로 대별하고 있다.

① 매출액

영업수익, 즉 매출액은 기업의 주된 영업활동에서 발생한 '자산의 증가(또는 부채의 감소)'로서 최종적으로 순자산의 증가를 가져온다. 여기서 주된 영업활동이란 회사가 영위하는 업종이 무엇이냐에 따라 달라진다. 앞서 본 할머니 구멍가게와 같은 상품매매기업(상기업)은 상품의 판매액이 매출액이 된다. 달리 제조업의 경우는 제품판매액, 부동산임대업과 같은 업종은 임대료가 매출액이 된다. 한편 수익은 원칙적으로 판매시점(또는 인도시점)에서 실현된다. 이를 '판매기준' 또는 '인도기준'이라고 한다. 다만 건설용역과 같은 건설공사의 경우에는 공사진행률에 따라 수익을 인식하기 때문에 '진행기준'이 적용될 수 있다.

한편 당기총매출액은 그대로 확정되는 것이 아니다. 외부로 판매한 상품이 구매자로부터 반품되어 돌아오기도 하고(이를 '매출환입'이라고 한다) 아니면 판매한 상품에 약간의 하자가 있는 경우 구매자에 그래도 인수하도록 하면서 값을 조금 깎아(이를 '매출에누리'라고 한다) 주기도 한다. 간혹 외상으로 판 경우 구매자가 외상기한보다 일찍 대금을 갚으면 현금할인(이를 '매출할인'이라고 한다)을 해 주기도 한다. 따라서 당기순매출액은 다음과 같이 구한다.

당기순매출액

당기순매출액 = 당기총매출액 – 매출환입 – 매출에누리 – 매출할인

예제 14-1 | 진행기준

(주)건설은 진행기준으로 수익을 인식하며 1차 연도의 공사관련 정보는 다음과 같다.

- 계약(도급)금액 : 9,000,000원
- 총공사예정원가 : 7,500,000원(공사기간 동안 균등 발생하는 것으로 가정한다)
- 공사기간 : 3년

1. 1차 연도의 공사진행률을 계산하시오.
2. 각 연도별 부분손익계산서를 작성하시오.

풀이

1. 공사진행률 = 누적공사원가 ÷ 총공사예정원가 = 2,500,000 ÷ 7,500,000 = 33.3%(1/3)

2. 부분손익계산서

구분	1차 연도	2차 연도	3차 연도
공사수익	3,000,000	3,000,000	3,000,000
공사원가	(2,500,000)	(2,500,000)	(2,500,000)
공사이익	500,000	500,000	500,000

② 영업외수익

영업외수익이란 매출수익을 얻기 위한 주된 영업활동 이외의 보조적 또는 부수적 활동에서 발생하는 수익을 말한다. 일반기업회계기준에서 예시하고 있는 영업외수익은 다음과 같다.

이자수익	예금이나 대여금 등에서 발생한 이자
배당금수익	주식이나 출자금 등의 투자에서 분배받은 이익
임대료	부동산 등을 타인에게 임대하고 받는 집세 또는 대가
단기매매증권처분이익	단기매매증권을 장부금액보다 높게 처분시 발생하는 이익
단기매매증권평가이익	단기매매증권의 공정가치 평가시 발생하는 이익
외환차익	외화자산의 회수 또는 외화부채의 상환시 발생하는 이익
외화환산이익	외화자산 또는 외화부채의 기말평가시 발생하는 이익
투자자산처분이익	투자자산을 처분하면서 발생하는 이익
유형자산처분이익	유형자산을 처분하면서 발생하는 이익
사채상환이익	사채를 중도 상환하면서 발생하는 이익
자산수증이익	제3자로부터 자산을 무상으로 증여받을 때 발생하는 이익
채무면제이익	채권자 등으로부터 채무의 전부 또는 일부를 면제받은 금액
잡이익	금액이 중요하지 않거나 그 항목이 구체적이지 않은 이익

예제 14-2 | 외환차익과 외화환산이익

(주)외환의 다음 거래에 대한 회계처리를 하시오.

1. 20×1년 3월 1일 미국에 $10,000(환율 ₩1,400/$)의 상품을 외상판매하였다.
2. 20×1년 6월 1일 위 금액을 외환은행에서 원화(환율 ₩1,500/$)로 수취하였다.
3. 기말결산시 3월 1일자 외상대금을 회수하지 않고 기말평가를 하였다. 기말시점의 환율은 ₩1,600/$이었다.
4. 환율변동이 외화자산 · 부채의 채권자(수출상)와 채무자(수입상)에 미치는 영향을 설명하시오.

풀이

	차변	금액	대변	금액
1.	(차) 매출채권	14,000,000	(대) 매출	14,000,000
2.	(차) 현금	15,000,000	(대) 매출채권	14,000,000
			외환차익	1,000,000
3.	(차) 매출채권	2,000,000	(대) 외화환산이익	2,000,000

4. 환율변동의 영향
   - 외화자산을 가진 채권자(수출상)는 환율이 상승하면 만세를 부른다. 즉, 기분이 매우 좋아진다. 다시 말해 '발생당시의 환율 < 평가(또는 회수) 당시의 환율'이 되면 '외화환산이익' 또는 '외환차익'이 발생하게 된다.
   - 외화부채를 가진 채무자(수입상)는 환율이 하락해야만 만세를 부를 수 있다. 다시 말해 환율하락으로 달러 채무를 갚아야 할 원화가 더 작아지기 때문이다.

예제 14-3 | 유형자산처분이익

(주)한국은 취득원가 1,500,000원(감가상각누계액 600,000원)의 건물을 800,000원에 현금으로 매각하였으며, 매각일까지의 당기분 감가상각비는 150,000이었다.

1. 처분시점 건물의 장부금액은 얼마인가?
2. 건물의 처분시 분개를 하시오.

풀이

1. 처분시점 건물 장부금액 : 1,500,000－600,000－150,000＝**750,000**원
2. 처분시 분개

차변	금액	대변	금액
(차) 감가상각비	150,000	(대) 감가상각누계액	150,000
(차) 현금	800,000	(대) 건물	1,500,000
감가상각누계액	750,000	유형자산처분이익	50,000

예제 14-4 | 자산수증이익과 채무면제이익

다음 각각의 독립된 거래에 대한 회계처리를 하시오.

1. 회사의 대주주로부터 공정가치 5,000,000원 상당의 토지를 증여받았다.
2. 회사가 어려워져 채권자들로부터 장기차입금 3,000,000원을 면제받았다.

풀이

1.	(차) 토지	5,000,000	(대) 자산수증이익	5,000,000
2.	(차) 장기차입금	3,000,000	(대) 채무면제이익	3,000,000

1.3 비용

비용은 주된 영업활동으로부터 발생한 비용(expense)과 일시적이거나 우연적인 거래로부터 발생한 차손(loss)으로 구분된다. 두 가지 모두 종국적으로는 순자산(자기자본)의 감소를 가져오므로 기간손익에 미치는 영향은 동일하다. 우리나라 일반기업회계기준에서는 비용을 매출원가, 판매비와관리비, 영업외비용 및 법인세비용으로 구분하고 있다.

비용은 자산의 감소(또는 부채의 증가)를 통해 순자산의 감소를 가져올 때 인식하지만 때론 이를 정확하게 적용하는 것이 어려울 수도 있다. 따라서 비용은 수익이 인식된 시점에서 수익과 관련하여 인식하게 되는 이를 '수익 · 비용대응의 원칙'이라고 한다. 한편, 비용은 수익과 직접대응(예 매출원가) 및 간접대응으로 인식한다. 간접대응은 다시 감가상각비와 같은 배분비용, 판매비와관리비처럼 발생기간에 즉시인식하는 비용으로 구분된다.

① 매출원가

상품매매기업의 '매출원가'는 다음과 같이 계산한다.

상품매매기업 매출원가

매출원가 = 기초상품재고액 + 당기상품매입액 − 기말상품재고액

손익계산서

Ⅰ. 매출액		×××
Ⅱ. 매출원가(1+2-3)		(×××)
1. 기초상품재고액	×××	
2. 당기상품매입액	×××	
3. 기말상품재고액	(×××)	

② 판매비와관리비

판매비와관리비는 주요 영업활동 또는 회사의 관리와 유지에서 발생하는 비용으로 매출원가에 속하지 않는 모든 비용을 포함한다. 일반기업회계기준에서 분류하고 있는 판매비와관리비는 다음과 같다.

계정	내용
급여	임직원급여, 급료, 임금, 제 수당 등
퇴직급여	근속기간 경과에 따라 증가하는 퇴직금의 비용인식액
복리후생비	근로의욕 향상 등을 위하여 지출하는 노무비 성격의 금액
임차료	부동산 등을 임차하고 그 소유자에게 지급하는 집세 등
접대비	사업상의 필요에 의하여 지출하는 접대비용
감가상각비	유형자산의 가치감소분에 해당하는 배분비용
무형자산상각비	무형자산의 가치감소분에 해당하는 배분비용
광고선전비	상품 등의 판매촉진을 위해 광고선전을 위해 지출하는 비용
연구비	연구활동을 수행하는 과정에서 발생한 지출
경상개발비	개발활동과 관련하여 경상적으로 발생한 지출
대손상각비	회수가 불가능한 채권과 대손추산액의 처리를 위한 비용

③ 영업외비용

영업외비용은 매출수익을 얻기 위한 주된 영업활동 이외에서 부수적 또는 보조적인 활동에서 발생한 비용을 말한다. 일반기업회계기준에서는 다음과 같이 분류하고 있다.

이자비용	타인자본의 조달에 의해 지급하는 이자와 할인료 등
기타 대손상각비	매출채권 이외의 채권에서 발생하는 대손처리비용
단기매매증권처분손실	단기매매증권을 장부금액보다 낮게 처분시 발생하는 손실
단기매매증권평가손실	단기매매증권의 공정가치 평가시 발생하는 손실
재고자산감모손실	원가성이 없는 재고자산의 수량부족 손실
외환차손	외화자산의 회수 또는 외화부채의 상환시 발생하는 손실
외화환산손실	외화자산 또는 외화부채의 기말평가시 발생하는 손실
기부금	무상으로 증여하는 금전 또는 기타자산의 금액
투자자산처분손실	투자자산을 처분하면서 발생하는 손실
유형자산처분손실	유형자산을 처분하면서 발생하는 손실
사채상환손실	사채를 중도 상환하면서 발생하는 손실
잡손실	금액이 중요하지 않거나 그 항목이 구체적이지 않은 손실

④ 법인세비용

영업활동의 결과 일정기간 벌어들인 기업의 소득에 대하여 부과되는 세금을 법인세비용이라고 한다. 일반적으로 기업은 1년에 두 번 법인세를 납부하게 된다. 먼저 각 사업연도 개시일로부터 6개월이 되는 기간을 '중간예납기간'으로 하여 직전연도 법인세 산출세액의 50%를 중간예납세액인 선급법인세(또는 선납세금)으로 하여 납부한다.[1)] 기말결산시 법인세비용에서 선급법인세를 차감한 후 부담할 법인세액을 미지급

1) 법인세의 중간예납 이외 금융기관 등이 기업에 특정한 소득을 지급하는 경우 소득을 지급받는 자가

법인세(당기법인세부채)로 계상해야 한다.2)

법인세관련 분개

[중간예납시]	(차) 선급법인세	×××	(대) 현금	×××
[기말결산시]	(차) 법인세비용	×××	(대) 선급법인세 미지급법인세	××× ×××
[실제납부시]	(차) 미지급법인세	×××	(대) 현금	×××

예제 14-5 | 수익과 비용 ○, × 퀴즈

01. 수익에는 광의의 개념에서 볼 때 차익 등이 포함된다. (○ ×)
02. 수익은 기업이 영업을 하는 전 과정을 통해 발생하지만 판매기준, 진행기준 등과 같이 특정기준을 정하여 수익인식을 할 수 있다. (○ ×)
03. 건설용역회사는 진행기준을 적용하여 수익을 인식할 수 있다. (○ ×)
04. 순매출액은 총매출액에서 매출환입, 매출에누리, 매출할인 등을 더하여 구한다. (○ ×)
05. 화폐성외화부채를 가진 채무자는 환율하락시 불리해진다. (○ ×)
06. 비용은 수익·비용대응의 원칙에 따라 인식하는데 매출원가는 대표적인 간접대응 비용이다. (○ ×)
07. 모든 채권에 대한 대손상각비는 판매비와관리비로 분류한다. (○ ×)
08. 주된 영업활동 이외에서 부수적 또는 보조적인 활동에서 발생하는 비용은 영업외비용으로 처리한다. (○ ×)
09. 법인세를 중간예납하면 미리 납부한 선급법인세 또는 선납세금이라는 유동자산이 발생한다. (○ ×)
10. 법인세비용은 회사가 납부할 법인세부담액을 말한다. (○ ×)

납부해야 할 법인세나 소득세 등을 지급액에서 원천징수하는 경우에도 '선납세금'계정이 발생한다.

2) 이연법인세회계를 적용하지 않는 중소기업이나 일부 범용 전산회계프로그램에서는 법인세비용 대신 '법인세등'의 계정과목을 사용하기도 한다.

둘, 슬슬 마무리해 볼까?

앞서 우리는 연간의 경영성과를 측정하기 위해 명목계정인 수익과 비용계정에 대해 살펴보았다. 기업의 이해관계자, 즉 주주, 투자자 및 채권자들은 자신이 투자한 기업에 대한 기말 현재의 재무상태와 한 해 동안의 경영성과에 대한 정보를 알고 싶어 한다. 이러한 정보를 요약 · 처리하여 전달하는 것이 재무회계의 목적이라는 것도 이미 배웠다. 이처럼 이해관계자들에게 유용한 정보를 제공하기 위하여 보고기간종료일(결산일) 현재의 자산 · 부채를 정확하게 평가하여 재무상태를 파악(재무상태표)하고 동시에 수익과 비용을 비교하여 경영성과를 산출(손익계산서)해 내는 절차를 '결산(closing)'이라고 한다.

2.1 결산과 기말결산수정분개

이미 5강에서 배운 것처럼 결산절차는 시산표의 작성, 기말결산수정분개, 장부의 마감 그리고 최종적으로 재무제표의 작성 순으로 진행된다. 이러한 결산절차 중 가장 중요한 것은 기말결산수정분개라 할 수 있다. 이는 기업의 정확한 성적산출은 결산수정분개라는 절차를 거쳐야만 가능하기 때문이다. 기말결산수정분개의 근본적 이유는 현행회계가 '발생주의 회계'를 채택하고 있기 때문이다. 한마디로 발생주의는 수익과 비용을 인식하는 대원칙으로 이들이 발생하기만 하면 장부에 인식하는 방법을 말한다. 현금주의와 반대되는 개념이다. 발생주의와 관련하여 기말결산시 나타나는 계정으로는 선급비용, 미지급비용, 선수수익, 미수수익 등이 있다.

다음으로 결산을 정확하게 마무리하기 위해서는 기말시점의 '자산 · 부채의 평가'를 제대로 해야 하다. 예를 들어 원인을 알 수 없는 현금의 과부족, 외상매출금이나 받을어음 등 채권의 회수가능성, 유가증권의 공정가치 평가, 유 · 무형자산의 상각, 외화자산과 부채의 기말평가 등이 그 대표적인 예라고 할 수 있다.

2.2 계정과목별 기말결산수정사항

계정과목별 기말결산수정사항에 대해 살펴보기로 한다. 이미 5강에서 배웠던 결산 예비절차, 즉 성적 정정기간 중 해야 할 일들이다. 그러면 최종 마무리를 위해 계정과목별 기말결산수정분개사항을 다시 한번 복습해 보자!

① 현금과부족계정

결산일 현재 보유하고 있는 현금을 실사한 후 현금시재액과 장부상 현금계정 잔액이 일치하지 않는다면 먼저 원인을 찾아 적절한 계정으로 대체해야 한다. 만약 그 원인을 알 수 없다면 잡이익 또는 잡손실계정으로 처리한다([예제 6-3] 참조).

② 가지급금 · 가수금 · 전도금 등 미결산항목

이러한 임시계정들은 기말결산시까지 그 사용내역을 확인한 후 본 계정으로 대체해야 한다. 일반기업회계기준에서는 이러한 계정을 결산재무제표에 표시할 수 없도록 하고 있다([예제 7-6] 참조).

③ 유가증권계정

결산일 현재 보유하고 있는 유가증권은 적절한 기말평가를 통해 새로운 장부금액으로 조정해야 한다. 단기매매증권과 매도가능증권은 '공정가치법'을 적용하여 단기매매증권평가손익(영업외손익) 또는 매도가능증권평가손익(기타포괄손익누계액)으로 처리한다. 마지막으로 만기보유증권은 '상각후원가법'을 적용하여 장부금액을 상각후원가로 조정해야 한다([예제 6-5] 및 [예제 12-3] 참조).

④ 매출 및 매출채권계정

매출액은 상품이 판매(인도)되는 시점에서 정확하게 기간을 귀속시켜야 한다. 만일 인도 이전의 세금계산서 발행일자로 매출처리하였다면 취소분개를 해야 한다. 한편 기말의 매출채권에 대해서는 회수불가능한 금액을 추정하여 대손상각비로 처리하고 자산의 차감계정인 대손충당금을 설정하여 매출채권을 순액(NRV)으로 표시해야 한다

([예제 7-2] 참조).

⑤ 매출원가계정

재고자산의 수량결정방법으로 '실지재고조사법'을 채택하고 있는 회사는 매출원가 산출을 위한 별도의 수정분개를 하고 이를 재무상태표의 기말재고액과 손익계산서의 매출원가로 각각 표시해야 한다([예제 8-3] 참조).

⑥ 재고자산감모손실과 재고자산평가손실계정

기말재고자산의 장부상 수량과 실사수량이 다른 수량차이가 발생하는 경우 재고자산감모손실로 처리한다. 재고자산감모손실은 원가성이 있으면 매출원가에 가산하고, 원가성이 없는 경우에는 영업외비용 처리한다. 한편 재고자산의 취득원가가 순실현가능가치 이하로 하락한 경우 재고자산평가손실(매출원가에 가산)로 처리하고 재고자산평가손실충당금계정에 대기한다([예제 8-4] 참조).

⑦ 감가상각비와 무형자산상각비계정

유형자산과 무형자산에 대해서는 내용연수에 걸쳐 적절한 상각방법을 적용하여 감가상각비 또는 무형자산상각비를 계산한 후 이들 비용을 손익계산서에 판매비와관리비로 반영한다([예제 10-4] 및 [예제 10-6] 참조).

⑧ 퇴직급여충당부채계정

결산일 현재 전 임직원이 일시에 퇴직할 경우 지급해야 할 퇴직금 상당액, 즉 퇴직금추계액과 기초 퇴직급여충당부채 잔액에서 기중 퇴직금 지급 후의 잔액과 비교하여 그 차액만큼을 손익계산서의 퇴직급여와 재무상태표의 퇴직급여충당부채로 기록한다. 따라서 퇴직금추계액은 결산일 현재 기말재무상태표상 퇴직급여충당부채의 최종 잔액이 되어야 한다([예제 11-5] 참조).

⑨ 외화환산손익계정

결산일 현재 보유하고 있는 외화화폐성자산(외화매출채권 및 외화대여금 등)과 외화화폐성부채(외화매입채무 및 외화차입금 등)에 대하여 결산일 현재의 환율을 적용하여 외환환산손익을 인식하고 영업외손익으로 처리한다([예제 14-2] 참조).

⑩ 발생주의 자산 · 부채계정

발생주의 회계의 기간귀속에 따라 나타나는 선급비용(비용의 이연 또는 취소), 선수수익(수익의 이연 또는 취소), 미지급비용(비용의 발생), 미수수익(수익의 발생) 등의 자산 및 부채계정은 결산재무재표상에 적절하게 반영해야 한다. 비용의 이연항목으로는 선급보험료, 선급임차료, 선급이자 등이 대표적인 계정이며 선급비용(자산)이라는 통합계정으로 공시한다. 수익의 이연항목으로는 선수임대료, 선수이자 등이 대표적인 계정이며 선수수익(부채)이라는 통합계정으로 공시한다. 수익의 발생항목으로는 미수임대료, 미수이자 등이 대표적인 계정이며 미수수익(자산)이라는 통합계정으로 공시한다. 마지막으로 비용의 발생항목으로는 미지급급여, 미지급임차료, 미지급이자 등이 대표적인 계정이며 미지급비용(부채)이라는 통합계정으로 공시한다([예제 14-6] 참조).

㉠ 비용의 이연

기중 7월 1일 1년치 보험료 120,000원을 지급하고 이를 전액 비용처리하였다면 미소멸비용인 6개월분 보험료를 이연(취소)하고 동시에 선급보험료계정으로 자산처리해야 한다.

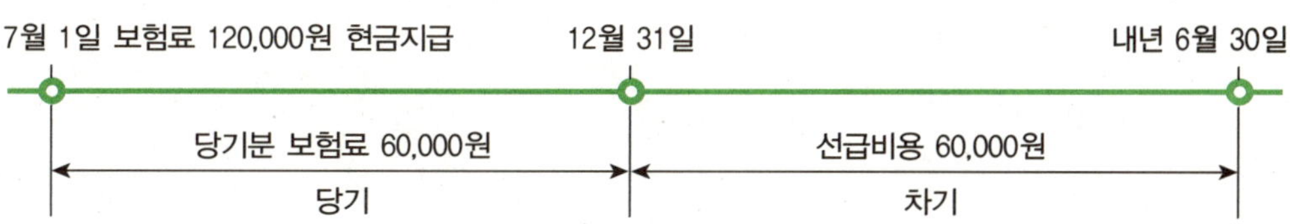

비용의 이연(취소)

(차) 선급보험료	60,000	(대) 보험료	60,000

㉡ 수익의 이연

기중 7월 1일 1년치 임대료 120,000원을 미리 받고 이를 전액 수익처리하였다면 미경과수익인 6개월분 임대료를 이연(취소)하고 동시에 선수임대료계정으로 부채처리해야 한다.

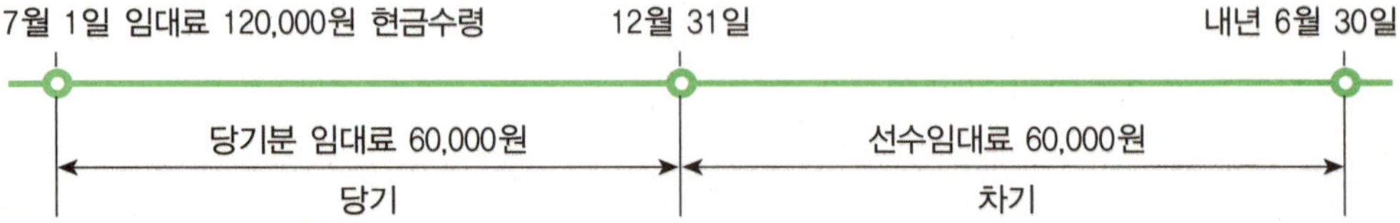

수익의 이연(취소)

(차) 임대료 60,000 (대) 선수임대료 60,000

예제 14-6 | 이연항목과 발생항목

다음 각각의 독립된 거래에 대하여 기말결산수정분개를 하시오.

1. 20×1년 9월 1일 1년분 보험료 120,000원을 미리 지급하고 전액 당기비용으로 처리하였다.
2. 20×1년 10월 1일 1년분 임대료 120,000원을 미리 받고 전액 당기수익으로 처리하였다.
3. 20×1년 10월 1일 만기 1년, 연 이자율 10%의 조건으로 1,000,000원을 대여하였으며 원리금은 만기 일시회수조건이다.
4. 20×1년 10월 1일 만기 1년, 연 이자율 10%의 조건으로 1,000,000원을 차입하였으며 원리금은 만기 일시상환조건이다.

풀이

	차변	금액	대변	금액
1.	(차) 선급보험료	80,000	(대) 보험료	80,000
2.	(차) 임대료	90,000	(대) 선수임대료	90,000
3.	(차) 미수이자	25,000	(대) 이자수익	25,000
4.	(차) 이자비용	25,000	(대) 미지급이자	25,000

셋, 최종 마무리의 산물은?

우리는 지금까지 회계라는 놈을 정복하기 위하여 열심히 달려왔다. 이제 다음의 [예제 14-7]을 통하여 회계순환과정을 다시 한번 되돌아보고 최종 마무리의 산물인 결산재무제표를 작성해 보자!

예제 14-7 | 결산재무제표의 산출

(주)한국의 20×3년 12월 31일 현재 수정전잔액시산표와 기말결산정리사항은 다음과 같다.

1. 발생주의 회계와 자산·부채의 적절한 평가를 위한 기말결산수정분개를 하시오.
2. 수정후잔액시산표를 참조하여 손익계산서와 재무상태표를 작성하시오.

잔액시산표

(주)한국 20×3년 12월 31일 현재 (단위 : 원)

차변 계정	금액	대변 계정	금액
현금	7,250	외상매입금	6,400
단기매매증권	1,900	대손충당금	50
외상매출금	8,000	감가상각누계액	4,500
상품	4,000	자본금	20,000
건물	15,000	이익잉여금	1,800
개발비	1,500	매출	16,000
매입	9,000		
급여	800		
임차료	600		
이자비용	700		
합계	48,750	합계	48,750

[기말결산정리사항]

1. 현금시재액을 조사한 결과 장부보다 150원이 부족하며 그 원인을 알 수 없다.
2. 기말 현재 단기매매증권의 공정가치는 2,350원으로 평가되었다.
3. 외상매출금의 기말잔액에 대하여 5%의 대손충당금을 설정하기로 하였다.
4. 기말 실지재고조사 전 상품재고장의 기말상품 잔액은 3,000원이다.
5. 기말재고자산을 실사한 결과 450원의 상품이 분실되었으며, 이는 전액 원가성이 있는 것으로 판명되었다.
6. 건물은 정액법(내용연수 10년, 잔존가치 0)으로 감가상각하고 있다.
7. 개발비는 20×1년 1월 1일 자산으로 계상한 후, 전기까지 정액법(내용연수 5년, 잔존가치 0)으로 직접 상각해 오고 있다.

8. 결산일 이사회에서 주주들에게 현금배당 1,200원을 주기로 결정하였으나, 20×4년 개최될 주주총회에서 최종 확정될 예정이다.
9. 20×3년 말 현재 12월분 급여 중 350원에 대한 회계처리를 하지 않고 있다.
10. 결산일 현재 선급한 임차료는 300원이다.

풀이

1. 기말결산수정분개

1.	(차) 잡손실	150	(대) 현금	150
2.	(차) 단기매매증권	450	(대) 단기매매증권평가이익	450
3.	(차) 대손상각비	350	(대) 대손충당금	350
4.	(차) 매입	4,000	(대) 상품(기초)	4,000
	(차) 상품(기말)	3,000	(대) 매입	3,000
	(차) 매출원가	10,000	(대) 매입	10,000
5.	(차) 재고자산감모손실 (매출원가)	450	(대) 상품(기말)	450
6.	(차) 감가상각비	1,500	(대) 감가상각누계액	1,500
7.	(차) 무형자산상각비	500	(대) 개발비	500
8.	분개없음			
9.	(차) 급여	350	(대) 미지급급여	350
10.	(차) 선급임차료	300	(대) 임차료	300

2. 수정후잔액시산표 작성

잔액시산표

(주)한국 20×3년 12월 31일 현재 (단위 : 원)

차변	금액	대변	금액
현금	7,100	외상매입금	6,400
단기매매증권	2,350	대손충당금	400
외상매출금	8,000	감가상각누계액	6,000
상품	2,550	자본금	20,000
건물	15,000	이익잉여금	1,800
개발비	1,000	매출	16,000
급여	1,150	단기매매증권평가이익	450
임차료	300	미지급급여	350
이자비용	700		
잡손실	150		
대손상각비	350		
매출원가	10,450		
감가상각비	1,500		
무형자산상각비	500		
선급임차료	300		
합계	51,400	합계	51,400

3. 재무제표 작성

손익계산서

(주)한국 20×3년 1월 1일부터 12월 31일까지 (단위 : 원)

Ⅰ. 매출액		16,000
Ⅱ. 매출원가		(10,450)
1. 기초상품재고액	4,000	
2. 당기매입액	9,000	
계	13,000	
3. 기말상품재고액	(2,550)	
Ⅲ. 매출총이익		5,550
Ⅳ. 판매비와관리비		(3,800)
1. 급여	1,150	
2. 임차료	300	
3. 감가상각비	1,500	
4. 무형자산상각비	500	
5. 대손상각비	350	
Ⅴ. 영업이익		1,750
Ⅵ. 영업외수익		450
1. 단기매매증권평가이익	450	
Ⅶ. 영업외비용		(850)
1. 이자비용	700	
2. 잡손실	150	
Ⅷ. 법인세비용차감전순이익		1,350
Ⅸ. 법인세비용		–
Ⅹ. 당기순이익		1,350

재무상태표

(주)한국 20×3년 12월 31일 현재 (단위 : 원)

자산			부채		
Ⅰ. 유동자산		19,900	Ⅰ. 유동부채		6,750
(1) 당좌자산		17,350	1. 매입채무	6,400	
1. 현금및현금성자산	7,100		2. 미지급비용	350	
2. 단기투자자산	2,350		Ⅱ. 비유동부채		–
3. 매출채권	8,000		부채총계		6,750
대손충당금	(400)		**자본**		
4. 선급비용	300		Ⅰ. 자본금		20,000
(2) 재고자산		2,550	1. 보통주자본금	20,000	
1. 상품	2,550		Ⅱ. 자본잉여금		–
			Ⅲ. 자본조정		–
Ⅱ. 비유동자산		10,000	Ⅳ. 기타포괄손익누계액		–
(1) 유형자산		9,000	Ⅴ. 이익잉여금		3,150
1. 건물	15,000		1. 법정적립금		–
감가상각누계액	(6,000)		2. 임의적립금		–
(2) 무형자산		1,000	3. 미처분이익잉여금	3,150	
1. 개발비	1,000				
			자본총계		23,150
자산 총계		29,900	부채 및 자본 총계		29,900

넷, 마무리하며…

우리는 지금까지 '회계의 이해'라는 내용으로 숨가쁘게 달려왔다. 회계의 이해라는 과목은 기초회계 분야이기는 하지만 생각보다 그리 만만한 상대가 아니라는 것을 느꼈을 것이다. 더욱이 지금까지 회계공부를 한번도 해 보지 않은 초급수준의 학습자들에게는 더더욱 그렇게 느껴질 것이다. 하지만 중요 포인트별로 차근차근 개념을 정리해 나가면 언젠가는 우리가 가고자 하는 목표에 충분히 도달할 수 있을 것으로 확신한다.

기초회계는 앞으로 우리가 좀 더 심도 있게 학습할 '중급회계'나 '법인세법' 등의 선수과목으로서 매우 중요한 위치를 차지하고 있다. 사실 저자의 경험으로는 기초회계만 충실히 학습해도 실무상 어느 정도는 업무수행에 큰 어려움이 없을 것이라고 감히 말씀드린다. 그러나 무엇보다도 차후 중급회계 및 법인세법의 학습을 위해 지금까지 배웠던 내용들을 다시 한번 복습하길 부탁드린다. 기초회계의 이해가 되어 있지 않으면 아마 이들 교과목의 첫 페이지부터 잠을 자야 하지 않을까? 라는 생각이 든다. 나중에 배우겠지만 법인세법은 기초회계의 산출자료로부터 출발하기 때문이다.

다시 한번 지나온 시간을 돌아보면 많은 내용들과 여러 번의 고비들이 있었다. 저자가 생각하기에 기초회계는 서너 번의 중요한 고비만 넘기면 분명 목표에 도달할 수 있을 것이라 본다. '유가증권의 분류 및 평가', '실지재고조사법의 기말결산수정분개', '퇴직연금제도', '사채'의 회계처리 등이 이러한 고비들이라 생각한다. 마지막으로 우리의 종착역인 결산재무제표 작성을 위해서는 5강과 14강의 전체적 흐름을 이해하길 당부드린다. 회계의 학습이 초급수준의 학습자들에게는 상당히 어려운 분야라고 생각되어 "쉬운 이야기"로 풀어서 서술해 보았으나 솔직히 내용이 제대로 전달되었는가 걱정이다. 독자 여러분의 넓은 이해와 격려를 부탁드리면서 마무리한다.

기출문제

제1회 기출문제

제2회 기출문제

※ 기출문제는 국가공인자격시험 기출문제를 수정 보완하여 수록하였다.
문제 풀이시 별도의 언급이 없으면 ≪일반기업회계기준≫을 적용한다.

쉬운 이야기로 풀어 쓴
회계의 이해

제1회 기출문제

01 기업의 활동 중 회계대상을 식별해 내 장부에 기록하는 것을 무엇이라 하는가?

① 측정 ② 보고
③ 전달 ④ 인식

02 유동성배열법에 따를 경우 재무상태표에 가장 먼저 표시해야 할 자산항목은?

① 재고자산 ② 단기금융상품
③ 임차보증금 ④ 기계장치

03 재무상태표 작성기준에 대해 바르게 설명한 사람은 누구인가?

① 선미 : 동일한 거래처의 매출채권과 매입채무는 원칙적으로 서로 상계하여 순액으로 표시하지 않고 총액으로 표시해야 한다.
② 지영 : 건물은 보유목적과 관계없이 모두 유형자산으로 분류한다.
③ 지원 : 재무상태표는 금액이 큰 순서부터 표시해야 한다.
④ 민지 : 자본거래에서 발생한 이익잉여금은 자본잉여금과 구분표시한다.

04 손익계산서에 표시되는 계정과목이 아닌 것은?

① 유형자산처분이익 ② 대손상각비
③ 감가상각누계액 ④ 채무면제이익

05 회계상의 거래가 아닌 것은?

① 현금 50,000,000원을 출자하여 사업을 개시하다.
② 사무실 임대료 2,500,000원을 온라인으로 송금하다.
③ 원재료를 5,000,000원에 구입하기로 계약을 체결하다.
④ 상품 3,000,000원을 외상으로 판매하다.

06 다음 거래요소의 결합관계를 바르게 나타낸 것은?

> 서울은행에서 차입한 장기차입금에 대한 이자 60,000원이 보통예금 서울은행 계좌에서 자동으로 인출되다.

① 부채의 감소 - 부채의 증가
② 자산의 증가 - 수익의 발생
③ 비용의 발생 - 부채의 증가
④ 비용의 발생 - 자산의 감소

07 실무에서 거래를 기록하는 기초적 증빙서류로서 발생한 순서대로 정리해 분개장을 대신하는 창부로도 사용할 수 있는 것은?

① 상품재고장
② 전표
③ 현금출납장
④ 시산표

08 회계순환과정을 올바르게 나열한 것은?

> ㉠ 시산표 작성　㉡ 재무제표 작성　㉢ 거래의 발생
> ㉣ 총계정원장 전기　㉤ 분개장 기입

① ㉠ → ㉢ → ㉤ → ㉣ → ㉡
② ㉢ → ㉤ → ㉣ → ㉠ → ㉡
③ ㉢ → ㉤ → ㉠ → ㉣ → ㉡
④ ㉢ → ㉠ → ㉤ → ㉣ → ㉡

09 다음 자료에서 당기의 추가출자액은 얼마인가?

> • 기초자본금 : 10,000,000원　• 기업주 자본인출액 : 4,000,000원
> • 기말자본금 : 10,000,000원　• 당기순이익 : 2,000,000원

① 2,000,000원
② 4,000,000원
③ 6,000,000원
④ 10,000,000원

10 다음 등식 중 잘못된 것은?

① 기초부채 + 기초자본 = 기초자산
② 기말자산 - 기초자본 = 순손익
③ 총비용 + 순손익 = 총수익
④ 자산 + 비용 = 부채 + 자본 + 수익

11 결산절차에 해당하지 않는 것은?

① 전기
② 재무제표 작성
③ 시산표 작성
④ 기말결산수정분개

12 다음 이자수익계정의 (　　　) 안에 들어갈 계정과목으로 옳은 것은?

이자수익

12/31	(　　　)	20,000	8/1	현 금	70,000
12/31	집합손익	50,000			

① 미지급이자　　② 선급이자
③ 선수이자　　④ 미수이자

13 당좌예금계정에 기입하지 않는 거래는?

① 외상매출금 100,000원을 현금으로 받아 즉시 당좌예입하다.
② 상품 150,000원을 매출하고 대금은 동점 발행 당좌수표로 받다.
③ 상품 130,000원을 매입하고 대금은 당좌수표를 발행하여 지급하다.
④ 은행과 당좌거래 계약을 체결하고 현금 100,000원을 당좌예입하다.

14 기말결산시 재무상태표 현금및현금성자산계정에 통합표시해야 할 계정과목은?

① 당좌예금　　② 상품
③ 외상매출금　　④ 받을어음

15 기중 현금시재액이 장부잔액보다 100,000원 많은 것에 대한 원인을 알 수 없어 임시처리해 두었으나 결산시 그 원인이 매출채권 회수로 밝혀진 경우 분개는?

① (차) 매출채권 100,000　　(대) 현금과부족 100,000
② (차) 잡손실 100,000　　(대) 현금과부족 100,000
③ (차) 현금과부족 100,000　　(대) 매출채권 100,000
④ (차) 현금과부족 100,000　　(대) 잡이익 100,000

16 다음 거래에서 표시될 수 없는 계정과목은?

> 11월 30일 상품 1,100,000원을 수원상사에 외상으로 판매하고 운송비 140,000원을 국민은행 보통예금으로 지급하였다.

① 외상매출금　　② 상품매출
③ 보통예금　　④ 외상매입금

17 다음 주어진 자료에서 당기 외상매출금 현금회수액은 얼마인가?

- 외상매출금 기초잔액 : 5,000,000원
- 외상매출금 기말잔액 : 3,000,000원
- 당기 발생 외상매출액 : 13,000,000원
- 당기 외상매출금을 받을어음으로 대체한 금액 : 10,000,000원

① 3,000,000원 ② 5,000,000원
③ 10,000,000원 ④ 13,000,000원

18 회수불능된 거래처의 외상매출금 50,000원을 분개한 경우 차변 계정과목으로 옳은 것은? 단, 대손충당금계정 잔액은 없다.

① 기부금 ② 재해손실
③ 대손상각비 ④ 외상매출금

19 다음 분개를 보고 거래내용을 바르게 추정한 것은?

(차) 가수금 1,000,000	(대) 선수금 1,000,000

① 거래처에 상품을 주문하고 계약금으로 1,000,000원을 지급하다.
② 출장 간 사원이 정체불명의 현금 1,000,000원을 송금하다.
③ 정체불명의 현금 1,000,000원이 상품의 주문에 대한 계약금으로 밝혀지다.
④ 정체불명의 현금 1,000,000원이 외상매출금의 회수액임이 밝혀지다.

20 재고자산 관련 등식 중 틀린 것은?

① 매출총이익 = 순매출액 − 매출원가
② 순매입액 = 총매입액 − 매입환출 + 매입에누리 + 매입할인
③ 매출원가 = 기초재고액 + 당기매입액 − 기말재고액
④ 순매출액 = 총매출액 − 매출환입 − 매출에누리 − 매출할인

21 다음 자료로 기말재고액은 얼마인가?

- 매출원가 : 300,000원
- 기말재고자산 : (?)원
- 기초재고자산 : 50,000원
- 당기 매입액 : 500,000원

① 350,000원 ② 250,000원
③ 150,000원 ④ 50,000원

22 다음 자료에 의하여 상품의 취득원가를 계산하면 얼마인가?

• 상품의 매입수량 : 95개	• 상품 매입단가 : 7,500원
• 매입운반비 : 10,000원	• 하역료 : 25,000원
• 매입 후 창고보관료 : 5,000원	• 매입할인 : 7,500원

① 715,000원　② 730,000원
③ 740,000원　④ 760,000원

23 외상매입대금을 지급기한보다 먼저 지급하여 판매자로부터 외상대금의 일정액을 감액받는 것을 무엇이라 하는가?

① 매입할인　② 매입환출
③ 어음할인　④ 매입에누리

24 (주)광주가 총평균법을 적용하여 재고자산 단가를 결정하고 있는 경우 매출원가와 기말재고액은 각각 얼마인가? 단, 재고자산감모손실은 없다.

• 기초재고(1/1)	100개	매입단가	@10원
• 당기매입(6/1)	200개	매입단가	@12원
• 상품판매(7/1)	300개		
• 당기매입(9/1)	200개	매입단가	@13원

	매출원가	기말재고
①	1,500원	4,500원
②	2,000원	4,000원
③	4,000원	2,000원
④	3,600원	2,400원

25 상품재고장을 이용하여 이동평균법 적용시 기말재고자산의 단가는 얼마인가?

일자	입(출)고			금액		
	수량	단가	금액	수량	단가	금액
3/15	200	@150	30,000	200	@150	30,000
6/19	300	@175	52,500	500		
10/14	(100)			400		
12/31	100	@200	20,000	500		

① 165원　② 170원
③ 172원　④ 180원

26 유가증권의 분류에 따라 (A)에 들어갈 계정과목은?

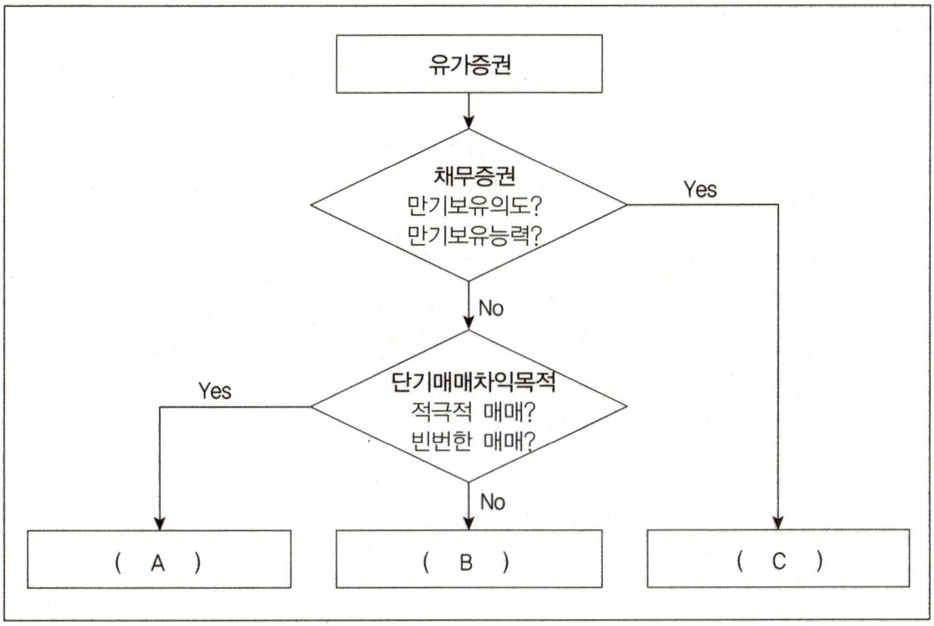

① 단기매매증권 ② 매도가능증권
③ 만기보유증권 ④ 지분법적용투자주식

27 단기매매차익을 목적으로 주식 1,000주를 주당 6,000원(액면금액 5,000원)에 매입수수료 8,000원을 주고 취득한 경우 단기매매증권계정 차변금액은?

① 5,000,000원 ② 6,000,000원
③ 6,008,000원 ④ 5,992,000원

28 단기매매증권 관련 자료가 다음과 같은 경우 처분시 손익은 얼마인가?

- 20×1년 10월 12일 취득 65,000원(액면 50,000원)
- 20×1년 12월 31일 결산시 공정가치(시가) 61,000원
- 20×2년 1월 15일 66,000원에 처분

① 처분이익 1,000원 ② 처분손실 1,000원
③ 처분이익 5,000원 ④ 처분손실 5,000원

29 다음은 부산상사가 20×1년 초 취득한 중장기 투자목적 유가증권 취득과 관련된 자료이다. 일자별 분개로 올바르지 않은 것은?

> • 20×1년 초 서울상사 주식 100주를 5,000,000원에 취득
> • 20×1년 말 동 주식 1주당 공정가치 : 52,000원
> • 20×2년 말 동 주식 1주당 공정가치 : 55,000원
> • 20×3년 초 서울상사 주식 전부를 5,300,000원에 처분

① ×1년 초	(차)	매도가능증권	5,000,000	(대)	현금	5,000,000
② ×1년 말	(차)	매도가능증권	200,000	(대)	매도가능증권평가이익	200,000
③ ×2년 말	(차)	매도가능증권	500,000	(대)	매도가능증권평가이익	500,000
④ ×3년 초	(차)	현 금	5,300,000	(대)	매도가능증권	5,500,000
		매도가능증권평가이익	500,000		매도가능증권처분이익	300,000

30 유형자산의 취득원가에 포함되지 않는 것은?

① 취득세　　② 설치비
③ 시운전비　　④ 재산세

31 유형자산으로 계상하기 위한 조건이 아닌 것은?

① 영업활동에 사용할 목적으로 취득하여야 한다.
② 물리적인 실체가 있어야 한다.
③ 자산의 원가를 신뢰성 있게 측정할 수 있어야 한다.
④ 판매를 목적으로 보유하고 있어야 한다.

32 광주상사의 20×1년 비품과 관련한 유형자산처분손익은 얼마인가?

> • 1월 1일 : 비품을 5,500,000원에 취득(정액법 상각)하고 대금은 현금으로 지급하다. 내용연수 5년, 잔존가치는 500,000원이다.
> • 12월 31일 : 위 비품을 4,000,000원에 처분하고 대금은 현금으로 받다.

① 유형자산처분이익　1,000,000원
② 유형자산처분손실　1,000,000원
③ 유형자산처분이익　500,000원
④ 유형자산처분손실　500,000원

33 비유동자산 중 감가상각 대상자산이 아닌 것은?

① 구축물 ② 건설중인자산
③ 건물 ④ 차량운반구

34 대구상사는 20×1년 1월 1일 업무용 건물을 20,000,000원에 취득하였다. 건물의 내용연수는 3년, 잔존가치 2,000,000원으로 추정되는 경우 정액법에 따른 20×1년의 감가상각비는 얼마인가?

① 4,000,000원 ② 5,000,000원
③ 6,000,000원 ④ 7,000,000원

35 다음 자료에 의해 20×1년 말 손익계산서에 계상될 감가상각비는 얼마인가?

• 기계장치 취득원가 : 11,000,000원	• 취득시기 : 20×1년 1월 1일
• 잔존가치 : 1,000,000원	• 내용연수 : 5년
• 감가상각방법 : 정액법	

① 2,000,000원 ② 2,200,000원
③ 4,510,000원 ④ 4,961,000원

36 대주상사의 업무용 건물과 관련한 자료이다. 이에 대한 설명으로 옳은 것은?

> 제1기 : 20×1년 초 건물을 6,000,000원에 취득하며 취득세 600,000원과 함께 현금 지급하였다. 감가상각방법은 정률법(상각률 5%), 내용연수는 10년이며 잔존가치는 없다.
> 제2기 : 20×2년 12월 31일 감가상각을 하다.

① 건물의 취득원가는 6,000,000원이다.
② 20×1년 12월 31일 감가상각비는 660,000원이다.
③ 결산시 감가상각비는 취득금액×상각률로 계산한다.
④ 20×2년 12월 31일 감가상각비는 313,500원이다.

37 다음 (　　) 안에 순차로 들어갈 A, B, C에 알맞은 말은 무엇인가?

> 자본적 지출을 수익적 지출로 처리한 경우 경영성과 및 재무상태에 미치는 영향은 비용이 (　　) 계상되고, 자산은 (　　) 계상되어 당기순이익이 (　　) 계상된다.

① 과소, 과대, 과소 ② 과대, 과대, 과대
③ 과소, 과소, 과대 ④ 과대, 과소, 과소

38 무형자산에 대한 설명 중 옳지 않은 것은?

① 물리적 실체가 있는 비화폐성자산이다.
② 무형자산의 상각비는 취득원가에서 직접 차감한 잔액으로 표시한다.
③ 산업재산권, 개발비, 소프트웨어, 광업권은 무형자산에 해당한다.
④ 미래의 경제적 효익을 가져다 줄 수 있는 자산이다.

39 (주)서울은 20×1년 5월 1일 (주)부산을 합병하면서 합병대가로 10,000,000원을 현금 지급하였다. (주)부산의 합병일 현재 자산 공정가치는 13,000,000원, 부채의 공정가치는 7,000,000원이라고 할 때 합병시 계산할 영업권은 얼마인가?

① 4,000,000원　　② 7,000,000원
③ 10,000,000원　　④ 13,000,000원

40 급여지급일에 총급여 4,000,000원을 지급하면서 근로소득세, 주민세, 건강보험료 등 350,000원을 차감한 잔액을 현금으로 지급한 경우 올바른 분개는?

	차변	금액	대변	금액
①	(차) 급여	4,000,000	(대) 현금	4,000,000
②	(차) 급여	4,000,000	(대) 예수금	4,000,000
③	(차) 급여	4,000,000	(대) 현금	3,650,000
			예수금	350,000
④	(차) 예수금	350,000	(대) 현금	350,000

41 근로자퇴직급여보장법에 의한 확정급여형 퇴직연금제도 채택시 외부 금융기관에 퇴직연금 100,000원을 납부한 경우의 회계처리는? 단, 수수료는 무시한다.

	차변	금액	대변	금액
①	(차) 퇴직급여	100,000	(대) 현금	100,000
②	(차) 선급퇴직급여	100,000	(대) 현금	100,000
③	(차) 퇴직연금운용자산	100,000	(대) 현금	100,000
④	(차) 퇴직급여충당부채	100,000	(대) 현금	100,000

42 다음 (　　) 안에 들어갈 용어로 알맞은 것은?

> 회사가 임직원이 퇴직하는 경우에 지급해야 할 퇴직금은 실제 퇴직시에 비용처리하기보다는 매 회계연도 말 퇴직금추계액을 추산하여 이를 비용처리하면서 퇴직급여충당부채를 설정하는데, 이는 (　　)에 부합하기 위함이다.

① 구분표시의 원칙　　② 1년 기준
③ 총액주의　　④ 수익·비용대응의 원칙

43 액면금액 10,000원의 사채를 10,515원에 발행하였을 경우의 분개로 맞는 것은?

① (차) 현금	10,000	(대) 사채	10,000
② (차) 현금	10,000	(대) 사채	10,515
사채할증발행차금	515		
③ (차) 현금	10,515	(대) 사채	10,000
		사채할증발행차금	515
④ (차) 현금	10,515	(대) 사채	10,515

44 액면금액 10,000원, 만기 3년, 액면이자율 10%, 시장이자율 12%, 발행금액 9,520원인 사채의 투자자 분개로 올바른 것은?

① (차) 투자사채	10,000	(대) 현금	10,000
② (차) 만기보유증권	9,520	(대) 현금	9,520
③ (차) 만기보유증권	9,520	(대) 현금	10,000
사채할인발행차금	480		
④ (차) 장기대여금	9,520	(대) 현금	9,520

45 사채의 할인발행에 대한 설명으로 틀린 것은?

① 사채의 액면이자율이 시장이자율보다 낮은 경우 할인발행을 한다.
② 할인발행된 사채의 장부금액은 만기에 접근할수록 증가한다.
③ 사채할인발행차금 상각액은 만기에 접근할수록 감소한다.
④ 사채할인발행차금의 상각은 유효이자율법을 적용한다.

46 보통주식 50주(주당 액면금액 10,000원)를 주당 11,000원에 발행하면서 주식발행비 30,000원이 발생한 경우 올바른 분개는?

① (차) 현금	550,000	(대) 자본금	550,000
② (차) 현금	550,000	(대) 자본금	500,000
		주식발행초과금	50,000
③ (차) 현금	520,000	(대) 자본금	500,000
		주식발행초과금	20,000
④ (차) 현금	520,000	(대) 자본금	550,000
배당금	30,000	현금	50,000

47 상법의 규정에 의해 현금배당액의 1/10 이상을 강제적으로 적립해야 하는 법정적립금을 무엇이라 하는가?

① 이익준비금 ② 별도적립금
③ 배당평균적립금 ④ 미처분이익잉여금

48 다음의 건설용역공사와 관련하여 20×1년 인식할 공사수익은 얼마인가?

• 총도급금액	120,000,000원
• 공사기간	3년(20×1. 1. 1 ~ 20×3. 12. 31)
• 총공사예정원가	100,000,000원
• 당기 중 발생한 공사원가는 25,000,000원이다.	

① 10,000,000원 ② 15,000,000원
③ 25,000,000원 ④ 30,000,000원

49 다음의 지출이 발생했을 때 (가)와 (나)의 계정과목으로 옳은 것은?

(가) 연말 불우이웃돕기성금 200,000원을 지출하다.
(나) 거래처 직원 결혼식에 축의금 100,000원을 지출하다.

	(가)	(나)		(가)	(나)
①	접대비	기부금	②	광고선전비	접대비
③	지급수수료	접대비	④	기부금	접대비

50 일반기업회계기준에 따른 매출의 원칙적인 인식시점은 언제인가?

① 원재료 구입시점 ② 생산완료시점
③ 제품 판매시점 ④ 대금 회수시점

제2회 기출문제

01 회계정보의 내부이용자에 속하는 이해관계자로 옳은 것은?

① 고객　　② 정부
③ 경영자　　④ 채권자

02 일반기업회계기준에서 규정하고 있는 재무제표의 종류가 아닌 것은?

① 총계정원장　　② 재무상태표
③ 주석　　④ 자본변동표

03 회계상 거래가 아닌 것은?

① 창고건물의 화재로 보유 중인 상품이 소실되다.
② 잡지에 광고를 내고 광고비를 지급하다.
③ 기계장치를 구입하는 계약을 체결하다.
④ 비품을 외상으로 매입하다.

04 비용인식에 적용되는 원칙으로 올바른 것은?

① 현금주의 원칙　　② 순액주의
③ 실현주의　　④ 수익 · 비용대응의 원칙

05 잔액시산표에서 잔액이 대변에 나타나는 계정과목은?

① 개발비　　② 영업권
③ 장기대여금　　④ 자본금

06 당기의 수익과 비용관련 계정들이 다음과 같을 때 당기순이익은 얼마인가?

• 현금매출액	200,000원	• 외상매출액	100,000원
• 종업원급여	130,000원	• 임차료	30,000원
• 이자비용	20,000원		

① 20,000원　　② 40,000원
③ 120,000원　　④ 140,000원

07 장부를 기록하는 방법에 대한 설명이 틀린 것은?

① 부기는 기록, 계산하는 방법에 따라 단식부기와 복식부기로 분류된다.
② 복식부기는 일정한 원리원칙이 없이 재산의 증가 감소를 중심으로 기록하며 손익의 원인을 계산하지 않는 부기이다.
③ 복식부기는 일정한 원리나 원칙에 따라 현금이나 재화의 증감은 물론 손익의 발생을 조직적으로 계산하는 부기이다.
④ 복식부기는 대차평균의 원리에 의해 오류를 자동으로 검증하는 자기검증기능이 있다.

08 결산결과 당기순이익 500,000원이 발생하였으나 기말정리사항이 다음과 같이 누락되었다. 수정후 당기순이익은 얼마인가?

• 임대료 미수분 50,000원을 계상하지 않았다.
• 단기차입금에 대한 이자 미지급액 10,000원을 계상하지 않았다.

① 460,000원　　② 495,000원
③ 505,000원　　④ 540,000원

09 결산예비절차에서 작성되는 내용으로 틀린 것은?

① 이월시산표　　② 수정전시산표
③ 수정후시산표　　④ 재고조사표

10 기말의 잔액시산표 등식으로 옳은 것은?

① 기말자산+총수익=기말부채+기말자본+총비용
② 기말자산−총수익=기말부채+기말자본−총비용
③ 기초자산+총비용=기초부채+기말자본+총수익
④ 기말자산+총비용=기말부채+기초자본+총수익

11 현금및현금성자산에 포함되는 것은?

① 매출채권　② 우표
③ 타인발행수표　④ 선일자수표

12 다음 자료를 이용하여 기말 결산시점의 당좌차월액을 계산하면 얼마인가?

- 회사는 주거래은행과 1,000,000원 한도의 당좌차월계약을 체결하였다.
- 기초 당좌예금 계정의 잔액은 600,000원이다.
- 기중 상품 매입대금 상환을 위해 1,200,000원의 당좌수표를 발행하였다.
- 기말결산 전 거래처로부터 판매대금 300,000원이 당좌예입되었다.

① 300,000원　② 400,000원
③ 600,000원　④ 1,000,000원

13 다음 계정과목 중 분류가 다른 것은?

① 가지급금　② 미지급금
③ 예수금　④ 선수금

14 기말 결산시점의 매출채권의 잔액 15,000,000원 중 3%의 대손이 예상되는 경우 계상해야 할 대손충당금은? 단, 기말의 대손충당금 잔액은 100,000원이다.

① 100,000원　② 350,000원
③ 450,000원　④ 550,000원

15 다음 자료를 토대로 20×1년 말 손익계산서에 보고할 대손상각비는 얼마인가?

- 20×1년 초 대손충당금 잔액은 150,000원이다.
- 20×1년 3월 1일 거래처 파산으로 매출채권 200,000원이 회수불능되다.
- 기말 매출채권 잔액 7,500,000원에 대해 1%의 대손을 설정하다.

① 25,000원　② 75,000원
③ 105,000원　④ 125,000원

16 대손충당금과 관련된 설명으로 틀린 것은?

① 상거래상 매출채권 외에 미수금에 대해서는 대손충당금을 설정할 수 없다.
② 대손충당금은 수익과 비용의 기간적 대응을 위해 설정한다.
③ 대손충당금은 채권에 대한 차감적평가계정이다.
④ 실제 대손이 발생하면 대손충당금과 우선 상계하고 대손충당금 잔액을 초과하는 대손액은 대손상각비로 처리한다.

17 다음은 유동자산의 분류이다. (㉠)에 해당하는 계정과목으로 적절한 것은?

유동자산은 (㉠)과 재고자산으로 구성된다.

① 상품
② 장기금융상품
③ 토지
④ 외상매출금

18 다음 자료에 의하여 당기 외상매출금 기말잔액을 계산한 금액은 얼마인가?

• 외상매출금 기초잔액	500,000원	• 당기 외상매출액	700,000원
• 외상매출금 중 환입액	30,000원	• 외상매출금 당기 회수액	300,000원

① 800,000원
② 870,000원
③ 900,000원
④ 930,000원

19 다음 원가흐름에 대한 가정의 설명으로 틀린 것은?

가. 계속기록법에서든 실지재고조사법에서든 기중에 매출원가계정이 나타난다. 나. 선입선출법에 의하면 매출원가는 과거의 구입가격으로 계산된다. 다. 실지재고조사법에서는 기말에 결산정리분개가 필요하다. 라. 후입선출법에 의하면 기말상품재고액은 과거시점 구입가격으로 계산된다.

① 가
② 나
③ 다
④ 라

20 기말결산시 재고자산이 과대평가된 경우 재무제표에 미치는 영향은?

① 매출원가 과대계상
② 매출총이익 과소계상
③ 기말자본 과소계상
④ 이익잉여금 과대계상

21 당기상품 매출원가 260,000원, 당기매입액 300,000원이라면 기말상품재고액은 기초상품 재고액에 비해 어떠한가?

① 동일하다.
② 40,000원만큼 크다.
③ 40,000원만큼 작다.
④ 50,000원만큼 작다.

22 다음 자료를 이용하여 선출선출법(FIFO) 적용시 매출원가는 얼마인가?

• 기초재고(1.1)	250개	매입단가	@100원
• 당기매입(6.1)	500개	매입단가	@110원
• 당기매입(6.1)	500개	매입단가	@110원
• 당기 중 750개의 재고자산이 판매된 것으로 파악되었다.			

① 41,500원
② 48,000원
③ 80,000원
④ 86,500원

23 상품매매업을 영위하는 서울상사의 당기 매출원가를 구하면 얼마인가?

• 기초상품재고액	1,000,000원
• 당기총매입액	5,500,000원(매입에누리와 환출 500,000원)
• 기말상품재고액	1,100,000원(평가전 장부상 금액)
• 재고자산평가손실	300,000원 발생

① 4,900,000원
② 5,000,000원
③ 5,100,000원
④ 5,200,000원

24 당기말 재고자산 관련 자료를 참조하여 재무상태표상 기말재고자산은 얼마인가?

• 장부상 수량 1,000개	• 실제 수량 950개	• 취득단가 800원

① 700,000원
② 760,000원
③ 800,000원
④ 900,000원

25 일반기업회계기준상 유가증권 분류로서 적합하지 않은 것은?

① 단기매매증권
② 만기보유증권
③ 매도가능증권
④ 장기보유증권

26 단기매매증권의 회계처리방법으로 옳은 것은?

① 취득시 액면금액으로 단기매매증권계정 차변에 기입한다.
② 취득시 발생하는 수수료 등의 제 비용은 수수료비용계정으로 처리한다.
③ 기말평가시 발생하는 평가손익은 기타포괄손익누계액으로 처리한다.
④ 자금의 여유가 있어 중·장기 투자목적으로 취득한 유가증권을 말한다.

27 다음 자료에 따라 유가증권의 차변에 기록될 내용을 맞는 것은?

중·장기 투자목적으로 시장성 있는 주식 100주를 주당 30,000원에 취득하면서 수수료 20,000원과 거래세 5,000원을 지급하였다.

① 단기매매증권 3,000,000원
② 매도가능증권 3,000,000원
③ 매도가능증권 3,025,000원
④ 만기보유증권 3,025,000원

28 다음은 서울상사의 단기매매증권 거래내역이다. 20×1년 손익계산서에 인식해야 할 단기매매증권 관련손익은 얼마인가?

• 20×1. 3. 1	부산상사 주식 1,000주를 주당 1,000원에 취득하였다.
• 20×1. 8. 1	부산상사 주식 500주를 주당 1,500원에 처분하였다.
• 20×1. 12. 31	부산상사 주식의 주당 공정가치는 700원이다.

① 손실 150,000원
② 손익 없음
③ 이익 100,000원
④ 이익 250,000원

29 20×1년 10월 1일에 구입한 영업용 차량(단, 취득원가 25,000,000원, 잔존가치 1,000,000원, 내용연수 10년, 결산 연1회)에 대한 20×1년 12월 31일 결산시 정액법으로 계산한 감가상각비는 얼마인가?

① 600,000원
② 625,000원
③ 1,875,000원
④ 2,400,000원

30 다음 내용을 모두 포함하는 계정과목은 무엇인가?

• 영업활동에 장기간 사용되며 기업이 통제하고 있다. • 물리적 형체가 없으나 식별가능하다. • 미래의 경제적 효익이 있다.

① 실용신안권
② 선수금
③ 기계장치
④ 재고자산

31 무형자산과 관련된 회계처리 중 옳지 않은 것은?

① 무형자산의 취득 후 지출은 무형자산의 취득원가에 포함하지 않고 당기 비용으로 인식한다.
② 내부적으로 창출된 영업권은 자산으로 인식하지 않는다.
③ 개발단계에서 발생된 지출에 대하여 미래 경제적 효익이 확실하게 기대되지 않는 경우에도 무형자산으로 인식한다.
④ 무형자산은 합리적인 상각방법을 정할 수 없는 경우에는 정액법을 사용해야 한다.

32 판매용 TV 10대(단가 1,000,000원)를 구입하면서 3개월 만기 어음을 발행하여 교부한 경우 올바른 분개는?

① (차) 비품 10,000,000 (대) 지급어음 10,000,000
② (차) 비품 10,000,000 (대) 미지급금 10,000,000
③ (차) 상품 10,000,000 (대) 미지급급 10,000,000
④ (차) 상품 10,000,000 (대) 지급어음 10,000,000

33 다음 자료로 기말 추가로 설정해야 할 퇴직급여충당부채는?

- 기초 퇴직급여충당부채의 잔액은 16,000,000원이다.
- 기중 퇴직한 퇴직자에게 지급한 퇴직금은 3,500,000원이다.
- 기말 현재 전 임직원이 퇴직할 경우 지급해야 할 퇴직금추계액은 20,000,000원이다.

① 3,500,000원 ② 5,000,000원
③ 7,500,000원 ④ 20,000,000원

34 사채와 관련된 설명으로 잘못된 것은?

① 사채의 발행가격은 사채의 미래현금흐름을 발행당시 해당 사채의 시장이자율(유효이자율)로 할인한 가치인 현재가치로 결정된다.
② 사채가 할인(할증)발행되어도 매년 인식하는 이자비용은 동일하다.
③ 사채의 액면이자율이 시장이자율보다 낮은 경우 할인발행된다.
④ 사채발행차금은 유효이자율법에 의하여 상각한다.

35 사채의 액면이자율이 10%이고 시장이자율이 12%인 경우 사채발행시의 분개로 올바른 것은?

① (차) 현금	×××	(대) 사채	×××
② (차) 현금	×××	(대) 사채	×××
		사채할증발행차금	×××
③ (차) 현금	×××	(대) 사채	×××
사채할인발행차금	×××		
④ (차) 현금	×××	(대) 장기차입금	×××

36 자본에 대한 설명으로 옳지 않은 것은?

① 주식발행시 자본금은 주식의 총납입금액으로 표시한다.
② 자본금은 보통주자본금과 우선주자본금으로 구분표시한다.
③ 주식발행의 유형에는 액면발행, 할인발행, 할증발행 등이 있다.
④ 일반기업회계기준의 자본은 다섯 가지로 구분하고 있다.

37 자본잉여금으로 분류되지 않는 항목은?

① 주식발행초과금　　② 감자차익
③ 주식할인발행차금　　④ 자기주식처분이익

38 회사의 재산상태가 다음과 같은 경우 순자산(자기자본)은 얼마인가?

• 재고자산　50,000원	• 단기대여금　30,000원
• 기계장치　100,000원	• 단기차입금　70,000원

① 110,000원　　② 120,000원
③ 130,000원　　④ 140,000원

39 현금배당금 500,000원 지급결의시 분개는? 단, 법정적립금은 상법에 따른다.

① (차) 자본금	500,000	(대) 미지급배당금	500,000
② (차) 자본잉여금	500,000	(대) 미지급배당금	500,000
③ (차) 이익잉여금	550,000	(대) 미지급배당금	500,000
		이익준비금	50,000
④ (차) 이익잉여금	550,000	(대) 미지급배당금	500,000

40 자산과 부채계정에서 차감하는 형식으로 표시되지 않는 계정은?

① 대손충당금 ② 감가상각누계액
③ 주식할인발행차금 ④ 사채할인발행차금

41 회사의 주된 영업활동의 결과인 수익으로 보기 어려운 것은?

① 상품판매수익 ② 건설공사수익
③ 이자수익 ④ 용역수익

42 기말결산정리사항이 아닌 것은?

① 미지급비용의 인식 ② 유가증권 처분에 따른 손익인식
③ 기타채권에 대한 대손의 추정 ④ 건물의 감가상각

43 세금과공과계정으로 처리할 수 없는 것은?

① 적십자회비 ② 회사소유 건물에 대한 재산세
③ 업무용 승용차에 대한 자동차세 ④ 건물구입시 지급한 취득세

44 영업이익에 영향을 미치는 계정과목으로만 짝지어진 것은?

① 외화환산손실, 잡손실, 수도광열비
② 임차료, 이자비용, 지급수수료
③ 도서인쇄비, 기부금, 광고선전비
④ 광고선전비, 복리후생비, 세금과공과

45 결산 결과 당기순이익 100,000원이 산출되었으나 다음의 사항이 누락되었다. 수정후당기순이익은 얼마인가?

• 보험료 미경과분 10,000원	• 임대료수익 선수분 5,000원

① 85,000원 ② 95,000원
③ 105,000원 ④ 115,000원

46 다음 (　　) 안에 순차로 들어갈 외환차손익을 올바르게 짝지은 것은?

• 외화자산	발생당시환율	<	회수당시환율	→	(㉠)
	발생당시환율	>	회수당시환율	→	(㉡)
• 외화부채	발생당시환율	>	회수당시환율	→	(㉢)
	발생당시환율	<	회수당시환율	→	(㉣)

	㉠	㉡	㉢	㉣
①	외환차익	외환차손	외환차손	외환차익
②	외환차손	외환차익	외환차익	외환차손
③	외환차익	외환차손	외환차익	외환차손
④	외환차손	외환차익	외환차손	외환차익

47 다음 자료에서 수익의 인식시점은 언제인가?

> 한라상사는 2020년 3월 5일 거래처로부터 상품 100개를 매입하겠다는 주문을 받고, 4월 9일 거래처에 상품을 발송하였다. 그리고 5월 17일 거래처로부터 대금 300,000원(100개, @3,000원)을 현금으로 받았다.

① 3월 5일　　② 4월 9일
③ 5월 17일　　④ 12월 31일 결산시

48 비용의 이연에 해당하는 계정과목은?

① 선수임대료　　② 미지급이자
③ 미수이자　　④ 선급보험료

49 우리상사의 기말재무상태표상 미지급보험료는 10,000원이며(기초 미지급된 보험료는 없음), 당기 발생된 손익계산서상 보험료가 40,000원일 때 당기에 지급한 보험료는 얼마인가?

① 12,000원　　② 20,000원
③ 30,000원　　④ 40,000원

50 20×1년 9월 1일 사무실 임차료 3,600,000원(임차기간 1년)을 현금지급한 후 전액 비용처리하였으나 기말결산수정분개를 하지 않는 경우 결과는?

① 손익계산서 순이익이 1,200,000원 과대계상되었다.
② 재무상태표 자산이 2,400,000원 과소계상되었다.
③ 손익계산서 순이익이 1,200,000원 과소계상되었다.
④ 재무상태표 자산이 2,400,000원 과대계상되었다.

[기출문제 해답]

제1회 기출문제

01	④	02	②	03	①	04	③	05	③
06	④	07	②	08	②	09	①	10	②
11	①	12	③	13	②	14	①	15	③
16	④	17	②	18	③	19	③	20	②
21	②	22	③	23	①	24	④	25	③
26	①	27	②	28	③	29	③	30	④
31	④	32	④	33	②	34	③	35	①
36	④	37	④	38	①	39	①	40	③
41	③	42	④	43	③	44	②	45	③
46	③	47	①	48	④	49	④	50	③

제2회 기출문제

01	③	02	①	03	③	04	④	05	④
06	③	07	②	08	④	09	①	10	④
11	③	12	①	13	①	14	②	15	②
16	①	17	④	18	②	19	①	20	④
21	②	22	③	23	④	24	②	25	④
26	②	27	③	28	③	29	①	30	①
31	③	32	④	33	③	34	②	35	③
36	①	37	③	38	①	39	③	40	③
41	③	42	②	43	④	44	④	45	③
46	③	47	②	48	④	49	③	50	②

부록

[부표 1] 단일금액 1원의 미래가치

[부표 2] 단일금액 1원의 현재가치

[부표 3] 정상연금 1원의 미래가치

[부표 4] 정상연금 1원의 현재가치

쉬운 이야기로 풀어 쓴
회계의 이해

[부표 1] 단일금액 1원의 미래가치 $FV_n = C(1+r)^n$

이자율(r)

기간수 (n)	1%	2%	3%	4%	5%	6%	7%	8%	9%	10%
1	1.0100	1.0200	1.0300	1.0400	1.0500	1.0600	1.0700	1.0800	1.0900	1.1000
2	1.0201	1.0404	1.0609	1 0816	1.1025	1.1236	1.1449	1.1554	1.1881	1.2100
3	1.0303	1.0612	1.0927	1.1249	1.1576	1.1910	1.2250	1.2597	1.2950	1.3310
4	1.0406	1.0824	1.1255	1.1699	1.2155	1.2625	1.3108	1.3605	1.4116	1.4641
5	1.0510	1.1041	1.1593	1.2167	1.2763	1.3382	1.4026	1.4693	1.5386	1.6105
6	1.0615	1.1262	1.1941	1.2653	1.3401	1.4185	1.5007	1.5869	1.6771	1.7716
7	1.0721	1.1487	1.2299	1.3159	1.4071	1.5036	1.6058	1.7138	1.8280	1.9487
8	1.0829	1.1717	1.2668	1.3686	1.4775	1.5938	1.7182	1.8509	1.9926	2.1436
9	1.0937	1.1951	1.3048	1.4233	1.5513	1.6895	1.8385	1.9990	2.1719	2.3579
10	1.1046	1.2190	1.3439	1.4802	1.6289	1.7908	1.9672	2.1589	2.3674	2.5937
11	1.1157	1.2434	1.3842	1.5395	1.7103	1.8983	2 1049	2.3316	2.5804	2.8531
12	1.1268	1.2682	1.4258	1.6010	1.7959	2.0122	2.2522	2.5182	2.8127	3.1384
13	1.1381	1.2936	1.4685	1.6651	1.8856	2.1329	2.4098	2.7196	3.0658	3.4523
14	1.1495	1.3195	1.5126	1.7317	1.9799	2.2609	2.5785	2.9372	3.3417	3.7975
15	1.1610	1.3459	1.5580	1.8009	2.0789	2.3966	2.7590	3.1722	3.6425	4.1772
16	1 1726	1.3728	1.6047	1.8730	2.1829	2.5404	2.9522	3.4259	3.9703	4.5950
17	1.1843	1.4002	1.6528	1.9479	2.2920	2.6928	3.1588	3.7000	4.3276	5.0545
18	1.1961	1.4282	1.7024	2.0258	2.4066	2.8543	3.3799	3.9960	4.7171	5.5599
19	1.2081	1.4568	1.7535	2.1068	2.5270	3.0256	3.6165	4.3157	5.1417	6.1159
20	1.2202	1.4859	1.8061	2.1911	2.6533	3.2071	3.8697	4.6610	5.6044	6.7275
21	1.2324	1.5157	1.8603	2.2788	2.7860	3.3996	4.1406	5.0338	6.1088	7.4002
22	1.2447	1.5460	1.9161	2.3699	2.9253	3.6035	4.4304	5.4365	6.6586	8.1403
23	1.2572	1.5769	1.9736	2.4647	3.0715	3.8197	4.7405	5.8715	7.2579	8.9543
24	1.2697	1.6084	2.0328	2.5633	3.2251	4.0489	5.0724	6.3412	7.9111	9.8497
25	1.2824	1.6406	2.0938	2.6658	3.3864	4.2919	5.4274	6.8485	8.6231	10.835
26	1.2953	1.6734	2.1566	2.7725	3.5557	4.5494	5.8074	7.3964	9.3992	11.918
27	1.3082	1.7069	2.2213	2.8834	3.7335	4.8223	6.2139	7.9881	10.245	13.110
28	1.3213	1.7410	2.2879	2.9987	3.9201	5.1117	6.6488	8.6271	11.167	14.421
29	1.3345	1.7758	2.3566	3.1187	4.1161	5.4183	7.1143	9.3173	12.172	15.863
30	1.3478	1.8114	2.4273	3.2434	4.3219	5.7435	7.6123	10.063	13.268	17.449
31	1 4166	1.9999	2.8139	3.9461	5.5160	7.6861	10.676	14.785	20.414	28.102
32	1.4889	2.2080	3.2620	4.8010	7.0400	10.286	14.974	21.725	31.409	45.259
33	1.5648	2.4379	3.7816	5.8412	8.9850	13.765	21.002	31.920	48.327	72.891
34	1.6446	2.6916	4.3839	7.1067	11.467	18.420	29.457	46.902	74.358	117.39
35	1.8167	3.2810	5.8916	10.520	18.679	32.988	57.946	101.26	176.03	304.48

기간수 (n)	11%	12%	13%	14%	15%	16%	17%	18%	19%	20%
1	1.1100	1.1200	1.1300	1.1400	1.1500	1.1600	1 1700	1.1800	1.1900	1.2000
2	1.2321	1.2544	1.2769	1.2996	1.3225	1.3456	1.3689	1.3924	1.4161	1.4400
3	1.3676	1.4049	1.4429	1.4815	1.5209	1.5609	1.6016	1.6430	1.6852	1.7280
4	1.5180	1.5735	1.6305	1.6890	1.7490	1.8106	1.8439	1.9388	2.0053	2.0736
5	1.6851	1.7623	1.8424	1.9254	2.0114	2.1003	2.1924	2.2878	2.3864	2.4883
6	1.8704	1.9738	2.0820	2.1950	2.3131	2.4364	2.5652	2.6996	2.8398	2.9860
7	2.0762	2.2107	2.3526	2.5023	2.6600	2.8262	3.0012	3.1855	3.3793	3.5832
8	2.3045	2.4760	2.6584	2.8526	3.0590	3.2784	3.5005	3.7589	4.0214	4.2998
9	2.5580	2.7731	3.0040	3.2519	3.5179	3.8030	4.1084	4.4355	4.7854	5.1598
10	2.8394	3.1058	3.3946	3.7072	4.0456	4.4114	4.8068	5.2338	5.6947	6.1917
11	3.1518	3.4785	3.8359	4.2262	4.6524	5.1173	5.6240	6.1759	6.7767	7.4301
12	3.4985	3.8960	4.3345	4.8179	5.3503	5.9360	6.5801	7.2876	8.0642	8.9161
13	3.8833	4.3635	4.8980	5.4924	6.1528	6.8858	7.6987	8.5994	9.5964	10.699
14	4.3104	4.8871	5.5348	6.2613	7.0757	7.9875	9.0075	10.147	11.420	12,839
15	4.7846	5.4736	6.2543	7.1379	8.1371	9.2655	10.539	11.974	13.589	15.407
16	5.3109	6.1304	7.0673	8.1372	9.3576	10.748	12.330	14.129	16.172	18.488
17	5.8951	6.8660	7.9861	9.2765	10.761	12.468	14.427	16.672	19.244	22.186
18	6.5436	7.6900	9.0243	10.575	12.375	14.463	16.879	19.673	22.901	26.623
19	7.2633	8.6128	10.197	12.056	14.232	16.777	19.748	23.214	27.252	31.948
20	8.0623	9.6463	11.523	13.743	16.367	19.461	23.106	27.393	32.429	38.338
21	8.9492	10.804	13.021	15.668	18.822	22.574	27.034	32.324	38.591	46.005
22	9.9336	12.100	14.714	17.861	21.645	26.186	31.629	38.142	45.923	55.206
23	11.026	13.522	16.626	20.362	24.891	30.376	37.006	45.008	54.648	66.247
24	12.239	15.179	18.788	23.212	28.625	35.236	43.297	53.109	65.032	79.497
25	13.586	17.000	21.231	26.462	32.919	40.874	50.658	62.669	77.388	95.396
26	15.080	19.040	23.991	30.167	37.857	47.414	59.270	73.949	92.092	114.48
27	16.738	21.325	27.109	34.390	34.535	55.000	69.345	87.260	109.56	137.37
28	18.580	23.884	30.634	39.204	50.066	63.800	81.134	102.97	130.41	164.84
29	20.624	26.750	34.617	44.693	57.575	74.009	94.927	121.50	155.19	197.81
30	22.892	29.960	39.116	50.950	66.212	85.850	111.06	143.37	184.67	237.38
31	38.575	52.800	72.068	98.100	133.18	180.31	243.56	327.99	440.70	590.67
32	65.001	93.051	132.78	188.88	267.86	378.72	533.86	750.38	1051.6	1469.8
33	109.53	163.99	244.64	363.68	538.77	795.44	1170.5	1716.7	2509.6	3657.3
34	184.56	289.00	450.74	700.23	1083.7	1670.7	2566.2	3927.4	5988.9	9100.4
35	524.06	897.60	1530.1	2595.9	4384.0	7370.2	12335.	20555.	34105.	56348.

[부표 2] 단일금액 1원의 현재가치 $PV(c)\frac{1}{(1+r)^n}$

이자율(r)

기간수 (n)	1%	2%	3%	4%	5%	6%	7%	8%	9%	10%
1	.9901	.9804	.9709	.9615	.9524	.9434	.9346	.9259	.9174	.9091
2	.9803	.9612	.9426	.9246	.9070	.8900	.8734	.8573	.8417	.8264
3	.9706	.9423	.9151	.8890	.8638	.8396	.8163	.7938	.7722	.7513
4	.9610	.9238	.8885	.8548	.8227	.7921	.7629	.7350	.7084	.6830
5	.9515	.9057	.8626	.8219	.7835	.7473	.7130	.6806	.6499	.6209
6	.9420	.8880	.8375	.7903	.7462	.7050	.6663	.6302	.5963	.5645
7	.9327	.8706	.8131	.7599	.7107	.6651	.6227	.5835	.5470	.5132
8	.9235	.8535	.7894	.7307	.6768	.6274	.5820	.5403	.5019	.4665
9	.9143	.8368	.7664	.7026	.6446	.5919	.5439	.5002	.4604	.4241
10	.9053	.8203	.7441	.6756	.6139	.5584	.5083	.4632	.4224	.3855
11	.8963	.8043	.7224	.6496	.5847	.5268	.4751	.4289	.3875	.3505
12	.8874	.7885	.7014	.6246	.5568	.4970	.4440	.3971	.3555	.3186
13	.8787	.7730	.6810	.6006	.5303	.4688	.4150	.3677	.3262	.2897
14	.8700	.7579	.6611	.5775	.5051	.4423	.3878	.3405	.2992	.2633
15	.8613	.7430	.6419	.5553	.4810	.4173	.3624	.3152	.2745	.2394
16	.8528	.7284	.6232	.5339	.4581	.3936	.3387	.2919	.2519	.2176
17	.8444	.7142	.6052	.5134	.4363	.3714	.3166	.2703	.2311	.1978
18	.8360	.7002	.5874	.4936	.4155	.3503	.2959	.2502	.2120	.1799
19	.8277	.6864	.5703	.4746	.3957	.3305	.2765	.2317	.1945	.1635
20	.8195	.6730	.5537	.4564	.3769	.3118	.2584	.2145	.1784	.1486
21	.8114	.6598	.5375	.4388	.3589	.2942	.2415	.1987	.1637	.1351
22	.8034	.6468	.5219	.4220	.3418	.2775	.2257	.1839	.1502	.1228
23	.7954	.6324	.5067	.4057	.3256	.2618	.2109	.1703	.1378	.1117
24	.7876	.6217	.4919	.3901	.3101	.2470	.1971	.1577	.1264	.1015
25	.7798	.6095	.4776	.3751	.2953	.2330	.1842	.1460	.1160	.0923
26	.7720	.5976	.4637	.3604	.2812	.2198	.1722	.1352	.1064	.0839
27	.7644	.5859	.4502	.3468	.2678	.2074	.1609	.1252	.0976	.0763
28	.7568	.5744	.4371	.3335	.2551	.1956	.1504	.1159	.0895	.0693
29	.7493	.5631	.4243	.3207	.2429	.1846	.1406	.1073	.0822	.0630
30	.7419	.5521	.4120	.3083	.2314	.1741	.1314	.0994	.0754	.0573
35	.7059	.5000	.3554	.2534	.1813	.1301	.0937	.0676	.0490	.0356
40	.6717	.4529	.3066	.2083	.1420	.0972	.0668	.0460	.0318	.0221
45	.6391	.4102	.2644	.1712	.1113	.0727	.0476	.0313	.0207	.0137
50	.6080	.3715	.2281	.1407	.0872	.0543	.0339	.0213	.0134	.0085
60	.5504	.3048	.1697	.0951	.0535	.0303	.0173	.0099	.0057	.0033

기간수 (n)	11%	12%	13%	14%	15%	16%	17%	18%	19%	20%
1	.9009	.8929	.8850	.8772	.8696	.8621	.8547	.8475	.8403	.8333
2	.8116	.7972	.7831	.7695	.7561	.7432	.7305	.7182	.7062	.6944
3	.7312	.7118	.6931	.6750	.6575	.6407	.6244	.6086	.5934	.5787
4	.6587	.6355	.6133	.5921	.5718	.5523	.5337	.5158	.4987	.4323
5	.5935	.5674	.5428	.5194	.4972	.4761	.4561	.4371	.4190	.4019
6	.5346	.5066	.4803	.4556	.4323	.4104	.3898	.3704	.3521	.3349
7	.4817	.4523	.4251	.3996	.3759	.3538	.3332	.3139	.2959	.2791
8	.4339	.4039	.3762	.3506	.3269	.3050	.2848	.2660	.2487	.2326
9	.3909	.3606	.3329	.3075	.2843	.2630	.2434	.2255	.2090	.1938
10	.3522	.3220	.2946	.2697	.2472	.2267	.2080	.1911	.1756	.1615
11	.3173	.2875	.2607	.2366	.2149	.1954	.1773	.1619	.1476	.1346
12	.2858	.2567	.2307	.2076	.1869	.1685	.1520	.1372	.1240	.1122
13	.2575	.2292	.2042	.1821	.1625	.1452	.1299	.1163	.1042	.0935
14	.2320	.2046	.1807	.1597	.1413	.1252	.1110	.0985	.0876	.0779
15	.2090	.1827	.1599	.1401	.1229	.1079	.0949	.0835	.0736	.0649
16	.1883	.1631	.1415	.1229	.1069	.0930	.0811	.0708	.0618	.0541
17	.1696	.1456	.1252	.1073	.0929	.0802	.0693	.0600	.0520	.0451
18	.1523	.1300	.1103	.0946	.0803	.0691	.0592	.0508	.0437	.0376
19	.1377	.1161	.0981	.0829	.0703	.0596	.0506	.0431	.0367	.0313
20	.1240	.1037	.0863	.0723	.0611	.0514	.0433	.0365	.0303	.0261
21	.1117	.0926	.0768	.0633	.0633	.0443	.0370	.0309	.0259	.0217
22	.1007	.0326	.0680	.0560	.0560	.0382	.0316	.0262	.0218	.0181
23	.0907	.0738	.0601	.0491	.0491	.0329	.0270	.0222	.0183	.0151
24	.0817	.0659	.0532	.0431	.0431	.0284	.0231	.0188	.0154	.0126
25	.0736	.0588	.0471	.0378	.0378	.0245	.0197	.0160	.0129	.0105
26	.0663	.0525	.0417	.0331	.0264	.0211	.0169	.0135	.0109	.0087
27	.0597	.0469	.0369	.0291	.0230	.0182	.0144	.0115	.0091	.0073
28	.0538	.0419	.0325	.0255	.0200	.0157	.0123	.0097	.0077	.0061
29	.0485	.0374	.0289	.0224	.0174	.0135	.0105	.0082	.0064	.0051
30	.0437	.0334	.0256	.0196	.0151	.0116	.0090	.0070	.0054	.0042
35	.0259	.0189	.0139	.0102	.0075	.0055	.0041	.0030	.0023	.0017
40	.0154	.0187	.0075	.0053	.0037	.0026	.0019	.0013	.0010	.0007
45	.0091	.0061	.0041	.0027	.0019	.0013	.0009	.0006	.0004	.0003
50	.0054	.0035	.0022	.0014	.0009	.0006	.0004	.0003	.0002	.0001
60	.0019	.0011	.0007	.0004	.0002	.0001	.00008	.00005	.00003	.00002

[부표 3] 정상연금 1원의 미래가치 FV_n(연금)$\left[\dfrac{(1+r)^n-1}{r}\right]$

이자율(r)

기간수 (n)	1%	2%	3%	4%	5%	6%	7%	8%	9%	10%
1	1.0000	1.0000	1.0000	1.0000	1.0000	1.0000	1.0000	1.0000	1.0000	1.0000
2	2.0100	2.0200	2.0300	2.0400	2.0500	2.0600	2.0700	2.0800	2.0900	2.1000
3	3.0301	3.0604	3.0909	3.1216	3.0525	3.1836	3.2149	3.2464	3.2781	3.3100
4	4.0604	4.1216	4.1836	4.2465	4.3101	4.3746	4.4399	4.5061	4.5731	4.6410
5	5.1010	5.2040	5.3091	5.4163	5.5256	5.6371	5.7507	5.8666	5.9847	6.1051
6	6.1520	6.3081	6.4684	6.6330	6.8019	6.9753	7.1533	7.3359	7.5233	7.7156
7	7.2135	7.4343	7.6625	7,8983	8.1420	8.3938	8.6540	8.9228	9.2004	9.4872
8	8.2857	8.5830	8.8932	9.2142	9.5491	9.8975	10.260	10.637	11.028	11.436
9	9.3685	9.7546	10.159	10.583	11.027	11.491	11.978	12.488	13.021	13.570
10	10.462	10.950	11.464	12.006	12.578	13.181	13.816	14.487	15.193	15.937
11	11.567	12.169	12.808	13.486	14.207	14.972	15.784	16.645	17.560	18.531
12	12.683	13.412	14.192	15.026	15.917	16.870	17.888	18.977	20.141	21.384
13	13.809	14.680	15.618	16.627	17.713	18.882	20.141	21.495	22.953	24.523
14	14.947	15.974	17.086	18.292	19.599	21.015	22.550	24.215	26.019	27.975
15	16.097	17.293	18.599	20.024	21.579	23.276	25.129	27.152	29.361	31.772
16	17.258	18.639	20.157	21.825	23.657	25.673	27.888	30.324	33.003	35.950
17	18.430	20.012	21,762	23.698	25.840	28.213	30.840	33.750	36.974	40.545
18	19.615	21.412	23.414	25.645	28.132	30.906	33.999	37.450	41.301	45.599
19	20.811	22.841	25.117	27.671	30.539	33.760	37.379	41.446	46.018	51.159
20	22.019	24.297	26.870	29.778	33.066	36.786	40.995	45.762	51.160	57.275
21	23.239	25.783	28.676	31.969	35.719	39.993	44.865	50.423	56.765	64.002
22	24.472	27.299	30.537	34.248	38.505	43.392	49.006	55.457	62.873	71.403
23	25.716	28.845	32.453	36.618	41.430	46.996	53.436	60.893	69.532	79.543
24	26.973	30.422	34.426	39.083	44.502	50.816	58.177	66.765	76.790	88.497
25	28.243	32.030	36.459	41.646	47.727	54.865	63.249	73.106	84.701	98.347
26	29.526	33.671	38.553	44.312	51.113	59.156	68.676	79.954	93.324	109.18
27	30.821	35.344	40.710	47.084	54.669	63.706	74.484	87.351	102.72	121.10
28	32.129	37.051	42.931	49.968	58.403	68.528	80.698	95.339	112.97	134.21
29	33.450	38.792	45.219	52.966	62.323	73.640	87.347	103.97	124.14	148.63
30	34.785	40.568	47.575	56.085	66.439	79.058	94.461	113.28	136.31	164.49
31	41,660	49.994	60.462	73.652	90.320	111.43	138.24	172.32	215.71	271.02
32	48.886	60.402	75.401	95.026	120.80	154.76	199.64	259.06	337.88	442.59
33	56.481	71.893	92.720	121.03	159.70	212.74	285.75	386.51	525.86	718.90
34	64.463	84.579	112.80	152.67	209.35	290.34	406.53	573.77	815.08	1163.9
35	81.670	114.05	163.05	237.99	353.58	533.13	813.52	1253.2	1944.8	3034.8

기간수 (n)	11%	12%	13%	14%	15%	16%	17%	18%	19%	20%
1	1.0000	1.0000	1.0000	1.0000	1.0000	1.0000	1.0000	1.0000	1.0000	1.0000
2	2.1100	2.1200	2.1300	2.1400	2.1500	2.1600	2.1700	2.1800	2.1900	2.2000
3	3.3421	3.3744	3.4069	3.4396	3.4725	3.5056	3.5389	3.5724	3.6061	3.6400
4	4.7097	4.7793	4.8498	4.9211	4.9934	5.0665	5.1405	5.2154	5.2913	5.3580
5	6.2278	6.3528	6.4803	6.6101	6.7424	6.8771	7.0144	7.1542	7.2966	7.4416
6	7.9130	8.1152	8.3230	8.5355	8.7537	8.9775	9.2068	9.4420	9.6830	9.9299
7	9.7830	10.089	10.405	10.730	11.067	11.414	11.772	12.142	12.523	12.916
8	11.859	12.300	12.757	13.233	13.727	14.240	14.773	15.327	15.902	16.499
9	14.163	14.776	15.416	16.085	16.786	17.519	18.285	19.086	19.923	20.799
10	16.722	17.549	18.419	19.337	20.304	21.321	22.393	23.521	24.709	25.959
11	19.561	20.655	21.814	23.045	24.349	25.733	27.199	28.755	30.404	32.150
12	22.713	24.133	25.650	27.271	29.002	30.850	32.823	34.931	37.180	39.581
13	26.211	28.029	29.984	32.089	34.352	36.786	39.404	42.218	45.244	48.497
14	30.095	32.393	34.883	37.581	40.505	43.672	47.103	50.818	54.841	58.196
15	34.405	37.280	40.418	43.842	47.580	51.660	56.110	60.965	56.261	72.035
16	39.199	42.753	46.672	50.980	55.717	60.925	66.649	72.939	79.850	87.442
17	44.501	48.884	53.739	59.118	65.075	71.673	78.979	87.068	96.022	105.93
18	50.396	55.750	61.725	68.394	75.836	84.141	93.406	103.74	115.26	128.12
19	56.939	63.440	70.749	78.969	80.212	98.603	110.29	123.41	138.16	154.74
20	64.203	72.052	80.947	91.025	102.44	115.38	130.03	146.63	155.42	186.69
21	72.265	81.699	92.469	104.77	118.81	134.84	153.14	174.02	197.85	225.03
22	81.214	92.503	105.49	120.44	137.63	157.41	180.17	206.34	236.44	271.03
23	91.148	104.60	120.20	138.30	159.28	183.60	211.80	244.49	282.36	326.24
24	102.17	118.16	136.83	158.66	184.17	213.98	248.81	289.49	337.01	392.48
25	114.41	133.33	155.62	181.87	212.79	249.21	292.21	324.60	402.04	471.98
26	127.99	150.33	176.85	208.33	245.71	290.09	342.76	405.27	497.43	567.38
27	143.08	169.37	200.84	238.50	283.57	337.50	402.03	479.22	571.52	681.85
28	159.82	190.70	227.95	272.89	327.10	392.50	471.38	566.48	681.11	819.22
29	178.39	214.58	258.58	312.09	377.17	456.30	552.51	659.45	811.52	984.07
30	199.02	241.33	293.19	356.79	434.75	530.31	647.44	790.95	966.71	1181.9
31	341.59	431.66	546.68	693.57	881.17	1120.7	1426.4	1816.7	2314.2	2948.3
32	581.83	767.09	1013.7	1342.0	1779.1	2360.8	3134.5	4163.2	5529.8	7343.9
33	986.64	1358.3	1874.2	2590.6	3585.1	4965.3	6879.2	9531.6	13203.	18281.
34	1668.7	2400.0	3459.5	4994.5	7217.7	10436.	15089.	21813.	31515.	45497.
35	4755.1	7471.6	11762.	18535.	29220.	46057.	72555.	114189	179494	281737

[부표 4] 정상연금 1원의 현재가치 PV_n(연금)$\left[\dfrac{1-(1+r)^{-n}}{r}\right]$

이자율(r)

기간수 (n)	1%	2%	3%	4%	5%	6%	7%	8%	9%	10%
1	0.9901	0.9804	0.9616	.09615	0.9524	0.9434	0.9346	0.9259	0.9174	0.9091
2	1.9704	1.9416	1.9165	1.8861	1.8594	1.8334	1.8080	1.7833	1.7591	1.7355
3	2.9410	2.8839	2.8286	2.7751	2.7232	2.6730	2.6243	2.5771	2.5313	2.4868
4	3.9020	3.8077	3.7171	3.6299	3.5460	3.4651	3.3872	3.3121	3.2397	3.1699
5	4.8534	4.7135	4.5797	4.4518	4.3295	4.2124	4.1002	3.9927	3.8897	3.7908
6	5.7955	5.6014	5.4172	5.2421	5.0757	4.9173	4.7665	4.6229	4.4859	4.3553
7	6.7282	6.4720	6.2303	6.0021	5.7864	5.5824	5.3893	5.2064	5.0330	4.8684
8	7.6517	7.3255	7.0197	6.7327	6.4632	6.2098	5.9713	5.7466	5.5348	5.3349
9	8.5660	8.1622	7.7861	7.4353	7.1078	6.8017	6.5152	6.2469	5.9952	5.7590
10	9.4713	8.9826	8.5302	8.1109	7.7217	7.3601	7.0236	6.7101	6.4177	6.1446
11	10.368	9.7868	9.2526	8.7605	8.3064	7.8869	7.4987	7.1390	6.8052	6.4951
12	11.255	10.575	9.9540	9.3851	8.8633	8.3838	7.9427	7.5361	7.1607	6.8137
13	12.134	11.348	10.635	9.9856	9.3936	8.8527	8.3577	7.9038	7.4869	7.1034
14	13.004	12.106	11.296	10.563	9.8986	9.2950	8.7455	8.2442	7.7862	7.3667
15	13.865	12.849	11.938	11.118	10.380	9.7122	9.1079	8.5595	8.0607	7.6061
16	14.718	13.578	12.561	11.652	10.838	10.106	9.4466	8.8514	8.3136	7.8237
17	15.562	14.292	13.166	21.166	11.274	10.477	9.7632	9.1216	8.5436	8.0216
18	16.398	14.992	13.756	12.659	11.690	10.828	10.059	9.3719	8.7556	8.2014
19	17.226	15.679	14.324	13.134	12.085	11.158	10.336	9.6036	8.9501	8.3649
20	18.046	16.351	14.877	13.590	12.462	11.470	10.594	9.8181	9.1285	8.5136
21	18.857	17.011	15.415	14.029	12.821	11.764	10.835	10.017	9.2922	8.6487
22	19.660	17.658	15.937	14.451	13.613	12.042	11.061	10.201	9.4424	8.7715
23	20.456	18.292	16.444	14.857	13.489	12.303	11.272	10.371	9.5802	8.8832
24	21.243	18.914	16.935	15.247	13.799	12.550	11.469	10.529	9.7066	8.9847
25	22.023	19.524	17.413	15.622	14.094	12.783	11.654	10.675	9.8266	9.0770
26	22.795	20.121	17.877	15.983	14.375	13.003	11.826	10.810	9.9290	9.1609
27	23.560	20.707	18.327	16.330	14.643	13.210	11.987	10.935	10.027	9.2372
28	24.316	21.281	18.764	16.663	14.898	13.406	12.137	11.051	10.116	9.3066
29	25.066	21.844	19.188	16.984	15.141	13.591	12.278	11.158	10.198	9.3696
30	25.808	22.397	19.600	17.292	15.373	13.765	12.409	11.258	10.274	9.4269
35	29.409	24.999	21.487	18.665	16.374	14.498	12.948	11.655	10.567	9.6442
40	32.835	27.356	23.115	19.793	17.159	15.046	13.332	11.925	10.757	9.7791
45	36.095	29.490	24.519	20.720	17.774	15.456	13.605	12.108	10.881	9.8628
50	39.196	31.424	25.730	21.482	18.256	15.762	13.801	12.233	10.962	9.9148
60	44.955	34.761	27.676	22.623	18.929	16.161	14.039	12.376	11.048	9.9671

기간수 (n)	11%	12%	13%	14%	15%	16%	17%	18%	19%	20%
1	0.9009	0.8929	0.8850	0.8722	0.8696	0.8621	0.8547	0.8475	0.8403	0.8333
2	1.7125	1.6901	1.6681	1.6467	1.6257	1.6052	1.5852	1.5656	1.5465	1.5278
3	2.4437	2.4018	2.3612	2.3216	2.2832	2.2459	2.2096	2.1743	2.1399	2.1065
4	3.1024	3.0373	2.9745	2.9137	2.8550	2.7982	2.7432	2.6901	2.6386	2.5887
5	3.6959	3.6048	3.5172	3.4331	3.3522	3.2743	3.1993	3.1272	3.0576	2.9906
6	4.2305	4.1114	3.9975	3.8887	3.7845	3.6847	3.5892	3.4976	3.4098	3.3255
7	4.7122	4.5638	4.4226	4.2883	4.1604	4.0386	3.9224	3.8115	3.7057	3.6046
8	5.1461	4.9676	4.7988	4.6389	4.4873	4.3436	4.2072	4.0776	3.9544	3.8372
9	5.5370	5.3282	5.1317	4.9464	4.7716	4.6065	4.4506	4.3030	4.1633	4.0310
10	5.8892	5.6502.	5.4262	5.2161	5.0188	4.8332	4.6586	4.4941	4.3389	4.1925
11	6.2065	5.9377	5.6869	5.4527	5.2337	5.0286	4.8364	4.6560	4.4865	4.3271
12	6.4924	6.1944	5.9176	5.6603	5.4206	5.1971	4.9884	4.7932	4.6105	4.4392
13	6.7499	6.4235	6.1218	5.8424	5.5831	5.3423	5.1183	4.9095	4.7147	4.5327
14	6.9819	6.6282	6.3025	6.0021	5.7245	5.4675	5.2293	5.0081	4.8023	4.6106
15	7.1909	6.8109	6.4624	6.1422	5.8474	5.5755	5.3242	5.0916	4.8759	4.6755
16	7.3792	6.9740	6.6039	6.2651	5.9542	5.6685	5.4053	5.1624	4.9377	4.7296
17	7.5488	7.1196	6.7291	6.3729	6.0472	5.7487	5.4746	5.2223	4.9897	4.7746
18	7.7016	7.2497	6.8399	6.4674	6.1280	5.8718	5.5339	5.2732	5.0333	4.8122
19	7.8393	7.3658	6.9380	6.5504	6.1982	5.8775	5.5845	5.3162	5.0700	4.8435
20	7.9633	7.4694	7.0248	6.6231	6.2593	5.9288	5.6278	5.3527	5.1009	4.8696
21	8.0751	7.5620	7.1015	6.6870	6.3125	5.9731	5.6648	5.3837	5.1263	4.8913
22	8.1757	7.6446	7.1695	6.7429	6.3587	6.0113	5.6964	5.4099	5.1486	4.9094
23	8.2664	7.7184	7.2297	6.7921	6.3988	6.0442	5.7234	5.4321	5.1668	4.9245
24	8.3481	7.7843	7.2829	6.8351	6.4338	0.0726	6.7465	5.4509	5.1822	4.9371
25	8.4217	7.8431	7.3300	6.8729	6.4641	6.0971	5.7662	5.4669	5.1951	4.9476
26	8.4881	7.8957	7.3717	6.9061	6.4906	6.1182	5.7831	5.4804	5.2060	4.9563
27	8.5478	7.9426	7.4086	6.9352	6.5135	6.1364	5.7975	5.4919	5.2151	4.9636
28	8.6016	7.9844	7.4412	6.9607	6.5335	6.1520	5.8099	5.5016	5.2223	4.9697
29	8.6501	8.0218	7.4701	6.9830	6.5509	6.1656	5.8204	5.5093	5.2292	4.9747
30	8.6938	8.0522	7.4957	7.0027	6.5660	6.1772	5.8294	5.5168	5.2347	4.9789
35	8.8552	8.1755	7.5856	7.0700	6.6166	6.2153	5.8582	5.5386	5.2512	4.9915
40	8.9511	8.2433	7.6344	7.1050	6.6418	6.2335	5.8713	5.5482	5.2582	4.9966
45	9.0079	8.2825	7.6609	7.1232	6.6543	6.2421	5.8773	5.5523	5.2611	4.9986
50	9.0417	8.3045	7.6572	7.1327	6.6605	6.2463	5.8801	5.5541	5.2623	4.9995
60	9.0736	8.3240	7.6873	7.1401	6.6651	6.2491	5.8819	5.5553	5.2630	4.9999

| 저자약력 |

김형건

서강대학교 대학원 졸업(경영학석사)
부산대학교 대학원 졸업(경영학박사)
부산발전시스템연구소(PDSI) 책임연구위원 역임
SI비즈니스컨설팅 선임연구위원 역임
(주)팜프테크무역, (주)청제무역 사외이사 역임
중소벤처기업진흥공단 등록컨설턴트 역임
인천광역시청 투자유치기획위원회, 계양구청 자문 및 평가위원(현)
인천사회적기업협의회 평가위원(현)
소상공인시장진흥공단 자문 및 평가위원(현)
정부조달청 평가위원(현)
교육부 고등직업교육평가인증원 기관평가인증 평가위원(현)
한국인터넷진흥원(KISA) 평가위원(현)
인천지방국세청, 중부지방국세청 자문위원 및 위원장(현)
경기도 기술개발사업 평가위원(현)
한국교육개발원, 한국연구재단 자문 및 평가위원(현)
한국산업인력공단 국가전문자격시험 출제위원(현)
한국교육과정평가원 대입수능 출제위원(현)
중국 산동공상대학 명예교수(현)
현, 경인여자대학교 세무회계학과 교수

[주요논문 및 저서]

- 중국 세제에 관한 연구
- 중국과 북한의 외자투자기업 회계제도에 관한 연구
- A Descriptive Analysis of the Recognition on Social Related Information in Korean Firms
- 중국 외자도입정책 변화에 따른 투자환경 분석과 투자전략
- 비교회계론적 관점에서 국가간 회계실무 유형학적 연구
- 회계제도의 유형화에 관한 연구
- 중국 회계준칙의 국제화 과정에 대한 고찰
- 대학산학협력단의 운영실태 및 활성화 방안에 관한 연구
- 학교기업 운영실태 및 발전방향에 대한 연구
- 실전 재무회계, 실전 원가회계, 실전 관리회계(경영과회계)
- 실전 결산실무 실무(경영과회계)
- 실전 재무제표작성실무(경영과회계)
- 실전 재무회계연습(경영과회계)
- K-IFRS 최신 회계원리(도서출판 청람)
- 일반기업회계기준 최신 회계원리(도서출판 청람)
- 기초 한어입문(도서출판 청람)
- Global 무역&회계실무(도서출판 청람) 외 다수

쉬운 이야기로 풀어 쓴 **회계의 이해**

2023년 2월 20일 1판 1쇄 인쇄
2023년 2월 25일 1판 1쇄 발행

저　　자 | 김형건
발 행 인 | 이수영
발 행 처 | 도서출판 청람
서울시 마포구 독막로 288(대흥동, 세양상가 109호)
전　　화 | 02) 3272－2601~2
팩　　스 | 02) 3272－2603
홈페이지 | http://www.crbooks.co.kr
이 메 일 | crbooks@daum.net
등　　록 | 2000년 8월 26일 제6－0509호

ISBN 978-89-5972-941-8 93320 [정가 28,000원]